샤프리이유

사표의 이유

'나'는 없고 노동만 있던 나날, 나는 회사를 떠났다

초판 1쇄 인쇄 2015년 11월 25일 \ **초판 1쇄 발행** 2015년 11월 30일
지은이 이영롱 \ **펴낸이** 이영선 \ **편집 이사** 강영선 \ **주간** 김선정
편집장 김문정 \ **편집** 김종훈 김경란 하선정 김정희 유선 \ **디자인** 김회량 정경아 이주연
마케팅 김일신 이호석 김연수 \ **관리** 박정래 손미경 김동욱

펴낸곳 서해문집 \ **출판등록** 1989년 3월 16일(제406-2005-000047호)
주소 경기도 파주시 광인사길 217(파주출판도시) \ **전화** (031)955-7470 \ **팩스** (031)955-7469
홈페이지 www.booksea.co.kr \ **이메일** shmj21@hanmail.net

이영롱 © 2015
ISBN 978-89-7483-762-4 03330
값 14,500원

이 도서의 국립중앙도서관 출판시도서목록(CIP)은 e-CIP 홈페이지(http://www.nl.go.kr/ecip)에서
이용하실 수 있습니다.(CIP제어번호: CIP2015032183)

'나'는 없고 노동만 있던 나날,
나는 회사를 떠났다

사표의
이유

이영롱 지음

서해문집

한국이 싫은 세대의 희망 보고서

사람은 환경과 사회적 경험의 산물입니다. 세대론에 거부감을 갖는 이들이 있지만 나는 1987년 민주항쟁이 성공한 이후 대학을 다닌 세대는 호사스러운 세대라 생각합니다. 이 책에 등장하는 참여자들은 한국의 역동적 근대화가 만들어낸 중산층 1세대가 키워낸 이들입니다. 여기서 중산층 1세대라 하면, 여전히 연탄가스에 중독되는 이들이 적지 않았지만 자신이 산업의 역군이며 조만간 선진국 국민이 되리라는 기대 속에 살았던, 한국을 아파트 공화국과 입시 공화국으로 만들어낸 이들을 말합니다. 이들은 역사의 진보를 믿었고, 그것을 경험했으며, 자신의 자녀들 역시 그러리라 믿으면서 기꺼이 허리띠를 졸라매고 일중독자가 된 이들일 것입니다.

미래를 낙관하며 연애 결혼을 하고 신나게 노동하며 '단란한 가족'을 이루어 살았던 이들의 자녀들은 어떤 삶을 살게 되었을까요? 자기애가 강하며 '자기 취향'을 목숨처럼 소중하게 여기는 소비사회 첫 세대, 일상의 민주주의를 말하던 이들이 탄생하였지요. 이들은 끊임없이 자신에게 질문합니다. 나는 누구일까? 이 선택이 정말 나로부터 시작한

걸까? 이 회사에서 정말 내가 원하던 것을 할 수 있을까? 장강명이 쓴
소설 《한국이 싫어서》의 주인공은 "자신의 행복이 아닌 남의 불행을 원
동력 삼아 하루하루를 버티는" 사람들의 나라가 싫어 한국을 떠나 호주
로 이민을 갑니다. 풍요와 안전, 여유로운 세상에서 살도록 키워진 이
들이 서른이 되어 만난 세상은 가족, 일터, 사회적 안전망 어느 것 하나
제대로 챙겨지지 않는 사회였습니다. 열심히 일한 만큼 높은 임금을 받
아도 언젠가는 버려질, 상대적 빈곤과 살벌한 생존의 '위험사회'를 살
아가는 이들은 되고 싶은 것도, 가고 싶은 곳도 없다고 말합니다.

이 책은 이 세대의 이야기입니다. 저자는 자신의 삶과 동료들의 삶
을 깊숙이 들여다보며 차분하게 새로운 논의의 장을 열어갑니다. 절망
의 시대이지만 자신과 부모, 사회를 사려 깊은 눈으로 관찰하는 저자와
저자 세대에게 나는 일말의 희망을 봅니다. 때로는 태어난 나라를 아주
가볍게 떠날 수 있기에 더욱 그러합니다. 성급한 일반화를 하지 않는
이 성실한 삶의 보고서를 읽으면서 새로운 삶을 상상하고 동료를 만나
면서 삶의 전환을 이루어낼 수 있기를 바랍니다.

조한혜정
문화인류학자, 연세대학교 명예교수

노동사회에서 탈주하는 사람들에게
귀 기울이기

누구에게나 각자의 인생은 중요하다. 한번 사는 인생, 쉬운 결정을 내리는 사람은 없다. 심사숙고와 번민의 과정이 항상 중요한 결정 앞에 놓여 있다. 마트에서 샴푸를 고를 때를 생각해보라. 진열되어 있는 수많은 상품들 가운데 하나를 선택하기란 여간 어렵지 않다. 진열대에서 우리는 최선을 다해 고민하고 마침내 하나를 골라 카트에 넣는다.

선택은 능동적 행위여야 한다. 하지만 안타깝게도 우리가 삶을 살면서 능동적으로 행한 선택이라는 행위는 껍데기인 경우가 많다. 정해진 길, 남들이 가는 평범한 길을 걸으며 우리가 행한 많은 선택이 그렇다. 선택은 자유인 듯 보이나, 그 선택이 이미 정해진 궤도 안에서 이루어진다면 선택의 능동성은 가짜다.

노력 위에 노력을 쌓고 신중함까지 곁들여 우리는 노동과 직업의 세계로 진입한다. 그리고 그 세계 안에서 밀려나지 않으려, 또 노력 위에 노력을 쌓는다. 그게 평범한 인생이다. 궤도를 벗어나지 않는, 아니 벗어나지 못하는 평범한 인생은 어떤 샴푸를 살 것인가만을 고민한다.

인간에겐 샴푸를 사지 않을 선택도 있음을 생각하지 못한다.

이 책 《사표의 이유》는 정해진 삶의 궤도에서 벗어나려는 사람들의 이야기다. 이들은 궤도에 순응하며 자기계발이라는 최선에 인생을 저당 잡히지 않고 탈주를 선택했다. 궤도 안으로 진입하기 위해 혹은 궤도에서 밀려나지 않기 위해 고군분투하는 '미생'의 이야기는 넘쳐흐른다. 이제 이로부터 탈주하는 사람들의 이야기를 들어볼 차례다. 오직 한번뿐인 우리의 인생을 위해서.

노명우
사회학자, 《세상물정의 사회학》 저자

일러두기

이 책은 아래 글들을 중심으로 다시 썼였다.

- 이영롱(2014), 〈노동사회와 "협동적 자아"에 대한 연구: 90년대 '신세대'의 퇴사 경험과 서사를 중심으로〉, 연세대학교, 석사학위청구논문.
- 이영롱(2014), 〈'영원한 미생未生'만을 위한 노동 공간: 30~40대 직장인의 노동 서사를 통해 본 신자유주의 노동의 성격〉, 《진보평론》 제62호, 185~205쪽.

들어가며

노동만 있던 삶

한동안 '피로사회'는 다만 한 권의 책 제목이 아니었다. 사람들은 퀭한 눈 아래 다크서클의 이유를, 축 처진 어깨의 배경을, '내가 왜 이렇게 살고 있는지'를 설명할 때 자주 그것을 가져왔다. 피로사회란 단어는 한국 사회의 많은 것들을 즉시 설명하는 대표어였다.

이 깊은 피로에 빠진 구성원들을 일시적으로 구제해주는 '박카스'와 '레드불'은 육체적 회복을 위한 보조식품이지만, 동시에 피로한 정신적 상태를 위로하고 있다. 이 시장이 타깃으로 하는 것은 바쁨과 피곤, 과로에 시달리며 노동하는 지친 육체다. 그러나 육체노동자와 정신노동자, 직장인에서부터 학생에 이르기까지 구매층을 점점 늘려가는 에너지드링크가 실제로는 내일의 에너지를 오늘로 당겨쓰는 일시적인 효과만 있을 뿐이며, 결국 만성피로를 부른다는 사실은 이미 잘 알려진 바다. 그럼에도 일상적 기호식품으로 자리 잡은 것은 현대사회가 개개인의 피로와 스트레스, 각성 상태를 연료 삼아 돌아가고 있다는 현실을 잘 보여준다. 바늘구멍을 통과한 '취준생 낙타'들조차 1년 이내 조기 퇴사하는 비율이 적지 않은데, 주로 적응 실패와 급여에 대한 불만이 이유로 꼽히지만 과로와 과음, 감정노동, 스트레스 등으로 인한 건강의 적신호가 원인인 경우도 생각보다 많다. 노동하지 않으면 생존하지 못하지만, 노동이 생존을 위협하기도 한다.

한편으로 이는 2000년대의 한국을 뒤흔든 힐링과 긍정 담론 범람으로 자연스럽게 맥이 가닿는다. 힐링과 긍정 열풍이 현재의 피로한 일상을 유지시키고 또한 재생산하는 보조 기제로 기능하는 것이다. 이를테면 힐링과 긍정 담론은 피로사회와 함께, 이 시대가 낳은 일종의 쌍생아라고 할 수 있지 않을까?

그렇다면 지난 2012년 대선 직전, 손학규 전 야당 대표가 내세운 슬로건 '저녁이 있는 삶'은 또 어떠했나. 비록 그는 대선에 나서진 못했으나, 그의 주장만큼은 사람들의 마음속 깊이 박혔다. 한국 사회에서 노동의 현재를 직관적으로 보여주는 문구였기 때문이다. 물론 낮에 일하고 저녁에 퇴근하는 일상은 정규직 화이트칼라 중산층의 전형적인 이미지를 반영한다. 여전히 많은 사람들은 야간노동과 3교대 근무에, 혹은 노동기간이 정해지지 않은 불안정한 노동환경에서 시달리고 있다. 그것은 분명 '저녁이 없는 삶'의 수준이 아닌, '노동만 있는 삶'에 가까울 것이다. 때문에 '저녁이 있는 삶'을 중산층적 삶의 욕망에 충실한 계급적 수사라고 비판할 수는 있겠으나, 단지 그것만을 읽어낼 수 있는 건 아니다. 많은 사람들의 삶이 타율적 노동에 지배되고 있음을 공공연하게 발설한 것이었기 때문이다.

'저녁이 있는 삶'은 낮 시간의 '노동'과 저녁으로 상징되는 '개인적 삶'이 서로 동떨어져 있음을 은유적으로 보여주면서, 동시에 현실적으로는 그런 삶이 어렵다는 것을 증명하는 셈이었다. 이른바 '나인 투 식스(9시부터 6시까지 일하는)' 노동자들의 삶에 배치된 저녁은 친구나 연인, 가족 등과의 친밀함을 돌보고 자아를 실현하는, 개인적이고도 친근한 생활 영역이다. 반면 낮 시간은 자율적으로 활동하는 것이 불가능한, 업무와 공식적 이해관계에 의해 통제되는 타율의 영역일 것이다. 둘은 일치될 수도 없을뿐더러, 낮의 임금노동 시간은 가능하다면 빨리 벗어날수록 좋다. 그러나 이제 업무는 퇴근 후까지 이어진다. 회사 생활에 뒤처지지 않기 위한 학원으로, 승진을 위한 자기계발의 장으로, 혹은 잦은 출장과 야근으로 떨어진 체력을 기르기 위한 헬스장으로…… 노동은 '저녁'과 직장 밖에서도 계속된다. 한나 아렌트Hannah Arendt가 인간의 근본 활동으로 꼽은 세 가지 요소인 노동labor, 작업work, 행위action¹ 중 생존의 필요 충족만을 위한 활동인 '노동'이 다른 모든 활동을 압도한 상태인 것이다. 이러한 현실에서 '저녁이 있는 삶'이란 그 문구 자체로 노동/생활이 완벽히 분리된 '이상적인 삶의 모습'을 떠올리게끔 한다.

이런 상황에서 나는 지난 몇 년간 우리 사회에서 '다운시프트

downshift'와 관련된 담론이 제시되는 것을 보았다. 다운시프트란 '저속 기어로 바꾼다'는 자동차 용어에서 나온 말로, 돈을 적게 벌더라도 시간과 가치를 더 중시하면서 속도를 늦춰 살아가는 삶의 방식을 비유한다.[2] 이 용어는 1990년대 후반 미국에서 소비주의에 환멸을 느낀 일군의 사람들을 설명하기 위해 등장했다. 그렇다면 돌진하는 한국 사회, 돈과 소비로 환산되는 삶에서 정체성을 확인하려던 근대의 개인들이 2000년대에 들어 '과연 계속 이렇게 살아도 되는지'를, 다운시프트라는 용어를 경유해 질문하고 있는 것일까. '그것만이 삶이었나?' 이는 우리의 맹목盲目에 가려져 있던, 채 깨닫지 못하던 일면을 본격적으로 파고드는 질문처럼 느껴졌다. 그들은 실제로 이 질문으로부터 자신의 삶을 바꾸고 있었다.

이러한 현상이 가시적으로 드러난 대표적인 예는, 적극적으로 귀촌하는 젊은 세대가 늘었다는 점이다. 낙향落鄕으로 여겨지던 시골살이가 삶을 즐겁게 누리는 낙향樂享의 방법일 수 있다는 인식이 젊은 층 사이에서 생겨나고 있으며, 특히 제주도에는 2010년 이후로 지난 5년간 귀농·귀촌 가구가 무려 88배나 증가했다.[3] '문화 이주', '제주 이민' 등의 신조어를 만들어낸 도시 생활자들의 제주도 이주 현상은 제주도 생활이나 귀촌과 관련된 수많은 책을 출간하게 했고, 언론에서도 '덜 벌고 더 행복하게' 살고자 하는 이들을 조명했다. 이는 젊은 세대를 중심으로 '살이'에 대한 계획과 고민이 다변화되고 있는 징후로 해석해도 무방할 것이다.

2013년 봄 무렵, 며칠간 제주도에 머물면서 20, 30대의 젊은 귀촌인 여럿을 만나볼 기회가 있었다. 내가 만난 그들은 서울에서 다니던 언론사, 게임 회사, IT 회사, 시민 단체, 광고 회사 등의 '멀쩡한 직장'을 그만두고 제주도에 정착해 작은 게스트하우스나 식당 주인, 농부, 잼을 만드는 자영업자 등으로 새 삶을 시작한 상태였다.

그들이 새롭게 시작하는 노동/삶은 도시의 그것과는 다르게 '일치' 되고 있었다. 적어도 노동이 삶을, 삶이 노동을 배신하지 않을 수 있었다. 직장인일 때는 내 '뭔가'를 잃는다는 것이 당연하게 느껴졌고 다 그렇게 산다는 태도로 냉소했지만, 지금은 어느 한쪽을 잃거나 포기하지 않고도 통합을 이룰 수 있는 삶을 시도하는 것이다. 낮의 노동과 저녁의 삶이 아니라, '하루의 삶과 노동'의 시도. 그만큼 현대사회의 노동(노동환경)에서는 이러한 통합적 삶이 불가능하다는 뜻일 테다.

그러한 과정 속에서 나는 '노동'이라는 주제에 주목했다. 그들이 이전에 경험한 노동이 삶의 방향을 전환하는 데 결정적 이유가 되었을 것이란 생각에서다. 누군가에 혹은 어딘가에 고용되어 살아가는 대부분의 삶은 생활을 노동에 가려지게 만든다. 노동은 다만 돈을 버는 행위에 그치는 것이 아니라 소비, 주거, 관계 등 생활을 집적集積하고 있다. 그러므로 노동의 내용과 그에 대한 태도는 한 사람의 정체성과 생활에 매우 중요한 영향을 미치게 된다.

일과 삶 사이의 분절은 우리 시대가 중시하는 가치의 평가법과도 무관하지 않다. 일례로 흔히 사용되는 '일/가정 양립', '경력 단절' 등의 용어에서도 드러난다. 여성들의 취업·직장 경험에 대한 통계에 항상 등장하는 'M자형' 곡선에서 V 모양이 형성되는 때는, 출산과 육아가 집중되는 시기다. 그리고 이 현상에 우리는 '경력 단절'이라는 꼬리표를 붙이며, 이를 경험하는 여성들은 '경단녀(경력 단절 여성)'로 불린다. 그렇지만 이 용어는 회사에 고용되어 일한 경력career만이 유의미한 경력으로 통용되는 사회적인 시선을 가감 없이 드러낸다.[4] 그녀들은 또 다른 생산의 영역인 돌봄과 재생산 영역에 있지만, 단절이라는 부정적인 언어화는 이를 쉽게 멸시한다. 그렇기에 향후 그들 삶에 찾아오는, 양과 질로 따질 수 없는 돌봄의 경험과 경력이 가치 절하됨을 우리는 자주 목격한다. 이는 '사회 활동(경제활동)'과 '경력'이 자본주의적 생산성 위주의 화폐 행위만을 의미한다는 것을 잘 보여준다. 경제활동뿐 아니라 사회생활이라는 말 아래에도 짙게 배어 있는 자본 중심적이면서도 가부장적인 냄새에 대해 우리는 의심하지 않는다. 이러한 사회에서는 '일/가정 양립'이라는 말이 관용적으로 쓰일 정도로 일과 생활 영역, 생산성과 비생산적 영역이 철저히 분리되어 있다.

그렇게 현대사회에서 돌봄 노동을 비롯한 서비스 노동, 문화와 예술 등 보이지 않는 영역의 가치는 자본주의의 생산성 잣대를 통과할 때에만 값진 것으로 증명된다. 팔리지 않는 노동의 가치는 화폐가치로는 헤아릴 수 없기에invaluable 귀중한 것이 아니라, 화폐가치를 띠지 않기에valueless 무시되는 것이다. 때문에 우리 사회에서, 실질적인 화폐를 생산하지 않는 삶과 생활의 권리는 존중받기 어렵다.

그런데 여성들이 결혼과 육아를 이유로 직장에서 부당하게 쫓겨나지 않고 노동할 권리 못지않게, '그런 식으로는 노동하지 않을 권리',

'그런 식으로는 가치 평가 되지 않을 권리' 역시 옹호되어야 하지 않을까. 일반적이고 평범하다고 여겨지던 이른바 '사회적 정상성'의 기준에 대해서도 재고해볼 필요가 있다.

사실 생각해보면 이제 '평범한 삶'은 전혀 평범하지 않은 삶이 되었다. 평범한 직장, 평범한 월급, 평범한 아파트, 평범한 가족⋯⋯. 이러한 평범함은 우리 사회의 대다수가 그렇게 살기를 열망하지만, 쉽게 이루기 힘든 소망과 세속성의 다른 이름이 되어가고 있다.⁵ 내가 좀 더 급진적으로 해석해보고 싶던 다운시프트는 단순히 '슬로 라이프slow life' 혹은 '느리게 산다는 것'에 대한 안일한 옹호가 아니었다. 그동안 업시프트 논리, 더 많은 성장과 더 빠른 속력에 사회적 기준이 맞춰져 왔다면, 이제는 사회가 이름 붙인 표준화, 즉 '평범함'을 재사유하자는 제안이기도 한 것이다.

진보와 성장을 필두로 하며 달려온 시간은 마침내 '피로사회'라는 적합한 별칭을 하고서 우리 앞에 펼쳐졌다. 개인들은 이 사회에서 자신의 삶과 노동을 '행복하게' 공존시킬 수 없어졌다. 삶을 겹겹으로 포위한 이러한 모순들이 도시와 직장이라는 표준적 길에서 이탈하는 개인들을 만들어내고 있는 것 아닐까? 이윤·성과 위주의 노동과 파편화된 시간성에 회의하는 개인들의 '멈춤'은, 어느 날 갑자기 한순간에 이뤄진 변화는 아닌 것이다.

'생존과도 실존과도 일치하는 노동의 실현은 불가능에 가까운 바람인 것일까?' 노동에 대한 이러한 본질적 물음이 비단 나만의 의문은 아닌 것 같다. 최근 몇 년 사이 우리 사회에서 출간된 노동 관련 책들의 제목이 《피로사회》, 《과로사회》, 《허기사회》, 《팔꿈치 사회》, 《우리의 노동은 왜 우울한가》, 《내리막 세상에서 일하는 노마드를 위한 안내서》 등 결핍과 우울증적 요소들을 포함하고 있는 것 역시 하나의 징후로 보인다.

유의미한 모든 행위는 '스펙'으로 이력서에 고스란히 정돈되어야만 하는, 미치도록 취직되어야 하는 이 시대에, 무엇이 회사를 그만둔 이들의 '결단'을 끌어냈을까? 이전에 그들은 현대의 일터에서 어떤 식으로 노동자가 되어갔으며, 또한 포기했는가? 이 노동의 롤러코스터에서 하차하면 이후에는 어떤 삶이 펼쳐질까? 그것은 과거와 '다른 삶'일 수 있을까? 나는 이 책에서, 직장에서 스스로 빠져나온 사람들을 만나 위와 같은 질문들에 답하길 시도한다.

이 책은 내 학위논문을 바탕으로, 이후 2년의 기간에 걸쳐 고쳐 쓴 책이다. 누군가는 "그걸 누가 읽어?"라고 말하기도 할 석사논문이겠지만, 내게는 처음으로 오랜 시간을 들여 한 주제에 골몰하고 때로 침잠할 수 있었던 소중한 결과물이다. 나는 이 책이, 읽히는 동시에 같이 이야기 나눌 수 있는 글이길 바란다. 이를 통해 더 많은 사람들에게 말을 걸 수 있다면, 내가 배우는 '인간과 사회에 대한 학문'의 실천에 부합하는 것이리라. 이 글을 쓰고 있는 2015년 가을, 노동과 관련한 뉴스에서는 연일 최악의 현실이 더해지고 있다. 이런 슬픈 시기를 '함께' 버티는 힘에 한 글자라도 보탤 수 있다면 이 책이 얻을 수 있는 가장 큰 기쁨일 것이다.

이 연구의 과정은 아마추어리즘을 벗지 못한 내 좌충우돌과 실수 연발의 집합체였다. 때로 인터뷰 자리가 열띤 토론의 자리로 변할 만큼 인터뷰이들과 나 사이에는 공통점이 제법 있었지만, 그보다 더 많은 차이와 내 경험을 뛰어넘는 것들이 있었다. 나는 30~40대인 인터뷰이들에 비해 어리고, 동시대를 함께 경험하지도 않았으며, 정식으로 직장 생활을 하지도 않았다. 연구자는 어느 정도의 거리와 객관성을 유지하면서 자신의 위치를 잘 파악해야 한다. 하지만 직접적 경험의 부재가 일종의 '콤플렉스'로 느껴지기도 했던지, 그래서 혹여 나의 그런 걱정이 들통날까 봐 늘 긴장을 안고서 인터뷰 장소로 향했다.

겸손을 가장한 부족함은 이 책에도 여지없이 노출되어 있다. 책에 등장하는 연구 참여자들의 이야기 중 혹시라도 내가 충분히 이해하지 못한 것이 있다면, 그리고 독자에게 왜곡되어 전달되는 부분이 있다면, 그것은 타인의 목소리를 '정의롭게' 전달하고 균형 있게 해석하는 연구자 역할에 무르익지 못한 내 부족함 탓이다. 그럼에도 11명의 참여자 목소리로부터 시작하는 이 글이 단순히 어떤 특별한 이들의 이야기가 아니라, '나의 일'에 대해 고민하는 사람들 '각자'의 이름이 되어 그 수많은 이야기 사이를 잇는 다리 역할을 할 수 있기를 바라본다. 남은 반성과 부끄러움들은 앞으로 더 나은 연구를 하기 위한 동력으로 쓰고 싶다.

이 연구가 시작되고 책으로 나오기까지 많은 분의 마음과 손을 거쳤다. 조한혜정 선생님, 김현미 선생님, 나임윤경 선생님께서 '선물'해주신 신뢰의 공동체, 그리고 문화학과에서의 4년은 지금의 내 정체성과

학문적 태도, 관심사에 큰 영향을 미쳤다. 대학원 과정 동안 지도해주신 조한혜정 선생님께서는 인류학자의 깊은 눈으로 늘 내가 보는 것 너머의 이야기를 넌지시 들려주셨는데, 그로부터 내 좁은 세계가 조금씩 열려갔다. 공경하면서도 한편으로 두려운 '경외심'이란 단어처럼 선생님은 나에게 가깝고도 먼 분이셨지만, 선생님께서 보여주시는 애정과 신뢰는 항상 따뜻하게 느낄 수 있었다.

나임윤경 선생님과 김현미 선생님은 '페미니스트 학자로 산다는 것'의 가장 명쾌한 답이 되어주시는 분들이다. 나는 선생님들을 통해 비판적 사회과학자의 역할, 그리고 제자를 향한 '선생님'의 모습을 배웠다. 나임윤경 선생님께서는 특히 내 논문의 '협동적 자아'와 페미니즘 관점에서의 성찰적 지점을 짚어주셨다. 또한 신병현 선생님께서는 내가 논문을 쓰는 동안 늘 나를 북돋아주셨고 내 글의 허술한 틈을 메울 수 있도록 도와주셨다. 특히 노동 현장에서 노동자 개개인이 겪는 변화와, 대화의 해석에 집중할 수 있도록 통찰을 주셨다. '주체적인 노동'에 대한 코멘트를 더해주셨던 김성윤 선생님께도 감사드린다. 그리고 이현정 선생님과 안산을 오가는 길에 나눈 '학자의 글쓰기'에 관한 대화는 이 글에 대한 생각을 정리하는 데 큰 도움이 되었다. 선생님들의 열정으로부터 배우는 내 마음도 더불어 전해드리고 싶다.

이 부족한 책에 추천의 글을 흔쾌히 써주신 엄기호 선배, 노명우 선생님께도 깊이 감사드린다. 1999년도의 '체제 이탈자'들에 대한 연구와 '사회'에 대한 엄기호 선배의 논의로부터 이 연구를 발전시키는 데 큰 이론적 도움과 영감을 얻을 수 있었다. 그리고 노명우 선생님께는 단독자로서의 온전한 삶은 타인과 연대하는 삶 없이는 불완전하다는, '각자이자 함께' 주체로 살아가기를 배웠다. 두 분의 '기대어 사는 삶'에 대한 논의로부터, 내 글이 뿌리내릴 수 있는 텃밭 한 귀퉁이를 빌렸다.

무엇보다 이 책에 직접 등장하는 11명의 연구 참여자들을 비롯해, 인터뷰를 흔쾌히 수락하고 자신의 내밀한 이야기를 들려주며 시간과 마음을 기꺼이 내어주신 모든 인터뷰이께 진심으로 감사드린다. 그 시간들은 단지 나의 연구물을 완성하는 과정이 아니라, '사람에 대한 학문'이라는 사회과학의 자리를 다시 한 번 깨닫는 고마운 기회이기도 했다. 그리고 함께 공부하고 글 쓰고 토론해온 문화학과 동료들과, 내게 변함없는 믿음과 지지를 보내준 주위의 모든 분들께도 깊은 고마움의 마음을 전한다. 특히 이 책의 첫 독자이자 비평가가 되어준 김미선, 양선화, 임지민, 김주온, 동료 연구자인 명수민, 이종희, 천주희, 한나, 그리고 오랜 친구들 이재은, 정은주, 최윤정과의 학문적인 나눔과 친밀한 대화는 '그럼에도 다시 해보게' 하는, 내 힘이었다. 또한 다음세대재단의 연구 지원은 내가 지치지 않고 연구를 계속하는 데 큰 경제적 버팀목이 되어주었다.

이 작은 책 한 권을 만드는 데 수많은 사람의 노고와 노동이 들어간다는 것을, 이번 기회를 통해 체감할 수 있었다. 내 부족한 글이 책의 형태로 세상에 나올 수 있도록 도와주신 서해문집의 모든 출판 노동자들, 특히 내 원고를 재밌게 읽고 아껴주시면서 풍성한 의견을 통해 '책'으로서의 적절한 위치를 찾게끔 도와주신 김선정 주간님, 꼼꼼한 교정과 코멘트로 내 실수를 바로잡아 주신 엄송연 씨에게 감사드린다.

마지막으로, 세상을 살아가는 한 사람이자 노동자로서 존엄을 잃지 않는 삶을 몸소 보여주시며 내 삶에 용기를 주시는 엄마 아빠, 그리고 언니와 고모, 다른 가족들께 존경과 감사의 인사를 드린다. 무엇보다 손녀딸의 첫 책을 가장 기다리신 할머니께 얼른 이 책을 안겨드리고 싶다.

2015년 11월, 가을과 겨울 사이에서
저자 이영롱

차례

추천의 글 · 4
들어가며 · 10

참여자들의 이야기
새로운 세대, 새로운 자유주의   27

　　두 개의 새로움
　　문화적 주체들의 신자유주의 '생존기'?

1　직장인으로 살아남기

'엘리트' 직장인 되기   55
　　어차피 우리는 '쥐'다
　　이곳은 잠시 머물다 가는 정거장
　　불가능한 지속

'열정노동자' 되기   94
　　가장 'X세대'다운 일을 찾아서
　　열정의 두 얼굴
　　모험에서 기업으로

2　살아남지 못하리라는 예감

무례한 노동 공간: 영원한 미생 프로젝트   145
　　관리될 수 없는 불안
　　'얼마짜리' 삶

나의 노동, 세상을 좀 더 나쁘게 만들었던   181

다시 생각할 것   202
　　도시 노동자(도시 생활자)로 산다는 것
　　오늘, 내가 잃어버린 것

3 그리고 삶은 '다르게' 계속된다

무엇이 삶을 다르게 만드는가   225
    온전한 독립자로
    함께 섞여, 일하며 놀며
    '전환'의 조건이자 한계

내려선 이후에는, 땅 멀미   279
    중간 지대에서
    짐을 줄이고, 생활을 다시 여미고
    다시, 노동을 생각하다

'변주'와 '탈주' 사이   332
    개인의 몰락과 강화
    연결 속의 주체

나가며 · 346
참고 문헌 · 354
미주 · 360

참여자들의 이야기

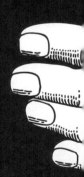

새로운 세대,
새로운 자유주의

우리 사회는 여전히 엄연한 '노동사회'다. 이는 삶의 영역이 임금노동 속에 수렴되어, 개인의 거의 모든 생활과 시간이 노동에 종속되는 사회를 의미한다. 일 때문에 가족과 보낼 시간조차 없지만, 언젠가 올 진정한 행복의 날을 기약하며 당장은 그만둘 수 없어 '참는다'. '게으를 수 있는 권리'를 역설했던 프랑스의 사회주의 운동가 폴 라파르그Paul Lafargue는 노동의 세기라고 불리는 시대가 실제로는 고통, 불행, 부패의 세기라 했다. 이는 개인들이 범람하는 노동 속에 매몰되어 있는 것과 다름없다.

　'액체성(유동성)'이라는 표현으로 지금의 시대를 이해하고자 했던 사회학자 지그문트 바우만Zygmunt Bauman은 '모든 견고하던 것들은 흘러내리고 있다'고 했다. 구조나 제도 등 사회적 형태들이 빠른 속도로

새로운 세대, 새로운 자유주의

해체·소멸하면서 확실하고 견고한 것들이 끊임없이 흘러내리는 세계 속에서 개인들은 장기적인 안목으로 삶을 전망하기가 어렵다.[6] 그렇기에 협력이나 연대보다는 '선택하는 자유로운 개인', 즉 누군가의 돌봄을 받을 수도 줄 수도 없는 온전한 개인으로 살아가게 된다. 신자유주의가 상정하는 개인들에게 주어진 과제란 새로운 자유를 이용해 그에 알맞은 장소를 찾고, 순응하며, 정착하는 일이다.[7]

그런데 이때의 자유는 조금 다르게 정의되어야 한다. 이 자유의 공기는 오로지 경제 논리를 극대화하여 체화體化한 사람들만이 맡을 수 있는 고유한 향기다. 그 우위에 서지 못한 대다수 개인들은 오히려 과잉 노동과 끊임없는 자기착취의 연쇄에 빠지기 쉽다. '자유롭다고 가정되는' 개인들에게 가장 중요해지는 것은 유연한 대처 능력이다. 유연함flexibility이란 신자유주의가 광고하는 가장 대표적인 선善인데, 이 유연한 개인들은 사실 자유로울 수가 없다. 노동과 돈에 묶여 있기 때문이다. 자, 마침내 자유란 이렇게 아무나 사용할 수 있는 혁명과 평등의 언어가 아니게 되어버렸다. 우리 시대에 진정 자유로운 사람들은 지금 당장 어디론가 떠나버려도 물려받거나 쌓아둔 재산이 있기에 미래에 대한 아무런 근심이 없는 이들뿐이다. 그렇지 않은 대다수의 삶 속에서는 단기적이고 임시적인, 이른바 '유연한 일자리'가 장기적인 직업 경력을 대신한다. 그야말로 분절적이고 파편적인 노동 '에피소드'의 조합인 것이다.

오래 머물 거처가 사라진 조급증의 사회에서, 자기 내면의 목소리를 듣고 장기 계획을 세우는 것은 거의 불가능하다. 당장 내년, 후년이 어찌 될지 모르는데 어떻게 10년 뒤의 계획을 세울 수 있겠는가? 평생 직장과 고용 보장은 점점 옛이야기가 되어가는 중이다.

특히 신자유주의 노동(노동자)에 주목한 리처드 세넷Richard Sennett 은, 신자유주의가 노동하는 개인의 인성에 큰 영향을 미친다는 점을 지적했다. 서로에게 개인적인 애착을 느끼지 못하는 피상적인 사회관계는 단기적 노동의 결과물이라는 것이다. 스스로의 가치에 대한 과도한 불안에 휩싸인, 그래서 스스로를 다그치고 착취하는 강박적 자아가 내 속에 가득하다. 이들에게 타인이란 곧 적이며, 일상은 위협으로 가득 찬 공간이다.[8] 미셸 푸코Michel Foucault의 말로 하면, 신자유주의가 하고자 한 일은 사회보장을 통해 개인들을 위험으로부터 보호하는 것이 아니라, 위험을 감수하고 폭풍을 스스로 대면하는 것에 익숙한 개인을 만드는 일이었다. 위험에 맞서 나를 보호하는 것은 어쨌든 온전히 나 개인의 일, 내 능력이기 때문이다. 전 세계적인 신자유주의화를 이끌었던 영국 대처리즘 철학의 핵심에는 가난이 실제로 존재하지 않는다는 생각이 자리하고 있었다. 누군가 빈곤하다면 그건 그의 개인적인 실패 때문이며, "가난은 정말 근본적으로 성격과 인품의 결함일 뿐"인 것이다.[9] 신자유주의의 역사는 가난과 사회문제가 철저히 개인화되는 역사였다.

이러한 '자유의 기획' 속에서 개인들은 더욱 관계로부터 유리되며, 노동으로부터 소외된다. 한국에서는 이러한 변화가 언제 확연히 드러나게 되었을까? 경제적으로 풍요로웠던 1990년대를 거쳐왔으나, 1997년을 기점으로 상황은 급격하게 달라졌다. 신자유주의 경제 질서의 흐름이 개개인의 삶에 대한 태도와 양식을 바꿔버린 것이다. 1997년 한국 사회에 지각변동을 가져온 IMF 구제금융 위기는 사회 구성원들의 세계관·사회관계·가치관·정체성 등의 전반에 메스를 들이대는, 말 그대로 '거대한 전환'이었다.

　　노동시장은 나날이 치열한 경쟁 정글로 울창해지고 있으며, 세대 내·세대 간을 불문한 전면적인 경쟁 상태가 지속되고 있다. 또한 공공성을 담보해온 영역들은 속속들이 사유화되고, 마음과 감정 영역마저 돈으로 아웃소싱되는—과거에는 상상하기도 힘들었던—'대행 서비스' 사회로 이동하고 있다. 대리모를 통해 임신과 출산을 대신하는 행위는 과거의 '씨받이'와 달리 제3세계에 위치한 대형 기업에 아웃소싱되어, 미안함·연민·불편함·번거로움 등 '불필요한' 심리와 껄끄러운 관계로부터 깔끔하게 살을 발라냈다. 심지어 아이 학교 행사에 참석해 부모 역할 하기, 잘못한 일 사과하기, 주기적으로 부모님에게 안부 묻고 효도하기조차 비용으로 소화되어, 편리하게 서비스화되고 있다.[10] 이러한 변화는 아마도 가까운 미래, 불안정 노동 시대에 새로운 노동 분야의 개척으로 기록되지 않을까?

두 개의
새로움

그러나 한때, 1990년대는 풍요로운 '문화의 시대'라 불렸다. 민주화를 통해 정치적 상황이 바뀌고 경제성장이 가시적으로 드러나자 문화와 컴퓨터 등 첨단 기술에 대한 관심과 수요도 늘어나기 시작했다. 국제 교류가 활발해지면서 문민정부는 '세계화'를 정권의 주요한 가치로 내걸기도 했다. 정치적 투쟁에 집중되던 1980년대의 에너지는 1990년대로 오면서 옅어졌다. 그리고 1990년대의 다양한 정치적·문화적 급변 속에서 '새로운' 또는 '알 수 없는'이라는 수식어를 붙인 세대 주체 'X세대(신세대)'가 등장했다. 이 책에 나오는 참여자들이 바로 그 세대에 속한다.

한국 사회에서 1990년대에 청년기 또는 청소년기를 보낸 세대는 이 과도기적 '혼돈과 위기'를 기회로 새로운 정체성을 만들어내고자 했다. 이들은 영상·컴퓨터 등의 의사소통 수단이나 대중문화 상품과 패션 등 특정한 소비문화뿐 아니라, 가시적 현상들 이면의 새로운 태도와 라이프 스타일을 공유함으로써 묶인다. 당시 신세대를 대변하며 발간된 《신세대, 네 멋대로 해라》, 《오래된 좋은 것보다 새로운 나쁜 것이 좋다》 등의 책 제목이 보여주듯이, 그 태도란 새로움·열정·자유·다양성으로 요약할 수 있다. 한편으로는 권위주의와 남과 '똑같음'에 대한 경멸이라는 정서적 감각으로도 설명된다.

X세대는 차세대 유망 사업으로 떠오른 문화·IT 산업 등에서 곧 두각을 드러냈고, 서태지라는 '문화 대통령'을 탄생시키며 대중문화의 전성기를 맞이했다. 전교조 이후 세대로서 학교 현장에서도 학생 인권에 대한 존중의 변화가 일었으며, 1989년에는 해외여행 완전 자유화 조치가 이뤄지고 세계화의 혜택을 받기도 함에 따라, 다수는 국민국가의 경

계를 넘는 경험을 시작했다. 세계를 배경으로 하는 여행, 어학연수, 노동 등이 낯설지 않은 까닭도 그 때문이었다. 이러한 다양한 문화적·사회적 경험을 가진 그들은 기성세대와는 전혀 다른 특징을 몸과 정체성에 새기게 되었다.

개인의 능력이 중심이 되는 경쟁 사회로 본격적으로 돌입하게 된 것도 비슷한 때다. 직장에서는 능력급이 확산되고 개인주의적 삶의 방식이 당연해졌으며, 팀제·네트워크 조직 등 개인의 자율성과 창의성을 존중하는 방식의 기업 문화가 생기기 시작했다. 신세대 담론이 급부상하며 '신세대 직장인'이라는 말이 쓰이기도 했는데, 이들은 탈권위적·합리적이라 묘사되며 경색된 기업 문화에 새바람을 일으키는 '참신하고 창조적인 세대'의 표상이 되었다. 기업의 신경영 전략은 신세대를 '합리적인 사고와 창의성을 가진 세대'로 강조하면서 경영의 신세대화를 꾀하고자 했다.[11] 한편에서는 어디에도 소속되지 않은, 조직 체계를 거부하는 사람들이 프리랜서라는 직업에 매력을 느꼈고, 최첨단 과학기술과 전자정보 통신기기 발달을 통해 자유로운 삶을 영위할 수 있는 노동자로서의 가능성이 열리기도 했다.[12] 이와 더불어, 덜 벌어도 즐겁게 살고 싶은—무리해서 돈 벌기보다 다소 적게 벌더라도 생활을 즐기고자 하는—일에 대한 태도 변화 역시 생겨났다. 여가를 단순 휴식이 아닌 새로운 삶의 시간으로 보게 된 것이다.[13]

현재 취업 시장에서는 공무원의 경쟁률이 높지만, 당시 공무원은 가장 인기 없고 재미없는, 고루한 직업 중 하나였다. 반면 광고장이를 꿈꾸는 젊은이들을 그린 1999년도 드라마 〈광끼〉의 단적인 예처럼 광고·마케팅이나 문화기획, 프로그래머 등 자신의 '끼'를 마음껏 드러내면서 차별화할 수 있는 일은 선망의 직업이었다.[*] 그렇게 1990년대를 지나온 이들은 이후 노동시장에 진입했고, 현재 30대 중반에서 40대로 접어들었다. 그야말로 '새로운' 세대들이 '새로운' 자유주의의 시대로 들어선 셈이다.

2013년 이 책의 시작이 된 연구에서 나는 사실 X세대 혹은 어떤 '세대'를 염두에 두진 않았다. 내가 X세대에 주목한 것은 선후가 뒤바뀐 것이었다. 앞서 밝혔던 것처럼 애초 나는 다운시프팅과 현재의 노동문화를 연구하고자 했다. 그런데 지금 이런 선택을 할 수 있는, 실제로 선택하고 있는 이들의 이야기는 공교롭게도 아니 필연적이게도 그들의 세대를 통해서 설명될 수 있는 것이었다. 몇 년간의 직장 생활과 그것의 환멸까지 경험하고 빠져나오기 위해서는 현재의 30, 40대들이 그 만남의 대상이 될 수밖에 없었다. 그리고 그들의 이야기는, 그저 개개인의 각기 다른 경험으로서가 아닌 공유하는 세대 경험을 경유해 보았을 때 더 잘 이해될 수 있는 것이었다. 말하자면 그 이야기들의 구슬에 꿰는 실이 X세대라는 키워드였다.

물론 '세대'라는 임의적 방식과 기준에 의해 구별하고 의미를 부

---

[*] 1970년대생 세대가 다른 세대에 비해 상대적으로 정치나 행정, 언론, 교육 등과 관련된 직업 정체성을 부정적으로 보며 그 권위를 낮게 평가한다는 연구 결과가 있는데(최유정·최샛별·이명진, 2011), 이 역시 문민정부 이후 정치적 세대교체와 민주화·세계화가 가속된 시기에 청년기나 청소년기를 보내며 개방성과 자율성을 추구하는 코호트 성향이 반영된 결과로 보인다.

여하는 세대론에 많은 비판과 우려가 제기된다.[14] 이는 세대 차이를 과장하고 세대 간 갈등을 조장할 수 있으며, 소수의 실험적인 행위나 일정한 연령에 반복적으로 나타나는 효과를 '세대'라 부르는 세대 용어의 혼란을 초래할 수 있기 때문이다. '동질적'이라고 볼 수 없는 집단이 단일한 세대로 명명되며 과잉 일반화될 위험성을 갖기도 한다.[*] 나는 이러한 세대론을 둘러싼 우려와 세대론의 이름으로 행해진 과잉 분석에 대한 문제의식에 공감하면서도, 이 책에서 참여자들이 공유하는 세대 경험과 사회적·문화적 맥락을 강조하기 위해 이들을 '세대'를 통해 적극적으로 이해하고자 했다. 개개인이 발화하는 내용과 경험한 사건은 한 개인의 이야기이면서 동시에 이들이 사회적·문화적으로 습득한 맥락의 산물이기도 하기 때문이다. 이는 개인을 사회 속에 위치 지으며 그 속에서 이해하는 데 실마리가 되어준다. 따라서 이는 세대론이라기보다는 '시대론'이라고 표현하는 것이 내 입장과 보다 가깝다고 할 수 있다.

'88만 원 세대' 이후 흘러넘치는 세대론에 사람들은 피로감마저 느낄 정도다. 특히 청년 세대는 보수화되고 피해 의식에 사로잡혀 있다, 청년 세대는 그저 불쌍하다 등 지금의 청년 세대에 관해서 거의 모든

---

[*] 특히 박재홍(2009)은 2007~2008년도의 《88만 원 세대》(우석훈·박권일, 2007)와 미국산 소고기 수입 반대 촛불집회의 예를 통해 이를 비판적으로 검토하고 있다. 그의 주요한 문제의식은 세대 담론을 통한 세대명 남용뿐 아니라 세대 간 경쟁 문제를 뛰어넘는 계급 문제, 전면적인 신자유주의화 등의 문제점들이 간과될 수 있다는 점이다. 이러한 그의 비판은 2000년대 후반의 맥락 속에서 더 잘 이해될 수 있다.

평자들마다 한마디씩 보탠다. 이처럼 세대론이 범람하는 시대에 이 책마저 그런 '세대 편 가르기'에 추가시키고 싶은 의도는 없다. 물론 한 세대가 위치하는 맥락과 경험하는 지평은 여전히 중요하지만, 그 세대는 완전히 하나의 독자적 '세대로만' 존재하지 않는다. 우리가 어떠한 집단을 보는 이유는 단지 그 집단만을 잘 이해하기 위함이 아니다. 자신의 아래 세대와 위 세대 사이, 다른 시대를 살아온 이들의 경험으로부터 우리는 무엇을 배울 것인가? 어떻게 대화하며 어떤 식으로 섞여 살아갈 것인가? 이를테면 이 책에 등장하는, 한때 문화적 수혜를 받았으나 이후 일터에서 그 문화적 주체성을 온전히 발휘할 수 없는 참여자들의 경험에서 그 세대가 아닌 나, 그리고 독자들은 무엇을 얻을 수 있을 것인가? 내가 관심 있는 부분은 'X세대'라는 특정 세대론에 영합하는 것이 아닌 이런 총체적 방법론이었다.

그렇게 나는 1990년대에 청년기 또는 청소년기를 보낸 세대의 특성들을 역추적했다. 그 개인사적 맥락과 시대사적 맥락으로부터 일 선택/멈춤과, 그것이 가능했던 배경의 실마리를 찾으려 했다. 그 과정에서 스스로를 'X세대(신세대)'로 열정적으로 명명하며 자기재현에 골몰했던 시대에 그들이 '나'를 구성해온 점이, 그 이후의 서사 속에 깊이 개입되어 있음을 이해할 수 있었다. 그 선택과 발화의 면면은 X세대적 특성과 조우함으로써 더 가시적으로 밝혀질 수 있었다.

한국 사회에서 X세대라는 집단을 명명하는 정의는 조금씩 차이가 나지만, 대체로 1980년대 후반 이후 한국 사회 고유의 역사적 경험을 공유하며 1990년대에 청년기 또는 청소년기를 보낸 이들을 뜻한다.* 세대라는 범주 자체가 어느 정도의 인위성과 자의성을 띨 수밖에 없지만, 세대라는 렌즈를 통해 보고자 하는 가장 중요한 요소는 당시 사회적·문화적 배경의 공유 측면일 것이다. 때문에 나는 이 책에서 X세대를 명확한 나이나 학번을 통해 구분하기보다는 1990년대에—개인적인 의식과 정체성 형성에 많은 영향을 받는—청년기 또는 청소년기를 보내며 당시의 사회적·문화적 경험에 가까이 있고, 이로부터 영향을 받은 이들로 파악하고자 한다.

2007년 《88만 원 세대》의 등장으로 청년을 둘러싼 담론의 판도가 확연히 바뀐 이후, 청년 세대는 '88만 원'이라는 상징적인 경제 수치에 의해 그리고 기성세대에 의해 규정되었다. 그것이 타인에 의해 명명되고 설명된 이름이라는 점은 의미심장하다. 이는 결국 무수한 논쟁과 세대 전쟁을 낳았고, 그 이름은 마치 기성세대의 전리품처럼 느껴지기까지 한다. 1990년대의 신세대는 문화와 소비 정체성으로 자기 스스로를 규정한 첫 세대였다. 물론 신세대니 X세대니 하는 이름이 이들을 소비 주체화하기 위한 산업 마케팅 전략의 일환으로 적극 활용되기도 했던 점은 아이러니하다. 그들이 강하게 차별화하고 내세우고자 했던 주체

---

*　우리 사회의 '신세대' 혹은 'X세대'란 일본의 '신인류', 중국의 문화대혁명 전후에 태어나 개혁·개방의 시기에 성장한 '청년 세대', 미국의 'X세대' 등과 유사한 이미지를 갖는다(정성호, 2006). X세대에 대한 정확한 개념 설정은 어렵지만 소비·문화적 주체, 물질적 풍요 속에서 각종 대중매체의 영향을 받아온 세대, 핵가족 속에서 자라난 세대 등 주로 문화적 정체성을 중심으로 신세대를 이해하는 것이 공통적인 사항으로 보인다.

성이 한편으로는 상업적인 이해관계와 매우 적절히 맞아떨어졌으니 말이다.

그럼에도 그들은 스스로를 동시대원으로 이해하고 명명하며 주체성을 체득했고, 동시에 '우리'보다는 '나'를 중시했기에 누구의 딸도 아들도 아닌 나를 재현하고자 했던 자기재현의 세대다. 이로부터 체득한 삶의 문법은 이들을 한국에서 이전과는 확연히 다른 종의 탄생으로 느껴지게 했다. 그들은 기성세대와 자신들을 구분하면서 시대적 단절을 선언한 세대였다. 이제는 시대가 달라졌고, 우리는 새로운 세대의 구성원이라고. 그 선언은 한국 사회에 돌맹이질을 하며 사회적·문화적 균열을 내는 충돌이었을 것이다.

그러나 1990년대 후반 이후 본격적인 신자유주의 사회로 넘어오면서 그들이 갖고 있던 자유로움, 탈권위성 등은 그 전만큼 발휘될 수 없게 된 듯하다. 현재는 이들이 부르짖던 차이와 자유가 무화無化되는, 실은 신자유주의가 아닌 '헛'자유주의 시대이기 때문이다. 그러므로 지금의 노동 구조를 경험하며 그 괴리와 균열 지점은 더욱 드러날 수밖에 없을 것이다. 한때 성공적인 산업화의 수혜자이자 정치적·문화적 해방의 자유가 넘쳤던 시기와 감성을 경험했으나, 현재는 극단의 신자유주의 경쟁 시대를 살고 있는 세대. 그들에게 1997년 IMF 체제는 남다른 '상처'가 되었을 것 같다. 뚜렷한 개인성과 자아 정체성은 경제 침체와 실업이라는 갑작스러운 위기에 맞닥뜨리게 되었다. 좋아하는 것을 직업으로 삼고 싶어 하고, 무모하더라도 이미 닦여진 길보다 가지 않은 길을 내고, 독창적인 실력과 회사를 스스로 만들어 생계 수단이라기보다 '내가 발전할 수 있는 공부이며 놀이'로서 일하고 싶어 하는 신세대의 직장관(직업관)은[15] 그 속에서 쉽사리 지속 가능하지 않았다.

유동하는 불안은 액체처럼 구석구석에 스며들었다. 30, 40대와 기성세대뿐 아니라 노동시장에 막 진입하는 지금의 청년 세대들에게도 불안은 직접적으로 습격해왔다. 경제 불황 시기에 취업 시장에 들어서서 실업 대란을 경험한 1970, 1980년대생과 이후 '88만 원 세대', 'N포 세대' 등에 이르기까지 그 영향력은 지대하다. 그러나 이를 받아들이는 방식과 충격은 서로 다를 것 같다. X세대에게는 문화 시대의 주체이던 '왕년'이라도 있으나, 현재의 20대는 자유와 주체성의 시대라기보다 무한 경쟁과 승자 독식의 패러다임이 지배하는 사회에서 성장했기 때문이다.

문화적 주체들의
신자유주의 '생존기'?

"〈건축학개론〉, 〈응답하라〉 시리즈, '토토가'까지 왜 90년대 이야기가 끊임없이 나오는가 궁금해. 마흔이 넘으면 어른이잖아. X세대가 기성세대가 되면서 더 이상 누구에게 물어갈 수도 없고 사회적으로 책임을 져야 하는데, 이 주체적인 책임감 같은 걸 피하고 싶은 욕망 아닐까? 요즘 동료 작가들 이야기 들으면 어떻게 땅에 발 딛고 살아야 할지 모르겠대. 걸음걸이까지 휘청거리는 느낌, 다들 그런 느낌 가진 적 없어?"[16]

2010년대의 대중매체는 아련한 노스탤지어로 자욱하다. 드라마 〈응답하라 1997〉(2012), 〈응답하라 1994〉(2013), 〈응답하라 1988〉(2015), 영화 〈건축학개론〉(2012), 〈국제시장〉(2014), 예능프로그램 〈무한도전〉의 '토토가'(2015) 등은 한창 과거를 회상 중이다. 최근 몇 년 동안 '추억', '복고', '향수'는 대중문화의 주요 키워드로 내내 활용되어왔다. 그리고 추억의 회상 주기는 점점 당겨지고 있다. 심지어 20대들도 몇 년 밖에 지나지 않은 10대 시기에 향수를 느낀다. 오늘을 사는 어떤 계층과 세대든 현실이 너무도 팍팍하니 지금보다는 많은 면에서 꽤 살 만했던 것 같은 과거를 자꾸만 소환하고 싶어진다.

현재 문화의 주요 소비층인 30, 40대에게도 〈건축학개론〉의 첫사랑 얼굴과 '기억의 습작', '토토가'의 가요들 속에서 1990년대는 아름답게 추억된다. 하지만 이 과거가 애정의 대상이라면, 현재는 극복의 대상이다. "현실은 '미생'인데 복고에서 위안을 찾는다"는 한 영화평론가의 말[17]이 맴돈다. 이 1990년대 추억 속 주역들은 지금 어디서, 어떤 생각을 하며 어떤 일을 하고 있을까?

과거만이 소비될 뿐 낭만과 환상 속에 박제된, 현재가 조명되지 않는 세대는 잊힌 '과거의 세대'일 것이다. 1990년대를 지나와 2000년대를 살고 있는 X세대의 대다수는 평범한 직장인으로 살아가겠지만 그중 누군가는 이를 못 버티고 궤도 밖으로, 자신의 의지 혹은 타의에 의해 튕겨 나왔다. 그러나 여전히 회사원으로 살아가며 '남아 있는' 사람들에게도 이 책의 이야기는 낯설지 않을 것이며, 어쩌면 이제부터 펼쳐질 참여자들의 이야기에서 공감을 느낄지도 모르겠다. 노스탤지어 속에서 빛나던 주체들은 현재 가혹한 경제 현실과 대면하는 중이다.

이 책은 30, 40대 11명의 직장 진입기와 이탈기를 담고 있다. 처음에 난 이 작업에 대해, 수많은 사람들이 그렇게 살고 싶다고 말하는, 평범한 혹은 성공한 삶을 스스로 박차고 내려선 사람들을 만나러 가는 길일 거라고 막연히 생각했다. 그러면서 그들의 열망과 좌절, 현실과 이상, 업 앤드 다운, 이런 단순한 도식을 떠올렸다. 또한 이후의 삶이 이전보다는 분명 더 '좋은 삶'일 것이라는, 아주 순진한 가설을 세워두기까지 했다. 그러나 물론, 삶이란 그렇게 단순하게 구성되지는 않는다. 참여자들의 이야기는 그런 식으로 요약될 수 없는 것이었고, 그들이 선택한 새로운 경로 역시 '대안적 삶'이란 한마디로 깔끔하게 정리되지 않는 것이었다.

내려오기도 멈추기도 쉽지 않기에 롤러코스터로 비유되는 이 노동 트랙에서 내려선 사람들. 이러한 콘셉트로 참여자를 선정하는 데 가장 기본적인 조건은, 몇 년간의 직장 생활을 겪고 퇴사했을 것, 퇴사 후에는 단순 이직이 아닌 '제3의 길'을 선택했을 것 등이었다. 그렇게 해서 내 그물망, 그리고 그 그물망의 그물망을 통해 만나게 된 '직장 이탈자'들은 서로 많게는 10년 정도의 나이 차이를 갖는다. 1970년대 초반과 1980년대 초반 사이에 태어나, 1990년대 초반과 2000년대 초반 사이부터 20대를 경험한 그중 몇 사람은 X세대와 '88만 원 세대' 사이에 끼어 있거나 걸쳐 있지만, 문화적 경험과 정서는 X세대에 더 가깝게 보인다.

그런데 1990년대 후반 이후 대학을 졸업한 세대를 '저주받은 세대'라고 불렸지만, 지금의 20대가 받고 있는 저주를 생각하면 그 명칭이 좀 무색한 것도 사실이다. 학점, 토익·토플, 봉사활동, 해외 연수, 각종 자격증 등의 기본 스펙을 구비해놓고서야 취업 시장에 들어설 용기가 생기는 20대의 '빡센' 취업기에 비하면, 이 책에 등장하는 참여자들의 취업기는 다소 시시할 정도다. 특별히 취업에 대한 열망도, 노심초사도, 고민도 없었고, 오히려 할 수만 있다면 취업하고 싶지 않다고 생각하기까지 했다. 회사에 다니지 않으면서 자신이 하고 싶은 것만 하고 살 수 있으면 가장 좋겠지만 그 길이 보이지 않아 취직을 했다, 혹은 우연히 인연이 닿아 일하게 된 곳에서 돈과 사회적 인정까지 얻을 수 있었다 등등. 참여자들이 '취업을 하긴 해야겠다'고 마음먹기까지는 시간이 걸리긴 했으나, 일단 마음먹은 이후로 취업은 크게 어려운 관문이 아니었다.

> 취업을 하겠다고 친구들한테 얘기하고 다녔는데, 졸업 6개월 앞두고 그 회사에서 연락이 왔어요. 그래서 뒤도 안 돌아보고 해보겠다, 면접 보겠다, 하고 갔더니 출근하라고 해서 알겠다, 하고 출근했죠. **윤재훈**

내가 만난 참여자들은 공교롭게도 당시 어렵게 취직한 경우는 거의 없었다. 지인이나 대학 과 사무실 등의 소개로, 혹은 우연히 인연이 닿아 취직하게 된 경우가 대부분이었고, 지금의 청년 세대와 같은 취업 전쟁을 치른 경우는 없었다.

이 세대는 경제적으로 독립해야 했던 시점에 이른바 '영광의 시대'

가 문을 닫아버림으로써 IMF 경제 위기라는 직격탄을 맞은 세대[18]라고 들 한다. 참여자들 역시 20대 때 IMF 경제 위기를 맞으며 "우리가 나갈 세계가 더 녹록하지 않아졌다는 위기감"을 갖게 되고, 주변에서는 점점 안정적인 직장을 얻으려는 분위기들이 생겨났다고 증언했다. 하지만 이들이 취업 시장에 진입하는 과정에서는 IMF의 영향이 직접적으로 부각되지는 않았다. 슬슬 신자유주의적 발동이 걸리면서 적대적 노동환경의 으스스한 기운을 느끼기 시작했지만, 취업이 안 되어 오래 고생한 괴담이 팽배하거나 지금처럼 취업 시장이 위축되기 전이었고, 인적 네트워크―교수, 학과 조교, 선배 등―를 통한 취업은 여전히 유효했다. 그러나 그 이후 졸업한 세대들은 심상치 않은 노동시장의 기운을 감지하며 애초에 생각하던 직장보다 기대치와 급을 낮춰 취업 시장에 도전해야 했고, 처음 자신이 꿈꾸던 직장과 실제 직장 사이의 간극을 경험하기도 했다. 참여자들의 경우, 취업 과정보다는 오히려 직장 생활 속에서 점점 진전되는 신자유주의의 영향을 체감했다. 요컨대 자신이 학습해온 희망과 기대를 직장(직업)에서 이룰 수 없다는 좌절로부터 경제위기를 여실히 느낀 것이다.

이 책에 등장할 참여자들 각각이
걸어온 궤적을 살펴보는 것은 앞으
로 전개될 서사의 롤러코스터에 함
께 올라타는 데 도움이 될 것이다.
나는 이들의 경험을 크게 두 가지
줄기로 나눠봤다. 최근의 금융과
글로벌 자본주의 시대 맥락에서 그
수요가 특히 높아진 고소득 전문 직
종에 종사한 '엘리트' 직장인의 삶,
그리고 돈보다는 재미와 열정, 의
미, 흥미가 직업 선택의 중심이 되
었던 '열정노동' 직장인의 삶이다.
후자에는 주로 출판, 문화, 예술
영역의 노동자들이 속한다. 참여자
들 11명은 모두 대졸 이상의 학력
을 지녔고, 대체로 1990년대 중후
반 학번에 속한다. 즉, 1990년대
초반에서 2000년대 중후반에 학
창 시절을 비롯한 20대를 경험했
다. 인터뷰는 2013년에 이뤄졌으
며, 대부분 두 차례 이상의 심층 인
터뷰를 기본으로 했다.

고소득 전문 직종의
'엘리트' 직장인들

이준익43세　　　"매니징을 하는 엄마와 매니징당하는 아이가 내 속에 공존했다"라고 스스로 말할 만큼 학창 시절에 공부를 잘했던 이준익은 과학고에서부터 대학원 과정에 이르는 공학 계열의 '엘리트 코스'를 밟았다. 그러나 공학은 그의 적성에 맞지 않았고 오히려 인문학에 더 관심이 많아서, 주로 인문·사회와 관련된 책을 즐겨 읽었다. "컨설팅이란 걸 몰랐고 관심도 없었"지만, "막연히 어떨까 하고" 입사하게 된 IT 컨설팅 기업을 시작으로 총 두 군데 IT 컨설팅 기업에서, 그리고 반은 서울, 반은 해외에서 총 14년 근무했다. 도쿄에서 일하며 NGO 회원으로 활동하기도 했고, 퇴사 후 일본 현지에서 그 NGO와 관련된 일을 하며 1년 가까이 생활했다. 이후 한국의 비영리 단체에서 문화·청년·생태 등을 잇는 일을 하며 '제2의 삶'에서의 위치를 설정하는 중이다.*

윤재훈34세　　　투자 기업에서 4년 동안 일했다. 대학 시절 우연히 《부자 아빠 가난한 아빠》라는 책을 접하곤 '안정적인 자산이 있어야겠다'고 생각했다. 그래서 통역 등 다양한 아르바이트를 하거나, 신학기 교재를 떼어 와서 파는 등 수완을 발휘해 돈을 벌고자 다방면으로 노력했다. 그러나 결국 이러한 방식을 통해서는 '남는 돈'을 만든다는 것이 힘듦을 깨닫고는 미련 없

---

*　　이 책에서 참여자들의 '현재' 상황은 모두 2013년 인터뷰 당시 시점을 반영한다.

이 취직을 하겠다고 마음먹었으며, 이후 어렵지 않게 취직했다. 입사 3년 차에 우연히 시작하게 된 불교 공부가 삶의 큰 전환점이 되어, 살고자 하는 방향이나 사회에 대한 관점 등에 총체적인 변화를 꾀하게 되었다. 결혼과 거의 동시에 아내를 포함한 5명의 친구들과 공동주거를 시작했고, 현재 협동조합 카페 공동 주인이다. 이 협동조합은 주거뿐 아니라 놀이·여가·보험 등 생활 전반을 포괄한다.

김윤진35세　영문학과 문헌정보학을 전공한 후 대학원에서 더 공부를 이어가고자 했다. 그러던 중 교환학생으로 일본으로 떠나게 되었는데, 그곳에서 현장연구차 일하던 리크루트 기업에서 헤드헌터headhunter*직을 제안받고는 다니던 대학원 과정을 그만두고 직업 세계에 뛰어들었다. 그녀는 직업을 "주어진 정체성이 아닌 선택하는 정체성"으로 이해했다. 주로 금융권의 고급 인력들을 연결해주는 일을 했는데, 2008년도 금융위기 때의 충격이 업계에 대한 회의로 이어졌다. 퇴사 후 귀국해, 서울에 있는 청년과 관련한 비영리단체에서 일하던 중에 나와 만났다. 이 단체에서 일하기 직전에는 청소년 관련 비영리단체에서 일한 바 있다.

---

*　헤드헌터란, 기업의 임원이나 기술자 등 고급 인력을 필요로 하는 업체에 원하는 인력의 선정에서부터 평가·알선까지 조사 과정을 거쳐 적정 인력을 소개하는 직업으로, 리크루터, 스카우트 전문가 등으로 바꿔 말할 수 있다(출처: 한국직업사전, 워크넷). 헤드헌터는 일종의 은어에 속했으나 현재 이 직업을 칭할 때 가장 일반적으로 쓰이므로 이 책에서도 그대로 사용한다.

이동진 31세   서울 소재 상위권 대학 공대에서 학부와 석사과정을 마치고
병역특례제도의 일환인 전문연구요원제도 *를 통해 국내의 대기업 연구소에
서 일한 사례다. 다소 특수한 경우라고 할 수 있지만, 3년 동안의 재직(겸 복
역) 이후 특별한 결격 사유가 없으면 계속 머물 수 있고, 채용 과정과 급여 역
시 석사 졸업 직원 기준과 동일하며, 자발적 동기에 의해 퇴사했다는 점 등
은 다른 사례와 함께 놓는 데 무리가 없을 것으로 보았다. 참여자 중 유일하
게 자녀(한 살)가 있는 경우이고, 사회과학 계열 대학원에 진학해 석사과정에
재학 중이다. 아내 역시 대학원에 다니지만, 교사직을 유지하며 학위를 취득
하는 '파견근무제'로 재학 중이기에 고정 수입이 있다.

---

*   전문연구요원제도는 병역 자원 일부를 군 필요 인원 충원에 지장이 없는 범위 내에
서 병무청이 지정한 업체에서 3년간 연구 인력으로 활용하도록 지원하는 병역대체
복무제도의 하나로, 석·박사 등 고급 과학기술 인력에게 연구 경력의 단절 없이 지
속적으로 연구 기회를 부여하여 국가 산업의 육성·발전 및 경쟁력 제고에 기여하는
목적을 갖는다고 한다(출처: 전문연구요원제도 안내 홈페이지http://www.rndjm.or.kr).

**   이것은 노동이 열정이라는 이름으로 착취되는 문화 산업계의 현실을 비판하고자 시
도한 《열정은 어떻게 노동이 되는가》(한윤형·최태섭·김정근, 2011)에서의 '열정의 노동
화'와 조응한다. 이 책에서는 '열정노동'이라는 용어를 빌려서 사용했다.

문화·창의 직종의
'열정노동자'들**

한정희37세   패션잡지사에서 11년간 피처 에디터feature editor로 일했다. 그녀의 20대는 홍대 클럽에서 공연을 보며 하위문화를 즐기던 전형적인 1990년대 'X세대적 생활'이었다. 외국에 본사를 둔 채 '코리아'라는 이름을 건 라이선스 패션잡지들이 한국 사회에 봇물 터지듯 출간되던 때, 자신에게 그 일이 잘 맞겠다는 생각이 들어 패션잡지 기자 생활을 시작했다. 첫 직장은 젊은 층을 대상으로 하는 C잡지사로 6년을 일했고, 이후엔 '멤버십 매거진' D잡지사 창간에 합류해 5년간 일했다. 퇴직 후 1인 출판사를 준비 중이다.

김종현37세   중고등학생 때부터 '공부를 잘하는 반항아'적인 기질을 갖고 있었는데, 교사의 부당함에 대해 공개적으로 질의하기도 하고 '민가(민중가요)'를 외우는 등 일찍부터 사회의식을 갖고 있었다. 교사가 오랜 꿈이었는데 첫 번째 임용고사에 실패한 후, 학과 사무실을 통해 교과서를 만드는 학습지 출판사 자리를 제안받았다. '학교 현장에 도움이 되는 방식이 꼭 교사가 아닐 수도 있다'는 생각으로 일을 시작한 것이 12년이나 되었다. 현재는 그 일을 그만두고 인권 운동을 하는 단체에서 비상근으로 활동하며 대안학교 교사 준비를 병행하고 있다. 생계비는 프리랜서 편집 일로 충당한다.

이명선34세   대학에서 사회과학을 공부했고 졸업 직후에는 "학점도 별로 안 좋고 취업해서 좋은 롤모델도 없어" 취업에 대한 특별한 생각이나 계획이 없었다. 그러다가 기부 활동을 하는 NGO에 약 3년을 다녔다. 하지만 누가 일을 가르쳐주거나 시스템에 의해 굴러가는 것이 아닌 NGO 직종에서 업무 능력의 부족함이 느껴져 그만둔 후, 대학 선배의 소개로 지금은 대규모 IT 회사가 된 Q사에서 일하게 되었다. 초기에는 회사 생활이 꽤 즐거웠지만 Q사가 성장하고 규모가 커지면서 처음의 조직 분위기와 장점이 많이 사라지기 시작했다. 그래서 퇴직하고, 오래전부터 가깝게 지낸 문화기획자들과 함께 문화기획 관련 협동조합을 출범하기 위해 준비하고 있다.

장현아31세　　대학에 큰 흥미가 없어 수능 점수에 맞춰 학과만 보고 이벤트학과에 지원했다. 수업을 듣던 중 마케팅이 '창의적'인 영역이라고 판단되어 경영학과로 편입했다. 그러나 막상 편입해보니 경영 논리는 자신과 맞지 않았고, 본질을 감추는 술수나 거짓말처럼 느껴졌다. 졸업 후 1년 동안 입시학원의 영어 강사로 일하다가 교육 현실과 경쟁 사회의 문제점을 느껴, 그와 정반대되는 일을 하고자 문화기획 관련 사회적 기업에 들어갔다. 하지만 단체의 역량 부족으로 계약 기간도 채 못 채우고 나왔는데, 팀장이 그녀에게는 '꿈의 직장'이었던 K공간에 '꽂아' 줬다. 이후 복합문화공간인 K공간 기획자로 일했다. 그러나 과다 업무와 더불어, 이윤 논리로 운영되는 변화를 목격하고 퇴사를 결정했다. 공부를 통해 내공을 쌓고 다시 문화 현장에 나가고 싶다는 것이 현재 그녀의 바람이다. 현재 대학원 진학이 예정되어 있다.

이영민35세　　대학과 대학원에서 영문학을 전공하며 사회운동조직 활동을 하기도 했기에 사회과학 지식과 담론에 익숙한 편이다. 특히 음악과 문학·

문화 비평 등에 관심이 많다. 졸업 후 취직에 대한 별다른 고민과 관심 없이 여행과 아르바이트를 하며 '놀면서 심심하게' 살고 싶었다. 그러던 중 우연히 친구가 이력서를 대신 넣어주는 바람에 얼떨결에 출판사에 다니게 되었고, 두 군데에서 총 5년을 일했다. 다니다 보니 좋아하는 책을 마음껏 낼 수도 없고, 도시 직장인으로 사는 것이 싫었다. 사표를 내고 떠난 여행 중 (곧 결혼할 예정인) 여자 친구와 함께 "우리 내려와 살까?" 즉흥적으로 얘기를 나눈 것이 귀촌 결정의 계기가 되었다. 현재 여자 친구와 공동으로 땅을 구매한 상태이며 게스트하우스 운영을 준비 중이다.

박래연35세　　불문학을 전공했으나 전공을 살려 취업하는 경우는 학과 친구들 중에 거의 없었다. 대부분이 스펙을 쌓아 금융계 회사 등에 입사하는 추세였지만, '좀 더 자유롭게 할 수 있는 직장 생활이 없을까?' 막연히 고민하다가 광고 회사에 들어갔다. 그러나 재밌을 줄 알았던 업무는 '소진되는 일'의 연속이었다. 퇴사 후에는 환경 NGO에서 활동가로 2년간 일했다. 이후 자전거 메신저*, 텃밭 농사 등 대안적이고 생태적인 삶과 연결된 활동을 이어갔다. 2011년에 제주도로 귀농하여 친구들 3명과 공동주거 및 경작을 시작했다. 함께 지내던 친구들은 각자의 사정으로 육지로 떠나게 되었고, 현재는 혼자 제주도에 머물면서 최대한 인공적이지 않은 방식으로 농사지으며 산다.

---

*　　퀵서비스, 택배, 업무 대행 등 친환경적 교통수단인 자전거로 할 수 있는 서비스를 제공하는 메신저 활동이다. 이는 단지 물건을 빠르게 배달하기 위한 목적을 지닌 서비스업이 아니라, 생명과 환경, 낭비 등에 대한 문제의식에 바탕을 둔 일종의 사회운동이다.

보조 사례

이경일39세　학생운동에서부터 시작하여 생태·환경과 관련된 여러 대안적 활동을 해왔다. 대학 졸업 후 농민운동 단체나 생활협동조합(생협) 등 농업과 관련된 여러 군데의 직장을 짧게 다녔다. 주로 누군가의 소개를 통한 직장이었다. 이후에는 일을 배우며 돈도 벌 수 있는 건설 현장에서 목수로

참여자 정보(인터뷰 시점인 2013년 기준)

분류	이름	성별	출생 연도	이전 직장 경험(기간)	퇴사 연도	
고소득 전문 직종	이준익	남	1971	IT 컨설팅 기업(14년)	2012	
	윤재훈	남	1980	투자 기업(4년)	2010	
	김윤진	여	1979	리크루트 컨설팅 기업(3년)	2009	
	이동진	남	1983	대기업 연구원(3년)	2011	
문화·창의 직종	한정희	여	1977	패션잡지사 기자(11년)	2012	
	김종현	남	1977	학습지 출판사(12년)	2012	
	이명선	여	1980	시민 단체 활동가(3년) → IT 전문 기업(7년 반)	2013	
	장현아	여	1983	사회적 기업(1년) → 복합문화공간 기획자(2년)	2012	
	이영민	남	1979	출판사(5년)	2011	
	박래연	여	1979	광고 회사(3년) → 시민 단체 활동가(2년)	2010	
보조 참여	이경일	남	1975	생협 및 농업 관련 직종(4년)	2010	

일하다가, 2012년부터 제주도로 귀촌해 산다. 집 짓는 현장에서 일용직 노동자로 일하지만, 쉬고 싶을 때 쉬고 돈이 필요해지면 일을 하는 형태의 생활을 지속하는 '프리터'에 속한다. 엘리트 직장 생활과 열정노동 중 어느 유형에 속하지는 않으나, 문화·생태 운동과 관련된 활동 속에서 갖게 된 그의 일과 삶에 대한 관점을 참고하고 싶어 보조 사례로 추가하게 되었다.

학력	현재 상태	결혼 여부
대학원 졸	비영리단체 근무	비혼*
대졸	협동조합카페 운영	기혼
대졸	비영리단체 근무	비혼
대학원 졸	대학원생	기혼(자녀 1명)
대졸	1인 출판사 준비	기혼
대졸	대안학교 교사 준비/프리랜서 편집자	비혼
대졸	협동조합 준비	비혼
대졸	대학원 입학 예정	비혼
대학원 졸	귀촌** 및 게스트하우스 준비 중	비혼
대졸	2011년 제주도 귀농	비혼
대졸	2012년 제주도 귀촌/목수	비혼

* '비혼非婚'이라는 단어는 '기혼旣婚'과 '미혼未婚'이라는 대비되는 단어 사용이 가지는 문화적 차별을 지적하며 여성주의 진영에서 처음 쓰이기 시작했다. 아직 결혼하지 않음을 뜻하는 미혼이라는 단어 대신 결혼을 하지 않음 혹은 택하지 않음이라는 주체성을 강조하는 용어로서 비혼이라는 단어를 제안한 것이다. 이 책에서는 개인의 의지와 계획 등과 상관없이 결혼하지 않은 상태를 폭넓게 아울러 비혼으로 표현했다. 퇴사나 전환을 결정하는 데 개인의 생애 계획과 환경적 조건에서 결혼과 가족 부양 여부가 미치는 영향을 알아보기 위해 결혼 여부를 함께 표기했다.

** '귀농'은 농사를 전업으로 하는 형태의 이동을 한정적으로 의미하지만, '귀촌'은 전업농이 아닌 다양한 직업을 갖고서 생계를 유지하는 경우를 포괄하는 개념이다.

1

직장인으로
살아남기

'엘리트'
직장인 되기

1990년대 청년 세대들의 노동관에서 일이란 곧 그 사람이었다. 노동으로부터 자부심과 자존감을 얻는 것이 중요하기에, 일과의 관계를 주체적으로 맺고자 하는 것이다. 때문에 어떤 성격의 일인지, 일터가 어떠한 방식으로 운영되는 공간인지를 면밀히 알아보는 것은 참여자들 개개인에게 일이 갖는 의미를 살펴보는 주요 실마리가 된다.

고소득 전문직 혹은 문화·창의 직종의, 서로 다른 지향과 특성을 가진 직장을 택한 것에서 보듯이 분명 참여자들이 꿈꾸는 미래 지향과 기대에는 차이가 있다. 그러면서도 공통적으로 공유하는 담론과 정서가 있었다. 일을 통해서 자기실현이나 일에 대해 걸었던 희망을 충족시킬 수 있으리라 기대했던 것이다. 하지만 이는 현재의 기업/신자유주의적 구조 속에서는 이뤄질 수 없는 바람이었을까?

그야말로 고도의 자본주의 시대에서 소진될 대로 소진된 시민들의 '피로사회'로 넘어가는 시기, 그들의 노동 세계도 결코 무탈할 수는 없었다. 삶의 주체로서 자신을 단단하게 구성해온 이들이 경험한 실제 직장 생활은 어떠했으며, 또한 이는 그들의 삶을 어떻게 변화시켰을까?

어차피 우리는 '쥐'다

2012년부터 2년에 걸쳐 한 온라인 포털 사이트에서 연재된 웹툰 〈미생: 아직 살아 있지 못한 자〉(이하 〈미생〉)는 화이트칼라 회사원의 애환을 그린 만화로, 직장인들의 열광적인 공감과 '직장 생활의 교본', '샐러리맨 만화의 진리' 등 호평 속에 첫 번째 시즌을 마쳤다. 그리고 2014년에는 드라마로도 제작되었는데, 한때 거의 모든 대중매체에서 '고통받는 노동자—특히 계약직, 비정규직 노동자'를 형상화할 때 〈미생〉의 주인공 '장그래'가 클리셰처럼 등장할 만큼* 미생이 몰고 온 돌풍은 심상치 않았다.

〈미생〉의 주요 서사는 프로 바둑기사의 꿈이 좌절된 장그래가 종합상사商社의 인턴사원으로 입사하게 되며 겪는 이야기와 그를 둘러싼 주변 인물들로 이뤄져 있다. 작가 윤태호는 모두가 열심히 일하지만 어느 누구도 자신의 노동에 '의미'를 부여하지 않는 현대의 직장 생활에 문제의식을 느끼면서, 월급과 승진만이 아닌 '직장 생활 그 자체'에서도 의미를 찾을 수 있음을 보여주고자 작품을 시작했다고 한다.[19] 직장 생활 자체의 의미를 강조하기 위해, 또한 만화(드라마)가 가지는 판타지적 요소로 인해 〈미생〉 속 직장 생활은 다소 낭만화되어 있기도 하다. 인생의 멘토이자 유사 부자父子 관계를 형성하는 훌륭한 상사, 힘들 때 의지가 되는 동료들과 팀의 공동체성, 계약직 인턴사원에 불과한 장그래의 아이디어가 실제 사업에 반영되는 쾌감 등은 현실의 직장인들에게 쉽게 주어지는 것들은 아니다. 이러한 대리만족 역시 많은 독자들로 하여금 이 만화에 몰입하도록 한 이유일 것이다.

수많은 직장인이 〈미생〉을 '인생 교과서'와 '샐러리맨 만화의 진리'로 삼은 배경에는 혹자들이 '시간 때우기'와 '잉여 짓'으로 간편하게 요약하고 마는 웹툰의 성격을 뛰어넘는 요소가 있었다. 그것은 일단은 대기업이라는 우리 사회의 명백한 일면을 주의 깊고 상세하게 묘사했다는 장점에 있다. 그렇지만 웹툰이나 드라마를 둘러싼 폭발적인 반응은 '현실에 기반한 공감'으로 해석되기보다는 '징후적'으로 읽힌다. 이 이

---

*   당시 노동 이슈를 전달하는 상당수의 언론 기사 제목에는 '장그래'라는 단어가 빠지지 않았다. 하지만 직장인들의 장그래에 대한 공감을 제대로 이해하지 못한 정부는 비정규직의 근무를 최대 4년까지 연장하는 법을 추진했고 이에 '장그래법'이라는 별칭이 붙었다. 이러한 정부의 비정규직 종합 대책에 반대해 비정규직 노동자 3,400명은 돈을 모아 "내가 정규직 시켜달라고 했지, 비정규직 연장해달라고 했냐고!!"라고 외치는 장그래의 그림을 전면에 실은 광고를 내보냈으며, 민주노총 위원장은 "장그래 살리기 운동본부를 설립하자"는 제안을 했다("장그래 살리기 운동본부 설립하자" …… 한상균 민주노총 위원장 제안, 〈국민일보〉, 2014년 12월 31일). 또 한 정치인은 비정규직, 영세 자영업자를 대변하는 정치 세력, 다른 말로 하면 장그래 정당을 만들겠다고도 했다(정동영 "국민모임 신당, 장그래 정당 만들겠다", 〈한겨레〉, 2015년 1월 19일).

야기는 진짜 있었을 법한 회사의 일상이라는 '현실 배경'에 기반하고는 있지만, 결코 '현실적인 드라마'라고는 할 수 없기 때문이다. 장그래의 입사 스토리[*]를 포함해 영업3팀이라는 존재 자체는 달콤한 판타지다. 그러므로 나는 〈미생〉을 일종의 원형, 즉 하나의 '텍스트'로 이해한다. 그것이 우리에게 줄 수 있는 것은 현실 그대로의 반영이 아니다. 이 드라마가 그리는 판타지는 우리가 현실에서 열망하는 뭔가를 강하게 암시하며, 이를 반영하고 있는 듯하다. '내 일'에서 의미를 찾고자 하는 간절한 욕구, 동료와 공동체적인 팀을 꾸리고 싶은 욕망, '함께' 일하는 기쁨……. 잊고 있거나 외면하고 있었지만, 자신들이 소중히 여겼던 그

---

[*] 어떤 이들은 〈미생〉을 평가할 때 이 이야기가 현실적이냐, 그렇지 않느냐를 주요 골자로 따지지만, 나는 사실 그것이 가장 중요한 물음은 아니라고 생각한다. 그럼에도 굳이 〈미생〉이 현실적이냐고 묻는다면, 그렇지는 않다. 먼저 주인공 장그래가 고졸 학력으로 한국에서 몇 위 안에 드는 대기업 인턴이 되고, 입사 시험에 합격한다는 사실부터 비현실적이니 말이다. 그는 '낙하산'이지만, 실제로 그에겐 그 어떤 도움이 될 '빽'도 배경도 없다. 그는 언덕배기에 위치한 오래된 집에서 공공근로를 하는 어머니와 함께 살며, 아버지가 돌아가신 후에는 아르바이트로 생계를 도왔다. 그는 극히 특수한 조건의, 누구도 돌봐주지 않는 낙하산일 뿐이다. 하지만 지금의 '대기업 2년 계약직'마저 대부분의 구직자에게는 불가능한 기회임은 분명하다. 때문에 오직 그 자리에 오르기 위해 장그래와 비교할 수 없는 시간과 노력을 들이는 수많은 청년들을 생각한다면, 그가 정직원이 되는 일은 체계상으로 불가능할 뿐 아니라 불공평하며 '정의롭지' 않다. 이를 알고 있기에, 작품 속에서도 '불가능한 정규직'을 향한 장그래와, 또 그의 회사를 스쳐 갔던 수많은 장그래들의 내적 갈등과 상심이 그려지고 있다(특히 '94수'). 드라마 〈미생〉에서는 웹툰에서는 다뤄지지 않던 좀 더 현실적인 회사 정치와 내부인들의 갈등이 구현되고 있다. 드라마에서 인턴 초기, 동기들이 장그래를 향해 노골적인 멸시와 시기의 눈초리를 보내는 것도 경쟁 시대의 한국 사회에서 청년들이 갖는 '정당하고 현실적인' 분노와 적대감으로 읽는다(이영롱, 2015).

것들을 불현듯 이 이야기가 상기시켜준 것이다. 그렇기에 열광적인 '미생' 현상은 극사실과 판타지 사이에서, 일종의 사회현상으로서 그 독특한 위치를 획득할 수 있었다. 때문에 나는 이를 허구가 아닌, 일종의 실재實在로 받아들인다.[20]

〈미생〉에서 작가의 의도는 명확하다. 회사에 남아 있는 것이 핵심인 "무채색의 일상", "매일매일 똑같은 것 같은 업무와 깃털처럼 많은 나날"들 속에서, 그럼에도 불구하고 "순간순간의 성실한 최선"이 중요하다는, 즉 '순간의 최선'에서 의미를 찾고자 하는 것이다. 하지만 참여자들의 현실 시간을 통해 본 '순간'의 일상들은 그 자체로서 온전한 의미를 찾기에는 숨이 차 보인다. 현실의 노동 세계를 지배하는 신자유주의 질서는, '일의 의미'보다도 더 신속하고 속속들이 참여자들의 일터에 틈입해왔기 때문이다.

> 모든 회사에 공짜는 없는 거 같아요. 다 뽑아 먹는 만큼 주지, 걔네가 바보라서 '우리가 호구라서 돈을 많이 줄게!' 이런 회사는 없잖아요. 그리고 회사라는 게 자기 능력대로 다니는 것도 있지만 기본적으로 내 시간과 위치를 파는 거거든요. '내가 여기에 10시간 동안 매일 앉아 있을게'라고……. 사실 능력을 발휘하는 것도 중요하지만 대개의 포지션에서, 앉아 있고 시간 때우는 게 대부분이에요. 그렇게 일들이 굴러가는 거죠.
>
> 이동진

세계적으로 유명한 대기업의 연구원으로 일한 이동진에게는 입사

전, 회사에 들어가고 싶다는 것, 돈을 벌고 싶다는 것, 그리고 '올라갈 수 있는 데까지' 진급을 해보는 것, 세 가지가 회사 생활의 목적이었다고 한다. 회사 생활을 해보고 싶다는 바람을 가진 이유는, 10여 년 동안 공학도로 살아오면서 공학이 실용적인 학문이며 실제로 쓰임이 있어야 한다고 배웠고, 그래서 공학도라면 돈을 벌어봐야 한다고 생각했기 때문이다. 이윤이 생기는 과정, 회사 시스템이 돌아가는 과정, 또 회사에서 실제로 자신의 기술이 어떠한 방식으로 활용되고 제품으로 출시되는지, 그 회사라는 '한계'에서 어느 정도까지 자신의 능력을 발휘할 수 있는지 알고 싶었다. 다른 사람들과 마찬가지로, 입사 전의 그는 능력을 인정받고 고속 승진을 하는 성공적인 직장인으로서의 자신의 모습을 그렸다.

그런 그가 실제로 회사 생활을 통해 알게 된 것은 '내가 잘하면 나한테 일이 많이 온다는 걸 감수해야 하는' 것이 직장 생활이라는 점이었다. 일을 못하면 못하는 대로 힘들지만, 일을 잘하면 '네가 잘하니까 일을 더 해'라는 식으로 일이 진행된다. 회사 입장에서는 다른 회사를 팔꿈치로 밀쳐야 생존이 보장되는 치열한 경쟁 속에 있기에, 노동자들에게 성과는 잘하면 잘할수록 '더 잘하라'는 과잉 업무로 이어진다.[21]

물론 이는 기본급보다 더 높은 성과급이라는 물질적 보상으로 이어지기도 한다. 하지만 회사 생활이란 능력을 발휘하며 성취감을 얻기보다는, 과잉 노동으로 자신의 '시간과 위치'를 화폐로 교환하는 행위에 더욱 가까웠다. 그는 이것을 "대기업이 돈을 많이 주면서 더 많이 부려먹으니까", 자신이 받는 고소득의 연봉이 결코 공짜가 아님을 기업의 속성에 비추어 경험적으로 이해하고 있었다.

IT 컨설턴트로 일한 이준익에게 이 '시간'과 '위치'를 파는 속성은 '자신감confidence'에 대한 요구로 나타난다. 그의 첫 번째 직장이었던 A 기업은 업계에서도 '빡세기로' 유명한 미국계 IT 컨설팅 기업이다. 당시에는 전 직원이 몇만 명 수준이었지만, 지금은 전 세계적으로 직원이 20만 명에 달할 정도로 확장된, 컨설팅·테크놀로지·아웃소싱 등을 아우르는 기업이 되었다.

실제로 밤새워가며 해야 할 일들이 많고, 주말도 거의 없이 그런 일이 많았는데, 좋아하는 일도 아니었고 스트레스가 너무 많았어요. 사실 컨설턴트가 되려면 얼굴이 되게 두꺼워야 하고, 거짓말 잘해야 하고……. 부정적으로 얘기하자면 그래요. 자기주장이 굉장히 강해야 되고, 내가 옳다고 생각하면 끝까지 우겨야 하거든요. 생각이 막 흔들리면 힘들어요. 고객 입장에서는 비싼 돈 주고 고용하고 있는데, 고용한 사람의 메시지가 흔들리면 누가 그걸 좋아하겠어요?   **이준익**

그에 따르면 컨설턴트는 "엔트러프러너십(entrepreneurship, 기업가 정신)이 강하고 어그레시브aggressive한 스타일"이어야 한다.[*] 컨설턴트란 그 분야에 대한 자신의 경험과 전문성으로부터 오는 특정 지식이 아니라, '(이름 있는 대기업의) 컨설턴트'라는 위치와 '브랜드'를 파는 일이기 때문에[**] 강한 자신감과 자기주장은 노동 전략에 주요 요소가 된다. 컨설턴트가 전문 분야에 대한 지식을 크게 갖고 있지 않을지라도 고객들은 그 브랜드에 많은 돈을 지불하는데, 이준익이 다니던 A기업은 주로 대기업을 상대하는 외국계 컨설팅 회사였기에 더더욱 그런 성격이 두드러졌다. 그는 나이가 많은 고객들과 상대하는 경우가 많았다. 하지만 스스로의 기질이 이러한 영업보다는 '학자'에 가깝다고 생각하는 그에게, 경제적인 계산에서 머리 회전이 빠르고 자기주장을 절대 굽히면 안 되는 컨설턴트의 역할은 괴로운 일이었다. 컨설턴트란 어떠한 해결책이나 정답을 갖고 있는 것이 아니라, 고객에게 설명했을 때 납득되는 바로 그것이 '해결책'인 직업이기 때문이다.

그렇기에 고객이 지불하는 많은 보수에 응답할 수 있는 길은 그의 시간과 위치를 최대한 활용하고 제공하는 것이다. 그는 컨설턴트의 과잉 노동에 대해 설명할 때 '정보의 비대칭 이론'을 인용했다. 서비스 산

---

*   이준익은 대화 중 자주 영어 단어를 섞어 사용했다. 이것은 오랜 기간을 해외에서 다양한 국적의 외국인들과 함께 일하며 영어를 상용해온 그의 회사 생활로부터 각인된 습관이다. 그런데 그는 이후에 자신의 이야기가 담긴 학위논문을 읽고서 "내가 이렇게 영어를 많이 사용하는지 몰랐다"며, 스스로도 '충격적'이었다고 표현하기도 했다. 그 자신조차 인식하지 못할 정도로 몸에 밴, 모국어와 영어를 자연스럽게 섞어 쓰는 언어 습관은 자유롭게 국경을 넘나들던 고학력 화이트칼라 글로벌 노동자의 일면을 상징적으로 보여준다. 다만, 이 책에서는 이러한 영어 표현이 가독성을 떨어뜨릴 경우 적절히 우리말로 순화했다.

**   "명품 산업이랑 비슷하단 생각이 들어요, 실제적인 가치가. 이건 그냥 브랜드 밸류(brand value)예요"라는 그의 부연 설명이 인상적이다. 세넷은 고용주들이 찍어낸 이상적인 노동자상으로서 "컨설턴트의 기술은 휴대용(portable)이며, 어떤 곳이든 일시적으로만 관계를 맺는다"라고 지적하면서, 경영 분야의 이런 컨설턴트 모델이 "노동의 내용을 비워버렸다"라고 평한다. "당신의 능력을 발휘해 애매모호한 문제를 명료한 해결책으로 바꿔놓을 것입니다. 유연하고 긍정적인 태도와 명료하게 쓰고 말하는 능력을 발휘하십시오."(세넷, 2013: 260) 이러한 세넷의 언급은 이준익이 설명한 컨설턴트라는 직업의 '텅 빈 노동'의 특성을 뒷받침한다.

업 종사자의 경우 노동의 결과물이 가시적이거나 물질적이지 않은 무형의 것이기에, 자신의 노동을 입증하기 위해서는 상대적으로 더 많은 일을 해야 한다는 것이다. 그리고 어차피 노동력을 싸게 팔고 고객은 더 많은 것을 원한다는 사실을 알기 때문에 업계에는 어쩔 수 없이 (노동자가) 혹사당하는 문화가 있다고도 덧붙였다. 게다가 한국에서 일할 때는 그 특유의 '갑을 문화', 즉 '내가 돈을 줬으니 넌 시키는 대로 해야 한다'는 생각으로 인해 그 특성은 더 두드러진다.

그는 처음 6년 동안은 서울 사무소에서 한국 고객들을 대했는데, '노예 같은 한국의 갑을 문화' 아래에서 근무했다고 말한다.[*] 한국 문화의 서비스 산업 전반에 걸쳐 있는 고질적인 갑을 문화는 '손님은 왕이다'라는 전형적 문구를 통해 설명된다.[**] 이렇게 특히 한국 사회에서 많

---

[*] 이준익은 서울에서 6년, 홍콩과 북경에서 각각 1년 반을 근무했고, 다시 귀국하여 약 2간간 근무했다. 이후 다른 기업으로 이직해 싱가포르와 도쿄에서 3년을 근무했다. 그가 서울에서의 직장 생활 이후에 줄곧 해외에서 일한 가장 큰 이유는 한국 사회에서 경험한 갑을 문화와 '불합리함'을 겪고 싶지 않았기 때문이다. 실제로 그는 홍콩, 일본 등 해외에서는 갑을 문화로 인한 괴로움에 더 이상 시달리지 않아도 되었다.

[**] 2014년 12월, 이른바 '백화점 갑질 모녀 사건'으로 명명된 한 사건이 백화점 주차장 아르바이트 노동자와 소비자 사이에서 발생했다. 한 50대 여성(어머니)이 모 백화점 지하 주차장에서 차량에 시동을 건 채 딸을 기다리고 있었다. 차를 이동시켜달라는 주차 아르바이트 노동자의 요구를 이 여성이 거부하자 노동자가 보인 행동을, 허공에 자신을 향해 주먹질을 하는 것으로 이해하여(해당 노동자는 이에 대해 당시 추위를 피하기 위한 자신의 행동을 모녀가 오해한 것이라고 설명했다) 분노한 모녀가 아르바이트 노동자 4명의 무릎을 꿇게 하고 폭언을 했다는 것이 사건의 개요다. 이러한 상황에서 대표적으로 '을'의 위치에 놓이게 되는 사회적 약자인 아르바이트 노동자에게 무릎을 꿇게 하고 일방적으로 폭언을 한 태도는, 사건 자체에서 더 큰 과실이 누구에게 있느냐를 떠

은 소비자들이 '군림'하며 갑을 문제가 두드러지는 까닭은 압축적인 경제 발전 이면에 놓인 정치·사회제도와 경제력 간의 어긋난 불균형, 삶의 형태와 의식 사이에 존재하는 부정합에서 비롯되는 것으로 보인다.[22] 돈으로 무엇이든 살 수 있다고 여겨지는 사회에서 가장 모진 수모를 당하는 직업이 서비스/감정노동직이라는 데는 이견이 없다. 서비스 노동자는 소비자에게 마땅히 '대접'을 해줘야 하는 직업이라는 관념이 있기에, 서비스를 '제공'하는 이가 아니라 손님을 떠받드는 일종의 서비스 노예를 바라는 것 아닐까? 한때 대중매체를 통해 희화화되기도 하던, "손님, 카푸치노 나오셨습니다"라는 익숙한 상투어를 서비스 노동자들이 반복해야만 하는 이유는 그들이 한국어 어법을 정말 몰라서가 아니다. 여전히 손님은 왕이라 믿는 많은 소비자들이 이러한 대접을 기꺼이 받기를 원하기 때문이다. 자신이 받는 모든 것마다 존댓말이 붙어야 온전히 존중받고 시중받는 듯한 느낌. 이는 커피와 화장실에까지 존칭이 붙는, 코믹하지만 웃기에는 슬픈, 그런 '갑'의 어긋난 과잉적 소비자 의식을 통해 생생히 드러난다.

이러한 갑을 관계가, 전형적인 사회적 약자라고는 하기 힘든 고학

나 전 국민적인 분노를 일으키는 이유가 되었다. 소동 이후 이 소비자는 "(내가 백화점에서) 600~700만 원이나 썼는데 이런 대우를 받아야 하냐"라고 말했는데, 이는 소비자는 왕이어야 한다는 인식을 단적으로 보여준 발언이다("이 차 보여? 말 한마디면 다 잘린다" 백화점 모녀 '황당', 〈스포츠투데이〉, 2015년 1월 12일). 아르바이트 노동자를 대상으로 아르바이트 알선업체가 그즈음에 실시한 설문 조사에서 '손님으로부터 갑질을 당해봤다'는 아르바이트생은 46.3퍼센트로, 거의 반에 가깝게 나타났다('갑질'에 멍든 사회, 알바생 92% "갑질 경험한 적 있다" …… 대처 방식은?, 〈아시아경제〉, 2015년 1월 14일).

력의 '엘리트' 고임금 노동자인 컨설턴트에게까지 적용된다는 것은 한국 사회의 뿌리 깊은 '노동 문화'를 보여준다. 고용주 앞에서든 고객 앞에서든 노동자는 대부분 '을'이라는 사실 말이다.

> 컨설턴트들은 기본적으로 사무실에 자기 자리가 없어요. 굉장히 시니어가 아닌 이상은요. 왜냐하면 사무실에 있다는 건 운동경기의 벤치워머bench warmer*랑 똑같은 거예요. 굉장히 불안해져요. 내가 고객을 위해 뭔가 일을 하면서 자기 시간을 책임지지 못하면 다른 어떤 시간을 써야 하는데, 그건 수익성이 나는 시간이 아니잖아요. 그럼 회사 입장에서는 그 사람이 비용cost이 되는 거거든요. 그런 상황이 오래되면 이 사람은 잠재적인 해고 대상이 되는 거죠.　　　　　　　　　　　　　**이준익**

컨설턴트는 프로젝트에서 수익을 얻는 직종이기 때문에 프로젝트와 프로젝트 사이의 공백기, 그리고 그 공백기에서의 노동자는 수익(+)이 생기지 않는 '비용'(-)의 상태가 된다. 그렇기에 이준익은 프로젝트를 진행하는 와중에도, 밤까지는 진행 중인 프로젝트 작업을 하고 새벽부터는 다음 프로젝트를 위한 제안서를 준비하는 등 이중 격무에 시달렸다. 프로젝트가 끊기지 않기 위해, 즉 회사의 부담을 줄이기 위해서 지금의 프로젝트에서 다음 프로젝트로 옮겨 가는 시간을 최대한

---

*　벤치워머란 원래 벤치에 대기 중인 선수가 착용하는 보온용 점퍼인데, 경기에 자주 출전하지 못하고 벤치에만 앉아 있는 선수를 가리키는 말이기도 하다.

절약해야 했다. 회사를 위해서 시간을 절약하고 끊임없이 성과를 내지 않으면 그는 회사에서 '가치'가 없어진다. 그의 가치는 시간과 위치를 점유하고, 그 시간과 위치에 걸맞은 결과로 보답함으로써 얻을 수 있는 것이기 때문이다. 그러면 회사는 노동자들에게 높은 성과급으로 보상을 한다.

> 그게요, 능력이 있어서 그렇게 버는 게 아니라 경쟁 구도잖아요. 클라이언트도 저희를 '선택'해요. 이게 하나의, 자본주의가 잘 굴러가게 하는 시스템인데요. 나는 4,000만 원만 벌어도 행복할 수 있잖아요? 일을 조금만 하고, (예를 들어) 하루에 4시간만 일하고 4,000만 원만 벌어도 행복할 수 있어요. 하지만 그러면 클라이언트가 절 안 택해줘요. **김윤진**

결과의 수준에 상응하는 성과급 체제가 일반적인 리크루트업계에서 일한 김윤진의 경우도, 그가 연결한 고객은 높은 연봉으로 돌아왔다. 기본급과 성과급을 포함한 높은 연봉을 듣고서 내가 놀란 기색을 하자, 그녀는 다소 냉소적으로 능력이 있어서 그만큼 버는 것이 아니며 그렇게 많은 돈을 반드시 벌고 싶은 것만도 아니라고 대답했다. 그 구조 안에서는 자신의 행복을 담보할 수 있는 '어느 정도의 돈'의 기준을 스스로 선택할 수 없다는 것이다. 고객의 선택을 받고 회사에서의 위치를 유지하기 위해서는, 원하든 원치 않든 자신의 연봉을 할 수 있는 최대치로 혹은 적어도 어느 정도 이상은 유지해야 한다. 결과적으로 이들의 자리는 자발적으로 과잉 노동과 자기착취 속으로 자신을 밀어 넣어야만 유지될 수 있다. 그녀에게 이것은 회사에서의 고용 불안정이라는 불안과는 조금 다른 문제다. 그녀의 말에 의하면, 정규직으로 어떤 회사에 소속되어 일한다고 하더라도 헤드헌터들은 직장인(회사원)이라는 정체성보다는 '내가 헤드헌터'라는 정체성이 강하다. 자신의 일을 천직으로 생각하는 헤드헌터들은 '고객한테 더 이상 연락이 오지 않을 때까지 일하는' 것이기 때문에 어떤 면에서는 프리랜서와 가깝기도 하다. 그러므로 회사에서의 고용 안정 여부보다, 자신을 업계에서 설명해줄 수 있는 실적(유지)의 측면에서 더 큰 불안감을 느끼게 된다. 그 실적을 어느 수준 이상 유지하지 못하면 자신의 존재 가치를 설명해줄 기준이 사라지기 때문이다.

이준익은 노동강도가 상당하고 직원들을 쉽게 해고하던 IT 컨설팅 A기업에서 11년을 일한 후에 근무 조건과 안정성, 복지 혜택, 연봉 등의 면에서 A기업보다 더 대우가 좋고 금융 분야에 특화된 IT 컨설팅 기업 B로 옮기게 되었다. 그는 이렇게 이직하는 과정에 대해 설명하면서, '곳간의 쥐와 뒷간의 쥐'에 관한 이야기를 들려줬다. 지난 시간 동안 자신이 '쥐'의 처지였다는 말이다.

그쪽(금융 컨설팅업)으로 가면 편하다는 걸 알았기 때문에, 편하고 돈을 많이 준다는 걸 알았기 때문에 (웃음) 간 거죠. [친구분이 소개를 해주셔서요?] 네. 맞아요. 전 직장 동료가 거길 먼저 들어갔거든요. 아직도 알고 지내는 예전 홍콩 시절 동료인데, 그 친구가 역사를 꽤 좋아했어요. 그 친구가 그때 이사李斯에 관한 이야기를 들려줬어요. 진시황의 고위

관료 중에 이사란 사람이 있어요. 흔히 법가法家를 말할 때 한비자랑 이사 이야기를 많이 하죠. 그는 지방 관료였어요. 그런데 어느 날 자기 나름의 깨달음을 얻었는데, 이게 '곳간의 쥐와 뒷간의 쥐' 얘기예요. 자기가 보니까 곳간의 쥐는 사람을 무서워하지 않아 살이 뒤룩뒤룩한데, 뒷간의 쥐는 털도 볼품없고 사람의 배설물을 먹는 데다가 사람을 보면 후다닥 도망가죠. 그래서 이사가 생각하기에, 우리가 황제나 왕족, 공경대부公卿大夫가 아닌 이상 어차피 우리는 쥐인 거죠. 그렇다면 뒷간의 쥐보다는 곳간의 쥐가 되는 게 낫지 않은가, 결심하고 진나라로 가요. 그래서 진시황을 도와서 천하를 통일한다는, 그런 얘기예요. 그러니까 그친구 얘기는, 컨설팅 회사에서나 투자은행에서나 결국 우리는 쥐지 사람은 아니다, 이거예요. 그렇다면 임플로이employee로서, 돈 많이 벌고 시간 여유가 있는 데에서 일하는 게 훨씬 낫다는 말이죠. 이건 인생을 보는 다른 관점인데, 당시에는 그게 맞다고 생각했어요. 제가 그 친구 가치관에 백 퍼센트 동의한다는 게 아니라, 그 당시엔 내가 어떤 시점에 '사람'이 될 수 있는지 몰랐기 때문에, 내가 하고 싶은 일을 하면서 여유롭게 살 수 있는 방법을 몰랐기 때문에, 당장은 이직을 하려고 하더라도 뭔가 그런 식의 변화가 필요할 것 같단 생각을 했고요. **이준익**

진시황의 참모로 천하 통일을 도왔다는 '이사'와 관련한 이야기다. 이준익의 친구가 들려준 이야기는 어차피 자신 역시 '사람'이 될 수 없는—생물학적 목숨 부지를 우선시하고, 연봉 등 세속적인 가치를 좇아 살아갈 수밖에 없는—쥐의 형편과 같으므로, 이왕이면 곳간의 쥐가 되어야겠다는 결심을 하도록 이준익의 마음을 굳히게 했다. 그렇게 해서 옮긴 B기업에서 실제로 그는 훨씬 더 높은 성과급과 시간적 여유를 누릴 수 있었다. 고용 안정성도 괜찮으면서 연봉이 높은, 더구나 그렇게 평가를 '쪼는' 회사도 아니었기 때문이다.

이준익이 그 당시 어떤 시점에 '사람'이 될 수 있는지를 몰랐으며 자신이 '쥐'의 상태에 있었다고 말한 것은 흥미로운 점이다. 적성에 맞거나 좋아하지도 않은, 심지어 퇴사 후 한동안은 회사 근처의 지역을 지나는 것만으로도 스트레스와 우울을 불러올 정도로 '죽고 싶을 만큼 싫었던 일'을 하면서 '쥐가 사람이 될 때'를 기다리며 지냈다는 것이다. 그가 생각하는 '사람의 상태'란 자신이 하고 싶은 일, '가슴이 뛰는 일'을 하는 존재를 뜻한다. 그러기 전까지는 아직 사람이 아닌 쥐의 상태다. 아직 사람이 아닌 상태, 당시 회사 생활은 그에게 그러한 의미였다.

이곳은 잠시 머물다 가는 정거장

내가 하는 일이 회사에서 되게 중요한 일은 아니구나, 이런 느낌이었던 거죠. [보직은 있는 거죠?] 네, 그렇지만 전 일을 할 때 효율을 중시하는 사람이라서, 쓸데없는 일을 안 하고 최대한 정곡을 찌르는 방향으로 연구하면서 가야 한다는 마음이 있거든요. 제가 생각하기에 내 일이 회사에 무슨 영향을 끼치는 것도 아닌 거 같고, 개인적으로 발전이 되는 것도 아닌 거 같고……. 물론 회사 일이 엄청 지루하게 반복되는 일은 아니라서 신선하고 재미는 있었어요. 그런데 이걸 계속해서 10년, 20년을 간다고 했을 때, 결국 내 앞에 있는 사람들의 모습이잖아요. 별로 멋있어 보이지가 않는 거예요. 안 되겠다, 이게 늪이구나……. 매년 연봉은 꼬박꼬박 나오고 올라가겠지만 카드는 매달 갚아야 하고, 이제 결혼하고 애 낳고 하면 돈은 계속 들어갈 테고, 내가 원하든 원하지 않든 회사를 빠져나올 수가 없겠구나, 이런 생각이 딱 드는 거예요. 그래서 최대한 젊을 때 나와야겠구나, 그런 결심을 하게 됐죠.

윤재훈

중어중문학을 전공한 윤재훈은 대학 때인 중국 어학연수 시절, 과외를 하던 집에서 당시 한창 유행했던 《부자 아빠 가난한 아빠》라는 책을 보고는 '아! 돈을 벌어야겠다. 내가 하고 싶은 일을 하려면 안정적인 자산이 있어야만 할 수 있겠구나'라는 생각을 처음 하게 되었다. 그는 "집안이나 부모님한테 죄송하단 느낌보다 내 살길을 찾고 싶다, 이런 욕구가 강했던 것 같다"라고 말했다. 군 제대 후 복학해서는 학교를 열심히 다니기보다 등록금과 생활비를 해결하기 위해 아르바이트에 더 열심이었다. 한 달에 거의 절반의 시간을 아르바이트에 전념하며, 다양한 일을 통해 수익을 낼 수 있는 길을 모색했다. PVC 파이프 공장에서 중국인 기술자의 말을 통역하기도 했고, 신학기에 책을 떼어서—정작 자신은 수업에 가지 않으면서—학생들을 상대로 강의실 앞에서 팔기도 했다. 그러나 그 길은 여의치 않다는 것을 곧 깨달았다.

어느 날 점심을 먹으려고 하는데, 바지 주머니에 손을 넣었더니 동전 몇 개가 잡히는 거예요. 허, 밥 먹을 돈이 없구나! 이걸 딱 알게 된 거죠. 그때 '아, 나는 이렇게 열심히 일을 하고 다니는데, 밥 먹을 돈이 없네?' 이런 생각이 번쩍 들면서, 이런 방법은 아니구나 생각했어요. <u>윤재훈</u>

이전까지는 '취업은 가장 안 좋은 수'라고 생각했지만, 그날부로 당장은 자신에게 주어진 방법은 취업밖에 없겠다고 마음을 고쳐먹었다. 이후 우연히 소개로 들어가게 된 회사는 상당한 자산 가치와 재정 규모를 가진 투자 기업이었다. 애초에 취직과 직장에 대한 계획이 있던 것이 아니었고, 때문에 지난한 과정에서 스스로 '공을 들여' 입사한 직장이 아니었기에 큰 고민과 기대 역시 없었다. 당시 그의 가장 큰 관심사는 '지금 당장 돈을 버는 것'이었고, 돈을 버는 방법 자체는 사실 큰 의미가 없었다.

윤재훈이 그렇게 입사한 회사는 외부의 투자를 받거나 홍보를 통해 고객의 자산을 끌어올 필요가 없이 자신의 자산을 굴리는 일을 하는 기업이었고, 돈 걱정은 할 필요가 없는 회사다 보니 실적에 대한 강요도 없는 편이었다. 하는 일이 편하고 '널널한' 직장이라 항상 스트레스에 묻혀 살진 않았지만, 돈을 버는 것 외의 의미나 재미를 찾을 수는 없이 그대로 안주하게 되는, 늪 같았다.

빨리 자립을 하고 싶은데 장사나 이런 건 방법이 아니니까 회사를 가야겠다고 생각했죠. 그런데 (회사에) 들어갔더니 주식투자를 해보라고 장려도 하더라고요. 이건 나한테는 큰 좋은 기회구나, 부지런히 열심히 해서 빨리 돈을 벌면 회사를 그만두고 내가 하고 싶은 걸 할 수 있겠다, 이렇게 생각했죠.

윤재훈

입사 전 가졌던 생각대로, 열심히 돈을 벌어서 어느 정도의 자산이 모이면 직장을 그만두고 '하고 싶은 일'을 해야겠다는 계획이었다. 그러나 당시에는 그가 하고 싶은 일이 구체적인 형태를 띠고 있는 것은 아니었다. 인터뷰 중 그는, 되돌아보면 당시에 특별히 '하고 싶은 일'이 있었다기보다는 '하기 싫은 일'이 있었던 것 같다고 말했다. 회사를 다니기 싫었고, 힘들게 돈을 버는 것이 싫었고, 그것으로부터 벗어나고자 하는 마음이 '돈을 많이 벌면 된다, 하고 싶은 걸 하려면 일단은 돈이 있어야 한다'로 표현되었다고 말이다. 그의 당시 직장 생활은 모순적이게도, '오랫동안 직장인으로 살지 않기 위해서' 유지되고 있었다.

김윤진 역시 같은 이야기를 했다. 헤드헌터는 성과급이 수입의 대부분을 차지하는 직업이다. 헤드헌터들 중에는 그 일을 천직으로 생각하는 사람부터 2, 3년 바짝 벌어 종잣돈을 모아 사업하려는 사람까지 다양한 스펙트럼이 존재한다. 기본적으로는 '10년 가는 메뚜기도 있지만 벌릴 때 벌리는 거라는 인식'이 있기에 그들의 높은 임금은 평생 유지·보장되는 것이 아니다. 그녀 역시 이 업계는 항상 공황에 대비해야 하는 직종이고 연봉은 '어떤 시기'에만 벌어들이는, 그다음에는 무엇인가를 하기 위한 돈이라고 생각했다. 때문에 퇴사를 결정하는 과정에서 비영리 쪽으로 갈 때의 엄청난 임금 격차는 그녀에게 큰 문제가 되지 않았다. 어차피 지속 가능한 고소득이 아니었기에 회사를 털고 나오는 데 큰 미련이 없었다. 한편으로는 이러한 굉장히 큰 임금 차이를 '극복'하면서까지 그 일을 그만둔다는 것이 오히려 자신의 퇴사 이유와 배경을 비교적 쉽게 설명할 수 있을 거라고도 보았다. 그녀의 말에 의하면, 리크루트업계에서는 이렇게 몇 년 바짝 벌고 그만두는 일은 그리 특이한 경우도 아니다. 나는 그녀와 인터뷰를 하면서, 자신이 특수 사례로 부각되는 것에 대해 그녀가 불편해하고 있음을 느꼈다. 바짝 벌어 떠나는 대부분의 경우에는 자기 사업을 시작하지만, 일반적인 경우는 아니더라도 자신처럼 비영리 부문으로 빠지는 이들도 있다는 것이다. 물론 그러한 사례는 한국에서는 드문 일임을 그녀도 알기에, 나의 관심과 질문의 맥락을 이해하고 있었다. 그러나 은연중에 그녀는 해외에 체류하던 고액 연봉자에서 100만 원대 월급을 받는 비영리 부문 활동가의 삶을 택한 자신의 결정에 대해 호들갑을 떠는 듯한 사람들의 관심에 불쾌함을 표했다. 이는 결혼은 언제 하는지, 가족은 어떻게 되는지 등 남의 사생활에 유난히 관심이 많은 한국적인 오지랖에 대한 불편이기도 했으며, 특히 그녀는 자신의 개인적 경험을 통해 그러한 오지랖이 폭력이 될 수 있음을 알고 있기 때문인 듯했다.

리크루트 기업에서 그녀가 본격적으로 헤드헌터 일을 시작하게 된 이유는 기본적으로 사람과 사람, 사람과 일을 연결시켜주는 것 자체에 대한 흥미와 애정 때문이었다. 하지만 한편으로는 그녀 역시 자신이 봐온 동료나 선배들처럼 '제2의 인생'을 준비하는 직장인이었다. 한부모 가정에서 자란 김윤진은 자신의 생애 배경과 경험을 통해 이혼 가정, 한부모 가정, 여성주의 등에 관심이 많았다. 그녀는 일을 통해 얻은 경제적·사회적 성과로 자신처럼 '극복하고자 하는 현실'에 처한 여성을 도울 수 있는 '여성'이 되고자 했다. 그러기 위해서 '매개자'라는 직업 정체성, 다른 직업에 비해 풍부한 인맥과 사회적 자본, 게다가 성과급 체계를 통해 빠르게 달성 가능한 경제력을 가진 헤드헌터라는 직업은 최적의 일이었다. 그렇게 마흔이 되면 자립이 어려운 여성들을 위한 단체를 만들자는 구체적인 계획을 세우고서 회사에 다녔다.

김윤진의 경험은 많은 부분 이준익과 겹쳐 있었다. 직종은 다르지만 컨설턴트와 헤드헌터 모두 고임금 서비스업과 영업직에 속한다는 특성 때문인지 실제로 함께 이해할 수 있는 부분이 많았다. 사람을 대하는 업무, 해외에 체류하는 상층회로 노동자, 기본급보다 성과급이 월등히 높은 직업, 개인이 가져오는 성과가 회사의 성과에 직접적으로 연관되는 점, 그로 인해 늘 과잉 업무에 소진되어야 했던 특성 등은 두 사람의 경험에서 공통 지대를 형성하고 있었다.

> (시간적으로) 좀 더 여유 있는 직장으로 옮기면서 경제적으로도 여유가 생기면, 나중에 내가 50대가 되어 NGO가 됐든 하고 싶은 공부를 하든, 원하는 걸 할 수 있지 않을까 그런 생각을 했어요. 그때 말하자면 출구 전략을 세운 거죠.
>
> **이준익**

자신이 쥐의 상태라고 말하기도 했던 이준익은 어떻게 해야 사람으로 살 수 있는지 몰랐기 때문에, 당장은 돈과 시간의 측면에서 여유를 갖는 식의 변화를 가하고자 했었다. B기업으로의 이직은 그 과정에서 이뤄졌다. 실제 A기업에서의 생활은 주중에도 주말에도 과한 업무에 치여 거의 쉴 시간이 없는, 개인적인 일을 도모할 여유 시간이 전혀 없는 것이었다. 덕분에 재산을 많이 모을 수는 있었지만, 이후 B기업에 들어가서는 쥐가 감투 한 번 더 써봤다는 것이 어떤 의미가 있겠냐는 회의가 들어 조건이 좋은 회사로 또 이직할 욕구도 더는 들지 않았다.

대부분 많은 회사원들은 50대 초반이면 (회사에서) 나가서 회사와 관련 없는 일들을 하잖아요. (중략) 조직의 특징이죠. 내가 이 일을 오래 할 수 있겠단 생각이 안 들었어요. 지속 가능한sustainable 일자리를 찾을 수 없을 거란 생각도 들었고요……. 어떤 선배들은 회사를 언제 그만둘지 정하고 다녀야 한다는 말을 했거든요. 그게 맞는 거 같아요. 회사의 다음 스텝을 정하고 일해야지, 내가 여기 뭐, '뼈를 묻을 거야'라는 식으로 다니면 사실 그것만큼 허무맹랑한 일이 없거든요. 그리고 회사가 그렇게 보장해주는 데도 아니고요. 그래서 선배들의 조언도 타당하다 생각했어요.

이동진

이동진은 회사 생활이 오래가지 않을 것이라는 사실을 깨닫고는 그다음 단계로 넘어갈 길을 모색했다. 그러면서 생태적이고 지속 가능한 삶을 실천하고자 했던 스콧 니어링Scott Nearing과 헬런 니어링Helen Nearing 부부, 앙드레 고르André Gorz 등이 쓴 책들을 읽었다고 했다. 일반적인 엘리트 코스로 상위권 공대와 대학원 과정을 연이어 이수하고 그의 위치에서 할 수 있는 '좋은 선택'인 대기업의 전문연구요원으로 들어갔지만, '어떻게 살 것인가'의 문제가 걸렸다. 자신이 연구·개발하는 기술이 사람들에게 어떠한 방식으로 쓰일지 생각하며 기술과 인문학의 관계를 고민했고, '철없는 질문이기는 하지만 내가 왜 사는지를 생각해야 하지 않을까' 하여 '삶에 있어서'는 인문·사회학 분야 책들을 읽었다.

입사 연수 때 회사 선배들이 했던, 언제 그만둘지를 정하고 회사를 다녀야 한다는 말. 그것은 회사는 더 이상 종착지나 최종 목표로 기능할 수 없다는 생각을 강하게 만들었다. 그에게도 회사 생활은 다음 단계를 위한 곳이며, 자산을 쌓고 앞으로를 준비하는 하나의 정거장으로 여겨졌던 것이다.

그가 연구원으로 재직했던 곳은 한국의 대표적인 전자 기업인 S기업이다. 전 세계적으로도 한국을 대표하는 기업으로 잘 알려져 있으며, 철저한 노동자 관리와 조직 문화로 유명하다. 그러한 S기업의 입사 연수나 사내 인트라넷 등 조직 문화 강화를 위한 여러 방법, 그를 통한 기업 논리와 원칙이 실제로는 노동자들에게 어느 정도의 효과와 영향을 미치는 걸까 궁금했다.

> (사람들에게) 그렇게 쉽게 주입되거나 하진 않는 거 같아요. 제 주변을 봤을 때 회사를 신봉하는 사람들이 많다기보다는, 돈을 많이 주는 회사고 일을 해서 그만큼 대우를 받기 위해서 왔다, 이런 사람들이 많거든요. 그리고 이왕 들어온 회사니까 망하지 않으면 좋겠다, 이런 거죠. (중략) S

기업이 싫어서 그만둔다, 이렇게는 생각 안 해봤어요. 사실 직원들은 자기가 부유한 위치에 있는지 어떤지 평소에 그런 생각을 전혀 안 하면서 살거든요. 자기가 S기업에 다닌다기보단 오늘도 일하러 간다고, 우리나라에서 가장 큰 기업이고 그런 곳에 일하러 간다는 것뿐이죠. 내가 S기업에 다니면서 뭐 국위를 선양한다든지 기업을 발전시킨다든지, 아니면 사회악으로 군림하는 기업인데도 불구하고 어쩔 수 없이 가야지 하는 생각은 안 하는 거 같아요. 일을 하면서는 그렇게까지 침투해 들어오지 않는 거 같아요. S기업을 믿는다기보단 내 삶의 기반이기 때문에, 뿌리내린 데가 그곳이니까⋯⋯.

이동진

그의 대답이었다. S기업은 'S맨'이라는 단어가 통용될 정도로, 한국 사회에서 엘리트 사원과 유능한 화이트칼라 노동자의 집합체로 여겨지는 기업이다. 그러므로 노동자들에게 S맨으로서의 정체성을 갖도록 하는 각종 복지 혜택과 전문적인 경영전략을 갖고 있다. S맨으로 불리는 긍지를 높임으로써 업무의 효율을 증대시키는 기업 문화는 주로 S기업이 사무직 노동자들을 대상으로 하고 있는 경영전략이다. 실제로 S기업을 대상으로 한 많은 연구와 담론들은 이 기업이 어떻게 노동자들을 기업과 일치시키며 문화적으로 포섭하는지를 보여주고 있다.

그런데 이동진의 이야기는 이를 조금 다른 관점에서 생각해보도록 한다. 이동진을 포함해 앞서 다른 참여자들의 대화에서처럼, 회사를 자신의 삶/생활과 일치시키며 앞으로도 지속될 평생직장으로 여기는 것은, 아무리 원한다고 해도 더 이상은 이뤄지기 힘든 불가능한 바람이 되고 있다. 정해진 정년이 있지만 실제로 정년까지 자리를 지키는 노동자들은 줄어들었다. 반대로 정년퇴직 전에 명예퇴직이나 권고사직, 해고, 계약 만료(재계약하지 않음) 등의 다양한 방식으로 회사 밖으로 빠져나가는 노동자들은 늘어나는 실정이다. 때문에 자신이 다니는 회사의 사회적 평판, 사훈의 강요, 애사심의 강조 등은 이전보다는 노동자들에게 덜 흡수되는 듯하다. '뼈를 묻을 수 있는' 직장이 아니기에 한편으로는 무관심하거나 '자유로울' 수 있는 것이다. 다시 말해서 평생직장의 개념이 여전히 익숙했던 때보다는 현재, 노동자 개인에게는 조직과 자신의 분리가 더 가능한 지점이 생겨났다.

《조직 인간*The Organization Man*》의 저자 윌리엄 화이트William H. Whyte에 따르면, 회사에서 어떤 직원들이 업무의 진행 절차나 동료, 사장 등에 비판적인 목소리를 높이는 이유는 그들이 '이 조직에 자신의 삶을 바쳤기 때문'이다.[23] 즉, 조직에 쏟을 애정과 충성이 있기 때문인 것이다. 그런데 이동진의 말에 의하면 현재 대부분의 직원들은 금전적인 대우가 좋은 회사를 택한 것이기에, 다시 말해 단순히 '임금노동을 하는 공간'이기에 이왕이면 망하지 않으면 좋겠다(또는 이왕이면 더 잘되면 좋겠다) 정도의 생각을 갖지만, 실제로 회사와 나를 일치시키며 애사심과 충성을 바치는 직원들은 그리 많지 않다. 물론 여전히 기업의 논리는 강고하며 노동자 관리 문화는 많은 노동자들을 포섭하고자 한다. 또한 실제로도 그 효과를 떨치고 있기도 하다. 그러나 기업이 주입하는 이데올로기와 자신을 일체화하며, 기업이 요구하는 '또 하나의 가족'과 같은 의미와 태도로 끈끈하게 연결되어 있는 노동자는 앞으로 점점 줄어들게 될지 모른다.

김윤진과 이준익은 비교적 일찍 대략의 퇴직 시기를 정해둔 경우다. 그것은 이들이 회사에서 '버틸 수 있는' 이유와 위안을 제공하는 일종의 생존 전략이었다고 할 수 있다. 이준익은 대략 50세부터는 은퇴를 하고 다른 일을 시작하려고 생각했다. 그 정도의 시기면 적지 않은 자산을 축적할 수 있을 것이라 보았기 때문이다. 김윤진은 애초에 은퇴 시기를 40세로 잡았지만 회사를 다니면서는 '길어야 서른여섯'일 것이라고, 계획을 수정하게 되었다. 김윤진은 은퇴 후 한국으로 돌아와 여성의 자립을 위한 센터를, 이준익은 동북아 청년들을 잇는 활동을 하고자 계획하고 있었다. 그러나 퇴사와 그다음 단계로 넘어갈 기회가 이들에게 생각보다는 빨리 찾아왔다. 계획보다 이른 퇴사를 결정했을 때 이들이 고민했던 것은 무엇일까?

이미 '2, 3년 일해야지'에서 1년이 지난 상황이라서 1, 2년 차이가 뭐가 있을까란 생각을 하긴 했고, 뭐 목돈이 차이가 날 순 있겠지만…… 시간하고 돈을 계산했던 거 같아요. 1년 더 버는 것과 1년 더 경험하는 것에 대해서는 계산을 좀 하지 않았나 하는 생각이 들어요. 조금이라도 더 젊은 나이에 1년 더 경험하는 것과, 내가 익숙한 일을 1년 더 해서 어느 정도의 돈을 마련해 나가는 것, 그중 뭐가 더 나을까였죠. **김윤진**

10년 전에, 그러니까 30대 초반에 퇴사를 했더라면 당연히 그 정도 자산은 안 됐을 거고, 대신에 더 체력이 넘치고 시간이 많았겠죠. 역으로

50대 초반에 (퇴사를) 한다면 재산이 더 많아지겠죠.

이준익

김윤진은 돈과 경험을, 이준익은 돈과 건강과 시간을 계산했다고 말했다. 특히 이준익은, 10년을 더 일해서 돈을 많이 벌게 되었을 때 '이제부터는 경제적으로 풍족하니 나 하고 싶은 거 맘대로 해도 된다'고 생각할 수 있는 경제적 기준이란 것이 과연 있는가 스스로 반문했다. 경제적인 기준도 씀씀이와 소비 방식에 따라서 달라질 수밖에 없는, 극히 상대적인 것이기 때문이다. 다달이 정기적으로 들어오는 수입에 생활의 기준이 맞춰지기에, 더 많은 돈을 벌게 되면 욕망의 규모도 그에 맞춰 더욱 커지게 된다. 덜 벌고는 살기 힘든 몸이 되어가는 것이다.

윤재훈이 '늪'으로 표현했던 것처럼, 다음의 단계를 위해서 현재를 살고 있지만 그 현재에서 충족되는 경제적·사회적·문화적 기준들은 다른 미래를 영영 유예하게 만들기도 한다. 결과적으로 이들은 이러한 '계산'을 통해 현재의 시간과 건강, 그리고 더 많은 '경험'을 선택했다.

불가능한
지속

〈미생〉에는 회사 생활로 일희일비하는 전형적인 워커홀릭 회사원들의 일상이 잘 드러난다. 회사가 무대인 이유 때문이기도 하겠지만, 이 만화 속에서 직장 외의 '사생활'은 거의 다뤄지지 않는다. 워킹맘의 갈등과 어려움을 보여주며 가정이라는 사적 영역이 드러나는 에피소드가 있지만, 회사 밖의 모습들은 주로 단편적인 소재로 다루거나 거의 등장하지 않는다. 〈미생〉의 주요 인물들의 모습은 워커홀릭의 특성인 일과 생활의 동일시, 과잉 몰입, 강박적 집착성[24] 등을 상당 부분 반영한다. 워커홀릭은 더 높은 성과와 희열을 내야 하기 때문에 결과적으로 자기착취와 불안감, 자아 상실감, 죄의식 등의 상태로 이어지기가 쉽다. 삶과 자신의 의미를 대부분 일에서 찾기에, 일이 아닌 다른 삶의 측면이나 사람들에게는 진지한 관심을 갖지 않는다.[25]

〈미생〉의 작가가 '직장 생활 자체에서도 의미를 찾을 수 있다는 것'을 보여주기 위해서라고 기획 의도를 밝혔지만 직장 생활 그 자체에서 의미를 찾지 못하는 것과 '직장 생활에서밖에' 의미를 찾지 못하는 것은 어쩌면 같은 현상을 지시하는 것이 아닐까? 만화 속 유능한 차장이자 워킹맘인 선 차장은 아이의 그림 속에 뒷모습으로 등장하는 자신을 보면서 "우리를 위해 열심히 사는 건데 우리가 피해를 보고 있"다는 혼잣말을 한다. 이 대사는, '의미'를 열심히 찾아 헤맸지만 결국 그것이 그 '의미'의 의미조차 잃어버리게 만드는, 직장인들의 역설적 상황을 잘 보여준다.

하지만 〈미생〉 속 인물들의 회사와 집(때로는 업무의 연장이자 일의 피로를 푸는 장소인 술집)을 오가는 고군분투를, 이들이 순수한 워커홀릭이기 때문이라고 단순하게 이해해서는 안 된다. 실제로 현대사회의 회사에서는 그 생활을 순탄하게 이어가기 위해서 어느 정도의 '일중독'에 빠질 수밖에 없으며, 그래야만 하는 현실적 조건이 존재하기 때문이다.

스마트폰 등 정보 기술의 발달은 시공간을 넘나드는 노동 관리의 가능성을 무한정 열어젖혔고, 퇴근 후와 주말에 스마트폰 채팅 앱으로 업무 지시가 날아오는 것은 아주 흔한 일이다. 뿐만 아니라 업무를 보다 효율적으로 더 많이 하기 위해 요구되는 자격증과 각종 승진 시험이 이어지고, 노동자 개인에 대한 평가는 취업에 성공한 그 순간 다시 처음부터 시작된다. 현재 노동자들에게는 회사 외의 생활을 자유롭게 누릴 수 있는 권리보다 회사에 더 몰입할 권리만이 확대된다. 회사 밖에서 다양한 행위를 통해 회사 생활이 확장 또는 연장되고 있는 것이다.[26]

이 책의 참여자들은 처음에는 '잘 모르는 채' 노동 공간으로 들어서기도 했지만, 일을 하며 어느 순간에는 어쩌면 내 삶이 꽤 괜찮게 지속 가능할 수도 있으리란 막연한 기대도 가져봤다. 그러나 슬프게도 그것은 '착각'이 되었다. 경험할수록 일과 생활의 일치가 지나치게 요구되는 노동 공간은 동시에 결국 일과 내 삶 사이의 단절선을 더욱 드러내도록 하는 것이었다.

이준익과의 다음 대화에서는, 이러한 과잉 노동의 피로를 음주와 유흥으로 푸는 것밖에는 별다른 선택이 없어 보이는 그의 동료들이 등장한다. 이 에피소드는 과로로 인해 노동자들의 여유 시간이 없음과 남성적 집단주의 문화를 보여주는 것과 동시에, 그 내부의 개개인이 갖는 서로 다른 가치·성향·개성 등은 고려될 여지가 없는, 촘촘하고 보수적인 공간으로서의 직장을 보여준다.

[그렇게 바쁘고 힘들면 그 업계 다른 사람들은 어떻게 살아요?] 그걸

모르겠어요. 되게 나쁜 방향으로 풀더라고요. 늦게 퇴근했는데도 한참 늦게까지 술을 마셔요. 그 시간에 술 마시면 대개 여자 나오는 술집이에요. 그런 것들은 프로젝트 비용으로 처리를 해요. 뭐, 고객하고 갔다는 식으로 하는 거죠. 특히 굉장히 남성적으로 해석하고 팀워크를 강조하고. 그 재미로 사는 사람이 꽤 있었어요. 그러면서 승진해서 또……. (중략) 영업을 위해 술을 마시는 건 저한테 참 괴로운 일이었거든요. 특히 여자 나오는 술집에 간다든가, 골프를 쳐야 한다든가. 그 당시의 제 입장은 이미 그런 일을 시작해야 하는 레벨에 있었는데……. **이준익**

이준익은 한국의 '악질적 갑을 관계'를 둘러싼 어려움 때문에, 계속 한국에서 일해야 한다면 그만둘 생각까지 하고 있었다. 그러던 중 마침 홍콩에서 일할 기회가 생겨 해외로 간 것이 인연이 되어, 이후 몇 년간 외국에서 생활했다. 그가 외국 생활을 하면서 가장 좋았던 점이라고 꼽았던 것은 회사와 사생활의 분리가 가능하다는 점, 그리고 영업으로 술을 마시는 등의 불합리한 상황을 피할 수 있다는 점이었다. 술을 마시거나 골프를 치는 등의 행위를 전혀 즐기지 않는 그는 그런 일이 강하게 요구되는 한국 문화권에서 매우 큰 스트레스를 받았다. 영업팀뿐 아니라 회사의 다른 동료들은 대부분 늦은 업무 후에도 주점에서 술을 마시는 등으로 고단함을 풀었다. 실제로 높은 연봉을 받지만 늘 그보다 더 고도의 과잉 노동에 시달리는 이들은 '자본의 생산이 아닌' 생산적인 일을 할 시간을 얻지 못한다.

회사에서도 약간은 특이한 사람으로 통했다던 그는 어느 정도는 회사 내 주류 문화에서 한 발짝 떨어져 거리를 두고 있었던 것으로 보였다. 그의 이러한 완벽한 내부인도 외부인도 아닌 주변인적 '거리 두기'는 아마도 어떤 면에서, 회사 내부에서 스스로를 고립되게 만들었을 것이다. 이준익은 컨설턴트로서 10여 년을 재직했지만 자신의 '성향이나 기질'과는 맞지 않았음을 줄곧 강조했다. 또한 이직 유인誘因이 되어준 B기업의 고용 안정성은 시간이 지날수록 낮아졌고, 정리해고의 관례도 생겨나기 시작했다.

조금 다른 맥락에서, 회사 내부에 완전히 자신을 일치시키지 않았던 점은 윤재훈도 마찬가지였다. 그가 회사에서 가장 열심히 몰두한 일은 주식투자였다. 입사한 회사가 투자 기업이었기에, 직원들 개개인에게도 주식투자는 '대놓고 해도 상관없을' 정도로 권장되는 분위기였다. 이런 분위기 속에서 그는 낮에는 정해진 시간 동안 회사에서 일했고, 퇴근 후에는 곧장 귀가해 주식투자에 대해 '공부'하는* 일상을 이어갔다. 회사 사람들과의 관계는 그가 보기에 술 마시거나, 직장 이야기 하거나, 뒷담화하거나였는데 그에게는 중요한 관심사가 되지 못했다. 거기에 끼느니 자신 나름의 공부를 하는 시간을 지키고 싶었다.

그는 당시 아침에 일찍 일어나 일본어 학원을 갔다가 출근하고, 짬짬이 공부하고, 퇴근 후에도 혼자 공부하는 패턴으로 지내며 회사 생활

---

* 윤재훈은 인터뷰 중에 '공부', '탐구' 등의 표현을 즐겨 사용했다. 이는 관심을 갖는 어떤 주제가 생기면 이를 새로운 관점을 도입해 관찰하며 탐구하는 자세로 임하는, 그의 기본적인 특성을 보여주는 어투다. 이러한 특성은 퇴직 후에 협동조합을 꾸려 새로운 시도를 거듭하는 그의 실험적 이행에도 그대로 영향이 이어진다.

과 업무 외 생활과는 자연스럽게 거리를 뒀다. 만일 자신과 비슷한 관심사를 가진 동료가 있었더라면 친하게 지냈을 테지만, 그럴 사람이 특별히 있는 것도 아니었다. 게다가 투자 기업은 직원들의 생명력이 길지 않은, '돈이 몰리는' 금융업계에 속하기에 1, 2년 만에 계속 이직을 하는 것이 일반적이다. 당시 그는 월급의 많은 부분을 주식투자에 쏟아부었고, 휴가 때에도 집에서 주식투자를 집중적으로 했을 정도였다. 그의 최대 관심사는 빨리 자립을 하는 것이었기에, 돈을 모아야 한다는 생각이 가장 강했던 시기였다. 그에게 회사는 돈을 벌기 위한 수단 외에 다른 의미를 찾을 수 없는 곳이었다. 동시에 단기적인 노동 현장에서 동료의 존재는 그에게 유의미한 동력이 되어주지 못했다.

위와 같은 사례들은 회사 내부의 표면적이고 소비·소모적인 관계, 개인성이 표백되는 탈인성화된 공간으로서의 직장을 보여주기도 하지만, 동시에 참여자들에게도 이는 크게 중요한 고려 사항이 아니었다는 것을 보여준다. 처음 회사에 진입할 때부터 그들에게 일과 삶을 긴밀히 연결시키는 문제는 중요하지 않았고, 오히려 강한 타율노동의 목적을 띤 직장 진입에 가까웠다. 뒤에서 소개할 열정노동자들과는 다르게 '내 삶의 의미를 반영하는 일터'라는 조건이 크게 결정적이지 않았던 이 참여자들에게도, 그러나 일과 삶의 분절점은 주변적인 문제로 정리되지는 않았다. 왜냐하면 끝내 이는 그들의 자아를 회사에서 유지시키지 못하게 만들어 퇴사로 이어지게 했기 때문이다. 삶과 애착 관계를 맺을 수 없던 노동은 그저 기계적으로 유지되거나 혹은 그 개인을 '자발적으로' 튕겨 나오게 만들었다.

노동과 삶 사이에서의 내적 갈등을 가장 강하게 보여준 김윤진의 경우, '주중의 삶(자아)과 주말의 삶(자아)의 분리'를 통해 자신과 회사와의 단절을 역설했다.

> (어느 정도의) '급'이 되기 시작하면서 그런 데 부딪치기 시작하는 거예요. 내가 여기서 가치판단을 한다는 것 자체가 가치 모순적인 거거든요. [왜죠?] 왜냐면 어떤 합의를…… (한 거니까요). 영업사원들이 노조 안 만드는 거랑 똑같아요. 100퍼센트 성과급이고 거기에서 오는 달콤함이라는 걸 취했을 때는 노동자성이라는 걸 취하지 않는다는 서약을 하는 거랑 마찬가지거든요. 이곳에서 존재하지 않는 윤리에 내 개인적인 가치관을 들이댄다면 (회사에서) 나가야 되는 거죠. 그건 룰이었기 때문에.
>
> **김윤진**

　　'노동자'로서의 정체성보다는 '프리랜서', '헤드헌터'라는 전문적이고 개별적인 1인 기업가의 정체성을 갖도록 요구되는 직업의 특성상 자신의 개인적 가치관과 정치적 자유 등은 일과 전혀 별개의 것으로 분리되어야만 했다.

　　헤드헌터들의 비즈니스 미팅 중 금기 사항은 인종, 종교, 가치, 정치에 대해 이야기하지 않는다는 것이다. 말하고 싶다면 그 사람이 업계를 떠나는 것이 이곳의 룰이다. 이를테면 고객에게 '학력 차별 하시면 안 됩니다'라는 이야기를 한다는 것은 '을'로서는 있을 수 없는 일이다. 때문에 김윤진은 자신이 그곳에서 '자잘한 투쟁'을 하는 것은 매우 무의미한 일이라고 생각했다. 그녀는 이러한 분위기 속에서, 어떠한 쪽으로도 편향되지 않은 철저한 회색 지대에 자신을 놓아둘 것을 요구받았고, 그녀 역시 당시 이에 동의했고 실천했다. 정치적이고 개인적인 '색깔'은, 말하자면 그곳에는 '존재하지 않는 윤리'다. 그런데 색을 띠지 않는 가치중립적인 위치는 결과적으로 훨씬 더 냉정한 이윤 논리에 복무하게 되는 것으로 이어진다. 그렇기에 동조하지만 한편으로는 이에 고충을 느끼는 동료들은 직장에서 자신이 직접 행해야만 했던 상황에서 오는 괴로움을, 주말 동안 일과 전혀 관계없고 사회적으로 선한 일인 봉사활동을 함으로써 '털어내고자' 했다. 그녀 역시 그렇게 했다. 그것 외에는 그 업계에서 택할 수 있는 선택지가 없었기 때문이다.

앞서 밝힌 대로 그녀는 처음에 헤드헌터의 일과 역할 자체에 매력을 느꼈었다. 그러나 3년 차부터는 심각하게 직업인으로서의 자신과 내면 사이의 갈등에 부딪쳤다. 일(직업)을 '정체성'과 연결 지어 사고했던 그녀이기에 다른 사람들의 정체성(일)을 매칭해주고 그것에서 직업적 보람을 느껴왔다. 그런 만족감으로 2년이 넘게 일을 해왔는데, 정작 그것이 일을 하는 자기 자신의 '본질적 정체성'은 지킬 수 없는 시간이라는 것을 알게 되었다. '직장에서의' 그녀에게 허락된 것은 그 시스템 안에서만 가능한, 시스템에 의해 합의된 정체성이었다. 그러면서 그 '직업인'의 자아와 '나'라는 자아 사이의 건널 수 없는 강은 점점 넓어졌다.

내가 뭔가를 이룬다는 게 취직을 하고 싶다. 그러면 취직해서 그다음엔 뭐 할 건데, 그런 생각을 갖고 가다 보면 궁극적으로는 내가 왜 살아야 되는지를 정해야 하는 거 같아요. 취직을 해서 돈 벌 거야, 그럼 돈 벌어서 뭐 할 건데? 자동차를 살 거야, 사서 뭐 할 건데? 그렇게 하다 보면 결국은…… 내가 이렇게 살 거냐, 아니면 종족 번식을 위해 살 거냐, 평화롭게 살다 의지대로 삶을 마무리할 거냐, 이런 알맹이만 남는 거죠.

이동진

이동진의 '궁극적으로 왜 살아야 하는지를 정해야 한다'는 말은, 직장인으로서의 자신의 목표와 '왜 살아야 하는가'에 대한 궁극의 목표가 그의 내면에서는 마치 별개의 것으로 분리되어 있다는 말처럼 들렸다. 앞서 이야기했듯이 그의 노동 공간은 자신 속으로 '침투해 들어오기'보다 '내 삶의 (물질적) 기반'이기에 유지되어 왔다. 이들은 기업의 기대와 의도만큼 쉽게 동원되거나 침투되지 않는다. 어떠한 가치관과 목적으로 살 것인가를 생각하게 될 때, 그에게 결국 취직이나 직장은 이러한 실존적 고민과 일치하기보다 부수적이고 방법론적인 하나의 수단이 된다. 때문에 직장 생활과, 그 직장이 S기업이든 아니든의 문제는 그저 삶에서 선택 가능한 여러 방식 중 하나에 불과했다.

자신에게 주어진 상황 속에서 최악을 제외하며 차선책을 찾는 것을 생활의 원칙으로 삼고 있는 그에게 대학원과 연구요원으로의 S기업 입사 등은 나름대로 최선의 '전략' 속에서 이뤄진 것이었다. 공학도로서 일류 코스라고도 할 수 있었을 그의 길은 당시 학력, 학벌, 가정환경 등의 여러 상황 속에서 그가 선택할 수 있는 최선의 것이었다. 그리고 회사 생활 1년 후부터 중단 계획을 세웠던 것 역시 그의 삶 전략에 속하는 것으로 볼 수 있다. 정년은커녕 장기적 고용 역시 보장되지 않고 퇴사를 염두에 두고 다녀야 하는 회사 생활 속에서 그가 '그 이후'를 미리 계획해온 것은 '현명'한 생각이었다.

그는 퇴사 후에 뭘 하겠다는 하나의 확고한 목표나 길을 갖고 있던 것이 아니라, 여러 갈래의 길을 탐색해보고 있었다. MBA 진학, 디자인 계열이나 인문학 대학원 진학 등 그가 생각해본 관심사는 실로 다양했다. 그중에서 사회과학 계열의 대학원에 진학해 기존의 관심사를 접목한 과학기술사회학을 공부해보고자 한 지금의 길을 선택한 것이다. 그는 생태와 관련한 책에서 영감을 얻으면서도 채식이나 귀촌 등이 자신이 실제로 실행할 수 있는 현실적인 선택은 아니라고 생각했다. 자신의 상황 그리고 한국 사회에 맥락을 둔 일상에서 이는 가능하지 않은 실천 같았기 때문이다. 그의 선택 역시 '개척자pioneer적인 선택은 아닐지라도 주어진 환경에서 최선의 방도'로 살고자 하는 그의 생활 신념과 연결된 것이다.

더 이상 직장이 종착역이 될 수 없는 현대의 직장인들은 특별히 어떠한 꿈이나 목표가 있어서가 아니라도, 계속해서 자신의 그다음 미션을 염두에 두고 있어야 한다. 회사원으로서의 정체성은 자신의 개별적이고 개성적인 정체성과 일치되거나 대체되지 않았다. 왜냐하면 현재의 직장 생활은 그러한 개별성은 무화되어야 하는 균질성의 공간이기 때문이다. 그럼에도 한편으로 직장은 노동자의 대부분 생활을 투입시키고 통제하길 원하는 성질을 갖는다. 일하는 시간이 길어질수록 참여자들에게는 두 가지 '의미' 사이에서 일치시킬 수 없는 내적 분리감이 느껴졌고, 결국 현재의 직장은 언젠가 올 노동사회 '외부'로의 탈주를 위한 도구로서 단계적인 기능을 갖게 되었다.

위의 참여자들은 고소득 전문직의 엘리트 경로를 밟으며 살아왔고, 사회적으로 인정받으며 좋은 직장이라고 불리는 회사에 취직했던 이들이다. 하지만 동시에 공통적으로 인문·사회 분야의 책을 접하거나 학생 시절 관련된 활동을 경험하는 등 인문학적 지식과 고민을 이어왔고, 이러한 담론에 비교적 익숙한 경우이기도 했다. 그러한 참여자들의 경우 자신의 가치 지향성과 추구하는 담론이 직장 생활을 지배하는 이윤 논리와 부딪칠 수밖에 없다. 자신의 '의미'는, 수시로 정리해고가 일어나는 공간에서 실현이 불가능한 기획이다. 현재의 직장은 대체로 '임시 정거장'일 뿐이며, 이러한 사회 속에서 '제2의 인생'은 다만 개별 특이성이 아니라, 일상의 필수적이며 현실적인 계획이 된다.

탈출구를 계획해놓으며 버티기도 했지만 이들은 계획을 다 채우지 못하고 이탈해 나왔다. 점점 자신이 생각하는 것과는 반대편으로 빗나가는 삶, 그 틈새의 균열은 이 공간에 더는 자신을 묶어놓을 수 없을 정도로 점점 넓어지기 시작했다.

〈미생〉에는 〈취하라Enivrez-vous〉*라는 보들레르Charles Pierre Baudelaire의 시가 인용되는데, 이는 매우 암시적이다. 실제로 직장인들은, 남을 접대하거나 일의 괴로움을 잊거나 축하하기 위해 자주 '취해' 있는 것으로 보인다. 이렇게 '취하는 순간'이 없다면 그들은 일을 유지할 수 없는 것 아닐까? 술, 일, 혹은 빛나는 순간에든 '취해 있지' 않으면 노곤

한 현실을 유지할 수 없는 것이다. 때문에 만화 속에서 이 시가 낭독될 때, 역설적이게도 취하는 행위 자체가 힘겨운 노동을 하는 삶의 알레고리로 읽히기도 한다. 취한다는 것은 현실로 돌아오는 것이 기약된 행위이며, 중독자가 아닌 이상 현실과 현실 사이 일시적 멈춤의 시간이다. 취한 환상에서 맨정신으로 되돌아오는 순간, 더 이상 현실은 빛나지만은 않을 것이다. 때문에 사람들은 술이든 담배든, 혹은 부정을 저질러서라도 챙기는 보상에든**, 순간적으로나마 환각에 기대어 현실을 잊고, 취기에 몸과 마음을 의탁하고자 한다. 버티게 해주는 것이면 무엇에든 '취해야' 했던 것이다.[27]

그만큼 실제로 직장 현실에서의 '일의 의미'나 '보람'을 독립적으로 말한다면, 이러한 에피소드들 속에서는 다소 순진하게 느껴지기까

---

*   항상 취해 있어야 한다 / 모든 게 거기에 있다 / 그것이 유일한 문제다 // 당신의 어깨를 무너지게 하여, / 당신을 땅 쪽으로 꼬부라지게 하는 / 가증스러운 '시간'의 무게를 느끼지 않기 위해서, / 당신은 쉴 새 없이 취해 있어야 한다 // 그러나 무엇에 취한다? / 술이든, 시든, 덕이든 / 그 어느 것이든 당신 마음대로다 / 그러나 어쨌든 취해라

            — 샤를 피에르 보들레르, 〈취하라〉 중에서

                 (샤를 피에르 보들레르, 윤영애 옮김, 《파리의 우울》, 민음사, 2008.)

**   〈미생〉에 등장하는 '박 과장'은 '유능한' 직장인이 자신의 일에 대한 실질적 '보상'이 주어지지 못할 때 갖게 되는 배신감과 불만을 극단적으로 보여주는 입체적 인물이었다. 처음에는 그 역시 일을 잘 성사시키는 것에서 '의미'와 만족을 얻던 성실한 직장인이었다. 그러나 어느 순간, 일은 자신이 하지만 보상과 이득은 회사가 취하는 현실을 깨닫곤 회사 생활이 '재미없다'고 느껴졌다. 이때부터 그는 적극적으로 자신의 보상을 스스로 챙기기 시작했다. 물론 그 방식은 회사에서는 불법, 업무상 배임과 횡령으로 불리는 죄였다.

지 할 것이다. 회사 속 개인들은 반타율적으로 워커홀릭이 되어 '회사 내에서만' 의미를 찾거나, 혹은 무의미한 노동 세계는 포기하고 그 '밖에서만' 의미를 찾게 된다. 현재, 그 둘 간의 균형은 거의 불가능하고 극단의 선택지만이 존재하는 듯 보인다.

또한 앞서 언급한 유능한 워킹맘 선 차장의 예처럼, 여성 노동자들의 경우에는 특히 회사 일 외의 모든 것은 후순위로 포기하거나, 적어도 일과 삶을 '일치'시켜야만 한다. '여자라서', '애 엄마니까'로 시작되는 비난과 비교의 언사를 듣지 않으려면 개인의 삶보다 직장 생활이 우선시되어야 한다는 암묵적 압력 속에서, 심지어 임신 순서까지도 동료들과 겹쳐서는 안 되는 '임신순번제'[28] 관례가 형성되기도 한다. 때문에 이른바 사회에서 성공한 많은 여성들이 '유사 남성'이 되어버리거나, 가정에서 일어나는 모든 불화와 자녀 문제가 자신의 '불충분한 어머니 노릇'에서부터 시작된 것만 같은 죄의식에 시달리는 일은 결코 특이한 사례가 아니다.

일과 육아를 병행하는 많은 직장인 여성들은 '애 있는 여성은 일에 집중하지 못한다'는 편견을 불식시키기 위해 더욱 시간 밀도를 강화하며 일하고 있다. 맞벌이 화이트칼라 여성에 대한 연구에서 조주은[29]은, 회사에서 자녀와 자주 통화하는 등 가정일을 회사에 '끌어오지 않고' 공과 사(일과 가정)를 구분해야 한다는 규범을 강하게 갖는 여성들에 대해 언급한다. '집에서는 집안일만, 회사에서는 회사 일만'의 '정체성 분리'를 명확히 하지 못하는 여성들은 프로페셔널한 직장 여성의 자격을 갖지 못한다는 것인데, 이는 여성 노동자들이 여성에게 적대적인 노동

환경과 직장의 관점으로부터 고통을 받으면서도 동시에 이것을 내면화하고 있는 것으로 볼 수 있다. 정체성 분리라곤 하지만 결국 이러한 압박은 또 다른 부수적 노동의 이중고, 삼중고가 되며, 또한 회사에도 충실함을 증명하기 위해 생활 영역에까지 침투하는 노동의 연장 가능성을 강하게 내포한다. 이러한 상황에서 노동자들에게 직장에서의 '의미'란 어디까지 가능한 것이며, 어디까지 꿈꿀 수 있는 범위일까?

내가 만난 참여자들의 경우 대부분 결혼을 하지 않은 상태였기에 일과 가정 양립에 대한 주제가 핵심으로 떠오르진 않았지만, 다양한 공간에서 다양한 방식으로 일을 이어가길 바라는 자본의 은근하며 강력한 요청은 개개인의 삶 곳곳을 여러 얼굴로 점령하고 있었다. 나는 이러한 일과 삶의 일치가 극도로 추구되는 생활 속에서, 결국 자신이 원하는 삶의 모습 혹은 가치와는 어긋나감을 깨달은 참여자들을 관찰할 수 있었다.

'열정노동자'
되기

현대사회의 노동 구조는, 예전에는 특별히 노동의 종류로 거론되지 않던 행위들까지 포함되어 더욱 세분화되고 있다. 감정노동emotional labor, 돌봄 노동caring labor, 지적 노동intellectual labor, 비물질 노동immaterial labor 등의 개념은 이전의 노동 체계로는 제대로 설명할 수 없는, 복잡화되고 있는 현대의 노동 형태들의 양상을 보여준다. 동시에 기술 기반 산업, 미술, 디자인, 음악, 보건·금융·법률 등 지식 기반 전문직을 아우르는 이른바 '창조 계급'이 노동 영역 속에서 급부상하고 있다. 전세계 노동자의 3분의 1이 이 '창조 계급'에 종사한다는 분석도 있다.[30] 그러나 창조성creative, 상상력, 혁신 등의 단어는 이들이 하고 있는 행위 역시 '노동'이라는 사실을 곧잘 숨겨지게 만든다.[*]

최근 몇 년 사이, '재미'와 '열정'을 근간으로 하는 노동에 '열정노동'[31]이라는 명칭이 사용되기 시작했다. 열정노동이란 간단히 말해 열정이 그 노동의 가장 기본적인 토대를 이루게 되는 성격의 노동이라고 할 수 있다. '도전', '패기', '젊음' 등이 수식하는 언어들은 일괄적으로 낭만화되어 있다. 이 단어들과 어우러져, "너희는 하고 싶은 일을 하잖아"라는 말로써 자연스럽게 노동의 자리에서 소외되는 문화·예술 관련 직종이 주로 열정노동의 범주에 포함된다. 최근에 이것은 '열정적으로 노력하라(미쳐라)!', '꿈꿔라, 청춘아!', '너희의 큰 꿈을 펼쳐라', '서른 살, 꿈에 미쳐라' 등으로 변주變奏되어 공익 광고로, 자양강장제 광고로, 책 제목으로, 사회적으로 널리 유통되고 있다. 대표적인 피로회복제인 박카스 광고에는 오랫동안 어김없이 젊은이들의 '꿈'과 '열정'이 등장해왔다. 어쨌든 그 광고들의 결론은 '그러니까 열심히 일(공부)합시다!'로 간단명료하다.

《열정은 어떻게 노동이 되는가》에서 저자들은 영화인, 프로게이

---

*   예컨대 서울시는 청년 일자리 정책에서 '청년혁신활동가' 등의 용어를 사용하고 있는데, 이는 청년들로 하여금 노동 영역에서 '사회 혁신'과 '창의성'을 지닌, '단순노동자'가 아닌 새로운 존재 양식으로 나아가도록 만든다. 그런데 이때 쓰이는 '혁신', '청년 활동가' 등의 용어가 개선적인 사회 변화를 가져오기보다 "청년의 문화적이고 창의적인 아이디어, 자발성, 세대의 열정이 어떤 식으로든 섞이면 나올 것 같은 파생상품"을 기대하며, 노동을 다른 형식으로 미화하는 낭만으로 해석될 수 있다는 우려를 발생시키기도 했다(청개구리 제작소, 2014: 169-170). 이러한 용어가 노동이라는 기본적인 기반을 보이지 않게 하고, 현장의 노동조건과 역사를 가려버릴 수도 있기 때문이다. 때문에 최근 자주 호명되는 '청년', 이에 따라붙는 '혁신', '창조', '창의' 등의 용법이 어떠한 면에서는 노동 대신에 소비 혹은 이용되고 있는 것은 아닌지 의문이 들기도 한다(이영롱·명수민, 2014).

머, 운동선수 등 정당한 임금을 거의 받지 못한 채 노동을 착취당하는 문화·예술계 노동자로부터 열정노동에 대한 연구를 시작했다. 그러나 이들은 이내 '열정노동이 아닌 것이 무엇인가?'라는 물음에 봉착하게 되었다. 특정 직군을 넘어 최근에 부상한 자기계발 담론과 청춘 담론 등을 등에 업고서, 열정노동이 거의 모든 종류의 노동을 포획하는 데 이르렀기 때문이다. '그냥 돈을 벌기 위한' 직장인이라고 생각하기보다 일에 자신의 의미와 확고한 신념을 부여할 때, 그는 자신에게 노동의 근면함과 열성의 숨결을 불어넣을 수 있다. 이는 기업이나 자본가의 입장에서도 물론이거니와 노동자 개인에게 해당되는 말이기도 하다. 노동자에게 '의미'와 '열정'과 '신념' 등은 자신의 노동을 유지시키는 중요한 기제가 된다. 또한 이러한 분석은 문화·예술 산업에 종사하는 이들만이 아닌, 사실 거의 모든 노동에 해당한다.

1990년대의 문화 산업과 벤처 기업의 등장은 '취미를 일로, 일을 취미로' 연결하는 데 지대한 역할을 했다. 비공식적이고 개인적인 영역에 머물던 '열정'이 공식적으로 산업의 내부에서 발화된 것이다. 그리고 IMF 이후 노동의 유연화를 위해 자본이 '새로운' 노동자상을 필요로 하게 되면서, 새로운 성장 동력으로서의 벤처와 새로운 인력 자원인 X세대가 각광을 받았다.[32] 이는 당시 1990년대 청년 세대들이 보유한 특성과 2000년대에 본격적으로 진행된 IMF 체제의 필요 욕구가 공교롭게도 맞아떨어진, 불행한 '우연'이었다. 이제 시대의 영웅은 묵묵히 자신의 일을 수행하는 성실한 노동자가 아니라, 결단력과 대범함을 갖춘 모험가들이다. 그것은 곧 내일 회사에서 잘리더라도 다시금 나를 다잡고 새로운 모험으로 기꺼이 몸을 던질 진취적인 전사들이자, 이를 또 다른 기회로 삼아 홀연히 길을 떠날 개척자들이다.

문화·예술 산업 분야의 노동에서 특히 강조되어왔으나 이제 '열정'과 '꿈'이라는 정언명령은 거의 모든 직종을 비롯해 사회적으로 요청되고 장려된다. '꿈'과 '열정'이 착취로 너무도 자연스레 전환되는 배경이 여기에 있다. '영혼 없이' 일하고 싶어 하는 사람은 사실 아무도 없다.

가장 'X세대'다운 일을 찾아서

현재 창의와 열정을 중시하는 30대 이상의 문화 분야 종사자들의 경우, 1990년대에 꽃피우게 된 문화 산업 분야에 대한 국가적 지원의 분위기가 직업 선택에 많은 영향을 미쳤을 것이다. 1998~1999년도에 '하나만 잘해도 대학 간다'며, 특정 분야의 자질을 갖춘 수험생들을 위한 입시 전형들이 생겨났고, 애니메이션·영화·게임 등 전문적 주제를 다루는 학과들이 신설되었다. 1999년 김대중 정부의 '신지식인' 선정 등으로 대표되는 문화 산업 육성 정책은 '문화 강국'의 희망을 구체적이고 가시적으로 빚어냈다. 위와 같은 배경에서 사회로 나온 청년들에게 일과 취미의 경계는 희미해졌다.[33]

내가 만난 '열정노동' 영역의 참여자들이 앞서 살펴본 대기업·금융계 노동자들과 확연히 구분되는 점은, 좋은 직장과 연봉 등에 큰 관심과 가치를 두지 않았다는 것이다. 대학 시절에는 학점을 높이거나 '돈을 많이 벌어야겠다'는 생각을 갖고 취업 준비에 돌입하기보다는, 사회운동/학생운동에 관심을 두거나 '홍대' 앞의 클럽 문화와 인디 음악 등 대중문화 혹은 인디 문화에 심취했다. 또한 공통적으로 체제에 연연하기보다는 내가 하고 싶은 일, 자아실현을 할 수 있는 일을 중시했다. 이영민의 경우와 같이 프리터freeter*처럼 돈이 필요해지면 아르바이트를 통해 이따금 벌고, 그 외에는 여행을 다니며 인생을 '자유롭게 즐기는' 편을 더욱 선호하기도 한다.**

'성공적인', '좋은 직업(직장)', '잘나가는'이라고 일반적으로 이야기

---

*   프리터는 자유(free)와 아르바이터(arbeiter)를 합성한 신조어로, 1987년 일본의 대표적인 취업 알선 업체인 리크루트사의 아르바이트 정보지에서 처음 사용되었다. 초기에는 '학교를 졸업한 후 자유로운 생활과 즐거움을 위해 정사원으로 취직하지 않고 아르바이트 생활을 하는 청년'으로 정의했으나, 1990년도 리크루트사의 자체 보고서 〈프리터 백서〉에서는 '학생도 정사원도 주부도 아니며 아르바이트, 계약·파견사원으로 일하고 있는 청년들로 현재 정사원이 되는 것을 희망하지 않는 자'로 정의했다. 이는 초기에는 프리터가 노동 수요의 급격한 감소와 기업 유연화 속에서 비롯되었다기보다, 자기 시간을 즐기려는 일본 청년층의 세태를 더 반영하고 있었음을 말해준다. 현재 이 용어는 장기 불황에 의해 청년층에 대한 노동 수요가 급감하고 비자발적 유휴 청년 인력이 증가함에 따라 초기의 의미와는 다르게, 국내의 비정규직 정의와 유사한 용법으로 사용되고 있다(김기헌, 2004).

**   보조 참여자인 이경일 역시 이러한 생활 패턴을 유지하고 있었다. 쓸 수 있는 돈이 있을 때는 책을 읽거나 자전거를 타고, 필요한 물건을 만들거나 하고 싶은 일ㅡ생태주의와 관련된 행사 기획ㅡ을 하는 등으로 삶을 영위하고, 돈이 떨어지면 집을 짓는 건설 현장에서 일을 해 돈을 번다. 인터뷰 당시에도 그는 고정적인 일을 하지 않고 쉬고 있는 상태였다.

되는 직장은 아닐지라도 자신 스스로에게 의미를 갖고 그 과정에서 자아를 실현하며 흥미와 열정을 담보할 수 있다면, 그것이 바로 이들의 성공적인 직장이었다. 그러므로 연봉은 큰 유인 요인도, 특별한 결격 사유도 아니었다. 실제로 이들의 직장은 앞서 등장한 참여자들에 비해 확연히 낮은 연봉을 제공했다. 그럼에도 '재미있는', '즐거운' 일이라는 점이 큰 만족감을 주었다. 이러한 X세대적 문화 성향이 잘 반영된 직군이자 직장이다.

일하는 곳은 감각적·감성적으로도 매력을 느낄 수 있어야 하고, 함께 일하는 동료들과의 친화성과 문화적 동질성은 직장을 즐거운 공간으로 만드는 데 매우 중요한 요소다. 이들과의 대화는 당시 이들의 일 선택이 '자유롭게' 일할 수 있으면서 창의적이고, 조직에 매이지 않으면서 일로부터 '즐거움'을 느끼기 위한 것이었음을 보여줬다. 아래 세 참여자들이 초반에 경험했던 일의 즐거움과 흥분에 대해 먼저 들어보자.

> 조직의 리듬이 개인의 리듬과 꽤 직접적으로 연관되었던 거 같아요. 막 야근하고 그랬는데도 재밌었어요. 새롭게 뭔가를 만들고, 웹 서비스가 나오고, 그게 피크를 찍고 계속 좋았던 시기죠. 그럴 땐 일 자체도 재밌고 회사 분위기도 즐겁고, 취향이 비슷한 사람들과 같이 영화도 보러 다니고, 그런 사귐 자체가 즐거웠어요. 낮에는 회사에서 일하고, 밤에는 블로그를 해요. 그럼 거기 이웃들이 댓글을 달아요. (웃음) 그렇게 동아리 같은 느낌이었어요.
>
> **이명선**

전 예술학과를 안 나왔잖아요, 인문대도 안 나왔고. 그냥 막연히 이 문화를 동경했다고 할까요? 많이 알진 못하는데, 인디밴드 음악도 좋아했고, K공간에 가면 항상 새로운 게 있어 신선하고, 동경하던 곳이었기 때문에 그 공간에 가는 걸 좋아했어요. 그리고 ○○(이전에 일했던 직장)에 비해 잘하고 있는 거 같았고. 그래서 대표한테도 "K공간은 이런데!" 식으로 많이 얘기했거든요. (웃음) 그래서 (취직이) 됐을 때 정말 좋았어요.

장현아

그런 (패션)잡지들을 보면서 해방감을 느꼈고, 실제로 요즘처럼 아주 상업적이지 않고 다양한 잡지들이 있다 보니까 흥미를 느꼈죠. 서브컬처 subculture도 다루고, 디자이너 중에서도 주류인 유명인들도 다루지만 동대문에 작은 방을 갖고 있는 디자이너도 다루고, 그라피티를 하는 사람도 다루고. 제가 되게 관심 있는 문화였죠.

한정희

이명선이 일했던 Q사는 국내에서 인지도가 높고, 음악·영화·미술·만화 등 다양한 문화 서비스를 포괄하는 포털 사이트를 운영한다. 대학 선배의 소개로 처음 이곳에서 일하게 된 그녀는 그 시기를, 1년에 500명에서 1,000명에 이르는 사원들을 채용하며 회사가 커가던 '한창 좋을 때'였다고 회상했다. 회사도 한창 뻗어가는 시기였고, 그녀 개인에게도 당시 분위기는 '동아리 같은' 재미있고 즐거운 회사 생활을 가능하게 했다. 같은 학과 출신의 동료도 많았기에 문화적 취향이나 정치적 성향에서 공통점이 많아 인간관계가 넓어질 수 있었고, 이전에 잠시 일했던 시민 단체에서의 일을 업무적으로 확장하며 일의 재미도 취할 수 있었다. 그녀가 Q사에서 맡았던 일은 이용자들이 직접 기부할 수 있도록 하는 공익 콘텐츠를 기획하는 일이었다. 그녀는 이용자들이 NGO를 좀 더 가깝게 느끼며 그러한 사회적 영역의 접점이 늘어나는 데에서도 가치와 보람을 찾을 수 있었다.

장현아는 대학 졸업 직후에는 입시 학원에서 1년 동안 영어 강사로 일했다. 그런데 그녀에게 그곳은 입시 문화로 지친 학생들의 영혼뿐 아니라, 강사로 일하는 이들의 영혼마저 파괴시키는 공간이었다. "아이들이 꿈을 잃고 있는 상황에서 난 돈을 많이 번다는 죄책감"도 들었으며, '돈 외의 일하는 비전'을 갖기도 힘들었다. 그 모습을 그토록 싫어했음에도, 어느 순간에는 자신 역시 다른 강사들과 다르지 않게, 공부 못하는 학생을 비인격적으로 대하는 것을 발견했다. 그러다가 '계속 다니면 여기 안주하겠다' 싶어 그만두고 문화 방면의 일을 하고자 했다. 예전부터 문화 쪽에 관심이 있기도 했었지만, 이 선택에는 학원 강사로서의 경험이 큰 영향을 미쳤다. 한국 교육 현실의 어두운 면을 보고는 그와 정반대되는 일, 즉 다양성을 살릴 수 있는 활동을 하고 싶다는 마음이 들었던 것이다. 그렇게 하여 1년 계약직으로 문화기획을 하는 사회적 기업에 들어갔다.

80만 원 정도 월급의 비정규직 인턴이었으나 낮은 급여는 상관없었다. 당시 이 분야의 일에 처음 뛰어든 것이고, 처음에서부터 시작해 배우는 일은 '돈을 주고도' 할 수 있는 것이라고 생각했기 때문이다. 그러나 이 사회적 기업은 직원들을 수용하고 이끌어가기에 역량이 부족했고, 근무하는 물리적 환경 역시 매우 열악했다. 계약 기간을 채 못 끝내고서 결국 나오게 되었는데, 당시의 팀장이 K공간의 자리를 소개해 줬다. 인문학 강의와 관련 행사를 기획하는 일이었다. 그녀에게는 행운 같은 기회였다. K공간은 '꿈의 직장'과도 같은 곳이었기 때문이다. 디자인·영화·음악 등의 문화·예술을 소개하는 문화적 통로의 역할을 하는 곳으로 대중적 인지도가 높고 창의적인 이미지로도 잘 알려진 공간이었다. 그녀 역시 매우 좋아하던 곳이라, K공간에서 일하게 된다는 사실만으로도 기뻤다.

　　미술·음악·인문학 등 다양한 장르를 아우르는 K공간에서 일하는 사람들은 대부분 자신을 '기획자'로 위치 짓고 있었다. 어딘가에 소속된 직장인으로 일한다는 것보다 기획자의 정체성을 갖고 있다는 점은 헤드헌터 일을 했던 김윤진의 대화와도 통하는 부분이 있다. 1인 프리랜서/기획자 정체성은 자신의 일에 대한 완성도와 성과가 그 개인에게 중요하기에, 일을 회사의 부분이나 조직 전체의 관점에서보다 '(독립된) 내 일'이라는 측면으로 대하는 모습으로 나타난다.

　　복지가 자주 바뀌었어요. 문화비 같은 게 1년에 20만 원인데, 그게 갑자기 총연봉에 포함된다든지, 아니면 지각 몇 번이나 무단결근 몇 번, 이런 것들이 기준 적용되는 것도 그렇고요. 정년도 그렇고…… 나중엔 복지에 대해서 새로운 발표가 있어도 그냥 그런 거 있잖아요. 그걸 눈여겨보는 사람도 거의 없고요. 거긴 3년 이상 다니는 사람이 흔치 않으니까요. 평생직장으로 다니는 사람도 없으니까 그런 복지가 만날 바뀌어도 그냥 그러려니 하죠. 회사가 바뀌어도 '음, 그렇구나' 하고. 나랑은 직접적인 관련이 없는 거죠. 왜냐면 거의 기획자들이 많으니까, 내가 내일 스스로 하는 분위기고 그렇죠. 〔그럼 애정은 있나요?〕애정이요? 자기 프로젝트와 자기 일에 대한 애정은 크지만, 대신 회사에 대한 기대치는 높지 않아요. 충성심? 있는 사람도 있겠죠? 아직 (회사를) 포기 안 한 사람도 있을 테고, 새바람이 불고 나서 들어온 사람들은 그 분위기가 K공간이라고 받아들일 수도 있으니까요. 여전히 K공간을 좋아하는 직원들도 있겠죠. 여기서만 얻는 이득 같은 거, 만족이 있으니까요. **장현아**

K공간은 대기업 K사에서 입찰식으로 운영하는 곳이다. 운영비를 포함한 모든 책임과 결정, 관리를 K사에서 하고 직원들은 K공간에 소속된, 즉 '갑'이 이중으로 존재하는 아웃소싱의 고용 구조인 것이다. 그런데 장현아가 입사한 뒤 얼마 안 되어, 직원들의 의견을 취합하는 과정이 전혀 없는 일방적 방식으로 회사의 운영 체계가 바뀌었다. 이 '새바람'에 따라 직원들의 연봉 계약, 복지 등이 바뀌는 변화를 겪었고 결근·지각 관리 기준 등 각종 규칙들이 바뀌었는데 이를 눈여겨보는 사람은 거의 없었다. 3년 이상 다니는 사람이 흔치 않고 평생직장으로 여기는 사람도 없기에, 회사에 주요한 변동 사항이 생겨도 크게 신경 쓰지 않았다는 것이다. 이렇듯 '내 일'을 주체적으로 사고하는 이들의 '기획자' 정체성은 한편으로 회사에 대한 애정(충성심)과 일에 대한 애정의 분리라는 형태로 드러났다. 문화기획자, 1인 외주 노동자, 프리랜서 등 소속이 크게 중요하지 않은 노동자들은 상대적으로 특정 회사 자체에

서 일어나는 일이 자신에게 직접적으로 문제화되진 않는다.

한 직장에 오래 몸담고 그곳에 정체성이 속한 상태보다는, '내 직업(직장)은 ○○○'라는 한마디로 말할 수 없는 사람이 점점 늘어나는 식으로 재편되고 있는 노동 시대에,[34] 노동에 대한 논의는 지금과 다른 방식으로 진행될 가능성이 크다. 지금까지 노동운동, 노동투쟁이라 하면 특정 사업장을 기반으로 한 부당해고, 복직 등의 이슈가 대부분을 차지했다. 그렇다면 앞으로는 어떨까? 퇴직 시기가 점점 빨라지고 사업에 뛰어든 개인들이 늘어나면서, 개인 사업자나 영세 상인과 대기업 간의 불공정한 경쟁 문제도 이미 한국 사회에서 한창 벌어지고 있다. 삼성 김밥, 현대 호떡 등이 생길지도 모른다는 정황이 영세한 서민들로 하여금 불안감을 불러일으키게 한다. 이제까지 '노동문제'라고 명명되지 않던 이러한 문제들이 노동 제반을 둘러싼 중요한 문제로 떠오를지 모른다.

한정희의 20대는, '전형적인 X세대의 생활'과도 같아 보였다. 공부에 매진하는 여느 외고생들과는 다르게 문학을 무척 좋아해 학교에서 문학 동아리를 만들어 활동하기도 했던 그녀는, 대학 시절에는 홍대 문화와 음악 등에 열광했다. 그리고 하위문화에 '꽂혀서' 그것을 표현해보고 싶다는 생각을 했고, 실제로 이에 대한 글을 발표해 좋은 평가를 받기도 했다. 하위문화, 본격적으로 '문화비평'이라고 불리기 시작한 스타일의 글, 남들과 '다르기 위해' 쓰는 글, 그것이 당시 젊은 세대가 쓰고자 열망하는 글이자 표현하고 싶던 문화였다. 그녀는 그러한 글을 쓰면서 자신은 순수문학 창작에 재능이 있다기보다는 당시의 '현상을 보고 표현하는', '사람을 캐치하고 거기에 흥미를 느끼는' 사람이라는 것을 알게 되었고, 이후로 '문화'에 대한 글을 쓰는 사람이 되고 싶다고 생각했다.

그러던 중 외국 유명 브랜드의 여러 잡지가 한국에서 출판되기 시작하던 흐름 속에서, 그녀는 C패션지의 '피처 에디터' 생활을 시작했다. 패션잡지는 당시 그녀가 생각하던 자유롭고 문화적인 글을 쓸 수 있는 적합한 매체였다. 패션잡지사에서도 피처 에디터는 특수한 위치에 속한다고 할 수 있다. 패션, 코스메틱, 뷰티 용품, 명품 브랜드 등이 주인공인 패션지의 광고·정보성 기사들 틈에서 그나마 자본을 위해서만이 아닌 '글' 자체에 집중하며 글로서의 의식을 갖고자 하는 거의 유일한 존재라고 볼 수 있기 때문이다.

그녀는 스스로 '마이너 감성'을 가졌다고 말한다. 그렇기에 C패션지에서도 화려한 톱스타나 화제가 되는 연예인보다는 작가, 뮤지션 등 '마이너한', '언더의 감성'을 가진 아티스트들을 주로 만나왔다. 이렇듯 그녀는 일에 자신의 정체성과 취향, 관심사 등을 상당 부분 일치시킨 편이다. 일을 택할 때도 그러했고, 기자 생활을 하면서도 그녀를 움직인 것은 취재 대상에 대한 기본적인 관심사와 흥미, 그에 따른 열정이었다. 덕분에 그녀는 기자 생활의 대부분을 만족스럽게 기억하고 있다.

박래연 역시 '창의적이고 자유로운' 일로서의 직장을 택한 경우다. 대학 때는 특별히 되고자 하는 직업이나 하고 싶은 일이 있지는 않았다. 대학 졸업 전에 부모님이 두 분 다 돌아가셔서 돈을 빨리 벌어야 한다는 위기감으로, '차라리 공무원 시험을 준비해서 안정적인 삶을 살아야 되나' 싶기도 했지만, 도저히 적성에 맞지 않아서 일찍 접었다. 전공을 살려 취직하는 것이 쉽지 않았던 학과 특성상 과 친구들이 주로 '스펙 관리'를 통해 금융계 등으로 취직하는 모습들을 봤지만, 그러고 싶지 않았다. 만일 직장 생활을 한다면 좀 덜 얽매이는 자유로운 일을 하고 싶었다. 그러다가 광고 회사 입사 준비를 했고, 선배를 통해서 광고 카피라이터로 일하게 되었다.

이영민과 김종현은 출판사의 편집자였다. 둘은 각각 인문학, 교과서·참고서 출판사에서 일했다. 이영민은 자발적 '프리터'로 살던 20대에 우연히 편집자로 일을 시작하게 되었지만, 김종현은 오랫동안 바라왔던 교사의 꿈이 좌절된 후 '의미 있는 또 다른 교육 현장'으로서 교과서 출판사를 선택한 경우였다.

(출판사가) 정말 자기가 좋아하는 책을 만들 수 있는 곳이냐, 아니면 상업적으로 팔아야 되는 곳이냐. 특히 저 같은 경우는, 취향이 아무래도 책이라서 더 확실히, 정말 마음에 드는 거여야 애정이 가고 재미가 있더라고요. 안 그러면 재미가 없었어요. 너무 팔 것만 생각하면……. **이영민**

학교 현장에 도움이 되는 방식이 꼭 교사는 아닐 수 있다, 이것도 하나의 경험으로 하면서 준비도 할 수 있지 않느냐, 해서 시작하게 된 거지. (중략) 처음엔 교과서로 의미 있는 일을 할 수 있다는 게 있었어. 교과서를 만듦으로써 좀 더 좋은 역사 수업에 기여할 수 있다는.[*]

김종현

이영민에게는 '자신이 좋아하는' 책을 내는 것이, 김종현에게는 '의미 있는' 교과서를 내는 것이 편집자로서 가장 큰 목적이고 보람이었다. 이영민은 베스트셀러뿐 아니라 마음에 드는 책을 만드는 것도 중요한 일이고, 후자에서 더 만족감을 느끼는 편이라고 한다. 때문에 '팔리는 책'을 만들어야 하는 출판사에서 버티는 것이 재미없었고, 책을 만드는 것 자체에 대한 회의가 회사를 그만둔 하나의 이유일 수 있겠다고 말했다. 내가 아니어도 좋은 책들은 충분히 출간되어 나오고 있고, 자신이 좋아할 만한 책들은 이미 많다고도 덧붙였다.

김종현은 교과서를 만드는 것이 '유의미한 일'이라는 데 가장 강하게 의미 부여를 했다. 역사교육을 전공하고 오랫동안 역사 교사를 꿈꿨던 그는 이제까지 자신이 교육에 대해 쌓아온 고민을 가장 잘 응축한 교과서를 한 권 내고 나오자는 것이 출판사에서의 궁극적인 목표였다. 그러나 그러한 믿음이 배신당하고 부정당한 것이 퇴사로 이어졌다. 교과서를 다루는 환경이라 다소 특수한 상황들이 있었다. 지난 몇 년 사이 역사 교과서에 대한 정부의 간섭이 심해지면서 역사적·정치적 사실과 관련된 내용들이 검열되기에 이르렀다. 교과부의 지시를 따르지 않으면 채택 거부 사유가 되는데, 회사로서 이것은 막대한 손실을 각오해야 하는 일이었다. 그에게 이 문제는 편집자로서 또한 교육 관련 종사자로서의 신념과 격렬하게 부딪칠 수밖에 없는 문제로 다가왔고, 출판

---

*   김종현은 내가 평소 알고 지내오던 사이라서 평소의 말투로 인터뷰를 진행했고, 이를 그대로 싣는다.

사도 하나의 기업이라는 데 한계를 느낄 수밖에 없었다. 이들이 '정말 하고 싶은 일'은 회사의 기조 변화, 정부의 정치적 압력 등 다양한 이유로 반려되었다.

열정의
두 얼굴

열정 기반의 노동은 노동자의 의도와는 다르게, 만족감이나 즐거운 회사 생활로 이어지지만은 않는다. 오히려 이는 과다한 노동시간과 건강 악화, 소진, 무기력증 등의 결과로 돌아왔다. 실제로 Q사에서 일하던 이명선에게는 건강검진 때 발견된 갑상선의 작은 결절이 퇴사의 결정적 이유 중 하나가 되기도 했다. 자신으로부터 열정과 젊음, 성실함을 짜내어 스스로뿐 아니라 회사 역시 만족할 만한 성과를 만들어내는 것은, 원하지 않은 여러 결과로 되돌아왔다.

자기가 욕심낼수록 일을 잘할 수 있으니까, 내가 욕심 좀 더 내면 의미 있는 일을 만들 수 있는 건데……. 내 욕심이 있으니까 더 좋은 강의도 하고 싶고, 인문학 행사도 하고 싶고. (그런데) 그건 내 시간을 할애하지 않는 이상, 그 공간에서는 불가능한 거예요. 휴일도 없어요. (중략) 곁에서 보면 모르겠지만, 거긴 정말 사람으로 다 돌아가는 공간이에요. 모든 콘텐츠가, 모든 사람의 노고와 야근과 열정으로 (만들어진 거죠). 조금이라도 의미 있는 좋은 프로젝트가 있다면 그 사람이 정말 자기 시간을 할 애해서 고민한 거죠. 쉬지도 못하고.　　　　　　　　　　　**장현아**

되게 소진도 많이 되고 (중략) 야근이 엄청 많고, PT도 있고, 철야도 자 주 하고. 그러면서 개인 시간이 점점 없어지고, 삶이 되게 많이 찌드는 거예요. 무기력해지고요. 산에 가는 거 좋아했는데 등산 동호회 활동 같 은 거 하나도 못 하고, 가끔 쉬게 되면 잠만 자고 싶고. 친구들도 겨우겨 우 만나면서 '이게 뭔가……' 내게 이 일이 성취감이 큰 것도 아니고, 사 람은 지쳐가고, 이건 좀 아니다 싶었죠.　　　　　　　　　　**박래연**

　인문학 강의와 행사를 기획해야 했던 장현아에게는 보조적이고 실 무적인 업무에 치여 자신의 '본업'이라고 할 기획에는 오히려 에너지를 투여하지 못하는 시간이 이어졌다. 전문성을 키울 수 없는 상황인데도, 여전히 전문가 수준의 기획 결과물이 요구되었다. 좀 더 나아가고 싶고 잘하고 싶은데 늘 실무에 치이면서, 지친다는 생각이 점점 커졌다. 박 래연 역시 창의적이고 자유로운 카피라이터의 삶을 꿈꿨지만 실제로 그 일은 창의력이나 자유로움과 관계되기보다는 개인이 많이 소진되는 일임을 알게 되었다. 장현아와 박래연이 인터뷰 중에 등장시킨 단어들 중에는 욕심, 노고, 야근, 열정, 고민, 소진, 무기력 등이 있다. 이는 이 들의 일에 대한 애정, 그리고 그것의 뒷면인 육체적·정신적 소진이 함 께 포함된 단어들이었다.

　한편 한정희에게서는 10여 년 동안 해왔던 기자 활동에 대한 자긍심이나 사명감, 애정이 무척 강하게 느껴졌다. 처음 그녀를 만났을 때, 자신은 회사가 '너무 싫어서 뛰쳐나온 경우'가 아니라 '나의 두 번째 스테이지로 가겠다'는 결정에서 비롯된 것이었기에 이 연구의 인터뷰이로 적합하지 않은 것 같다고 말했다.

실제로 한정희가 들려준, 그녀가 잡지사에서 보낸 20, 30대에 이르는 10여 년의 시간은 그야말로 그녀의 생생한 열정, '더 좋은 기사'에 대한 욕심들로 이뤄져 있었다. 잡지 기자는 한 달에 2, 3주는 새벽까지 야근에 시달려야 하는 강도 높은 직업이다. 심지어 경기의 하락세로 시장 압박이 점점 심해짐에 따라, 비슷한 잡지들 사이에서의 경쟁력을 확보하기 위해 기존 인력으로 한 달에 별책부록까지 2권, 심할 때는 3권의 잡지를 동시에 만들기도 한다. 다른 말로 하면 마감이 한 달에 두세 번씩 돌아온다는 뜻이다. "선배, 제 휴가가 32일 밀렸습니다. 휴가 좀 써야겠습니다"라고 하자 편집장이 "며칠이라고? 난 114일 밀렸어"라고 대답했다는 그녀의 일화는, 잡지사 기자의 일상을 단적으로 보여준다. 회사 차원에서는 직원들이 쓰지 않은 휴가는 금전적으로 보상되어야 하기에 정해진 날짜만큼 휴가를 쓰도록 권고하지만, 팀 전체를 생각하면 휴가를 떠날 수가 없다. 자신의 글을 누군가가 대신 써주는 것은 불가능하며 잡지 페이지를 백지로 둘 수도 없으니, 휴가는 생각조차 못 하는 것이다. 시켜서 하는 야근이 아니라 '자발적'인 야근이 이어졌다. 스스로가 자신의 기사에 대한 최고의 퀄리티를 원하기 때문이다. 더구나 누군가가 퇴사하면 새롭게 충원하지도 않는 추세였다. 종이책 시장과 더불어, 광고 수익 하락으로 잡지 시장도 어려운 상황이라 인건비에 많은 자본을 투여하지 않으려고 하는 것이 운영자의 계산이다. 따라서 같은 노동의 양과 강도를 예전보다 적은 인원을 통해 해내야 하기에, 기자 개개인의 업무가 과중되는 것은 물론이다.

겉으로 보이는 화려함 밑에 드리워져 있는, 이러한 잡지계 현실을 본 후배들은 선배 기자들을 보며 '희망이 없다'는 생각이 들기도 한다. 수많은 경쟁률을 뚫고 유명한 패션잡지사에 입사했는데, 정작 들어와서 보는 선배들의 모습이 우울하기 그지없기 때문이다. 늘 야근과 마감에 시달리고, 가족이나 다른 관계를 돌볼 여유가 없으며, 사회적 재생산은 거의 불가능하다. 회사 내에 골드미스들이 너무 많은 이유에는 이러한 까닭도 있다고 그녀는 덧붙였다. 일과 생활의 불균형이 극심한 직업의 특성상 이들을 이해해줄 수 있는 파트너는 많지 않을뿐더러 실제로도 정신적·육체적 여유가 없기 때문이다. 이러한 현실은 엄연히 존재한다. 그러나 그녀는 자신의 회사와 노동이 착취 구조 속에 있던 것은 아니었으며, '이 일을 너무 사랑했다'는 점을 줄곧 강조했다.

일단 노동강도가 너무 센 거죠. 그때도 누누이 말씀드렸듯이 이게 착취 구조의 개념은 사실 아니에요. 일의 특성상 내가 맡은 일을 내가 할 수밖에 없는 구조가 있어요. 그걸 깊이 더 들어가면, 외국 잡지사의 경우엔 같은 분량의 잡지를 만드는 데도 기자가 더 많다고 들었어요. 그런데 한국에서는 최소 인원으로 최대 분량의 잡지를 만들다 보니 기자 본인에게 떨어지는 기사의 양이 너무 많은데, 그건 뭐 분업한다거나 공동 작업을 할 수도 없는 일이죠. 누구도 도와줄 수 없어요, 단 한 줄도. 그러다 보니까 스스로 노동강도가 굉장히 센 이런 구조를 파악하게 되는 거죠. 이건 어쩔 수 없구나, 이걸 누구한테 '부당합니다, 일이 너무 많습니다' 하고 호소할 수 있는 상황은 아니구나, 내가 감당해야 하는구나. 출산하는 전날까지 일을 해야 하는……. 여기 구조가 너무 착취적인 노동 구조라서인 건 아니에요. 그러나 아쉬움이 있다면 한국의 노동 구조가, 잡지사의 구조가 최소 인원으로 최대 효과를 내려다 보니 별수 없는 문제니까요. 그게 일반화되어 있고요, 마치 담합이나 한 듯이. 탄탄한 대기업의 경우엔 한 잡지를 12명이 만들고 있다면 14명이 만드는 구조로 바꿔줄 수도 있는 거잖아요. 대기업이라 치면, 본인들이 그렇게 돈을 많이 버신다면요. 그러나 절대 그러지 않죠. 적은 인원으로 항상 해왔고, 그게 반복되는 거죠. 기자들의 경우에는, 모르겠어요. 시간이 지나 익숙해지고 경력이 많아지면 일의 양을 자기가 컨트롤하겠죠. 집중을 해서 포커싱해서……. 그런데 전 피처 기자라서, 게다가 전 글을 빨리 못 쓰거든요. 물리적인 시간이 필요해요. 그걸 인정할 수밖에 없었죠. 아무리 바빠도 난 빨리 못 쓰는구나. (웃음) 그래서 전 마지막까지도 일을 제일 많이 하는 기자였죠, 우리 팀 중에서.

한정희

착취와 착취 아님을 구분하는 명백한 절취선은 점점 옅어지고 있다. 심지어 이제는 착취를 행하는 주체의 스펙트럼조차 '자기 자신'으로까지 넓어졌다. 2012년에 한병철의 《피로사회》가 한국 사회에 발표된 이후로, 수많은 사람들은 자신들이 스스로를 착취하고 있다는 사실을 믿게 되었다. 이는 인식하지 못하던 것을 뒤늦게 '깨닫게 된' 것이기도 했고, 또 다른 경우는 '착각한' 것이기도 했으며, 일부에게는 '강요된' 진단이기도 했다.

성과주의가 팽배해진 변화한 노동환경 속에서 스스로의 힘을 최대한 짜내어 좋은 고과 성적을 받는 것은 분명 생존에 매우 중요한 요소가 되었다. 때문에 누군가가 시키지 않더라도, 아니 시키기 전에 '알아서' 일해야 하는 수많은 노동자들에게 자기착취는 선택 영역이 아닌 필수 조건이다. 자기착취라는 프레임은 상사, 사장, 기업, 정부 등의 가시적 주체들뿐 아니라 지금의 전체적인 사회와 환경 자체가 착취의 주체일 수도 있음을 우리 사회에 폭로하는 데 커다란 역할을 했다. 그러나 반대로, 이는 착취의 주체를 불분명하게 만듦으로써 도리어 비판 자체를 흐릿하게 만들기도 했다. 누구에게 이 분노를 표출해야 할지 모르겠으니, 이는 '나' 자신을 착취의 가해자로 만드는 다소 아이러니한 결론으로도 귀착된다. 혹은 내가 어찌할 수 없는, 도처에 있는 착취 사실 자체를 '받아들이며' 결과적으로 자기위로밖에는 방법이 없는 허탈함으로 이어지는 효과를 낳기도 했다. 피로사회에 대항하는, 자기착취에서 벗어날 만한 명쾌한 대처 방안도 없지 않은가. 피로사회 담론이 직장인들에게는 또 다른 '힐링 담론'으로 활용되었다는 평에는 그런 맥락도 있었을 것이다. 결국 자기착취밖에는 살아남을 길이 없다는 것을 사람들에게 '납득'시킴으로써, 그 악순환 구조를 유지시키는 퇴행적 담론 효과이지 않느냐고 말한다면, 너무 나아간 비판일까?

한정희의 경우는 어떠했을까. 그녀는 잡지계라는 산업군에 만연한 '기업과 노동자 간 구조적 착취' 문제에 대해서 분명히 인지하고 있지만, 이것이 자기착취의 인식으로 이어지지는 않는다. 사실 자기착취는 어떻게 보면 더없이 주관적인 감상의 문제일 수도 있다. 자신의 노력을 자기착취로 해석하는지, 일에 대한 애정으로 여기는지는 같은 현상의 전혀 다른 두 얼굴일 수 있기 때문이다. 그녀가 '착취는 아니었다'고 수차례 강조한 것은 '착취'당하는 피해자/약자의 위치를 거부함으로써 주체성에 의한 독립적 선택과 노동이라는 사실을 강조하고, 자신의 자율성을 확신하는 대화 방식일 수도 있겠다 싶었다. 피로사회에서의 자기착취는 그녀에게 '위로'의 언어가 아닌, 자존감을 저해하는 타율의 언어일 수 있다. 그녀가 진실로 사랑해서 택했고, 글을 쓰고 문화 현장을 누비며 알려지지 않은 아티스트를 대중에게 소개하는 매개자로서의 기쁨을 느끼게 한 일이 자신을 착취하게 만들었다는 것은 수용하기 힘든 분석일지 모른다. 실제로 그녀는 내가 만난 참여자 중에서 전 직업(직장)에 대한 애정과 만족이 가장 큰 경우였다. 한정희와의 대화는 내게 이 복잡한 자기착취의 문제를 다시 한 번 상기시켰다. 내게는 그녀의 노동을 자기착취였다 혹은 아니었다고 판단할 능력이나 자격은 없다. 다만 노동자가 '자발적'으로 과잉 노동을 하게 되는 경우를, 반드시 고용인이라는 착취자와 피고용인이라는 피착취자 사이에서 일어나는 '착취적 사건'으로 단선적으로 말할 수는 없다는 생각이 든다. 개개인이 일에 부과하는 태도와 의미, 일에 대한 애증의 무늬는 실로 매우 복잡하기 때문이다. 그녀와 같은 '정체성의 노동'을 하고자 하는 개인들은, 아니 여전히 수많은 노동자들은 일이 자신을 잘 설명해줄 수 있기를 바란다. 일에 의미를 부여하고 싶고, 되도록 인정받고 싶어 하며, 그 일이 잘되길 바라고, 그 일에서 '주인'이고 싶어 한다. 이것을 자기착취라는 프레임으로만 읽어도 될까? 그렇다면 이러한 바람을 가진 것이 문제인가? 아닐 것이다. 그렇다면 문제는 무엇일까?

한번은 그녀가 한 국내 최대 기업의 예를 들며 이런 이야기를 하기도 했다. 그 기업만을 위한 '자본주의에서 하나의 나사로서' 오랜 기간 일해오던 노동자가 가질 수 있을 회한처럼, 자신도 오래 일하다 보니 어쩌면 자신의 글 역시 그럴 수 있겠다는 '자각'을 한 순간은 있었다고 말이다. 즉, 단지 그녀의 이름이 박힌 기사 한 편이 문제가 아니라, 결국 그 글이 인쇄되고 판매되는 과정 자체가 상품을 만드는 구조의 한 부분으로서 극단적 자본주의의 성격을 압축하는 것일 수 있겠다는 뜻일 테다.

노동자들의 '열정'과, 그들이 '노동에 열정과 취향을 덧입힌 것' 자체가 잘못된 것이 아니다. 열정 자체가 왜 문제인가? 오히려 노동자들이 진심으로 열정과 애정을 갖고 취향을 벗 삼아 할 수 있는 노동이라면, 그렇게 일할 수 있다면 좋은 것 아닌가. 그러나 최근 한국 사회에서 열정은 심각한 자기착취 문제로 귀결되면서 문제시되고 있다. 기업과 현대의 노동 구조는 비겁하게도(그러나 효과적이게도) 노동자의 열정을 소진시키고 함부로 '써먹은 후' 해치워 버렸다. 그렇게, 즐거울 수 있던 열정은 그 감정의 주인과 상관없이, 노동자 '관리'와 '악용'에 의해 무단 점유되는 가장 효과적인 갑옷이 되어버린 것이다.

한정희에게 노동자 정체성은 '글 쓰는 이의 정체성'과도 겹쳐 있는 듯했는데, 한편으로는 '나사'가 된 것 같은 회한이 느껴질 때도 있지만 그 생각 역시 그녀에게는 복잡한 결 중 하나의 부분이다. 그녀와의 대화 속에서 문화적 정체성을 일과 일치시킨 직장인들의 어떤 특별한 태도를 느낄 수 있었다.

> 일을 오래 하다 보니까 '아, 이 매거진 자체가 진짜 자본주의의 성격을 압축하는 것 중 하나고, 어쩌면 내가 쓰는 글들이 그럴 수도 있겠다'라는 자각을 어느 순간 하게 됐죠. 하지만 글을 쓰는 내내 이건 자본주의의 뭔가를 탈색하는 일이야, 내 글은 거짓이야, 물건을 파는 데 도움을 줄 뿐이야, 라고 하면서 글을 쓰진 않죠.
> 한정희

그녀에게는 기자로서 글을 쓰는 순간이 가장 중요했고, '글 쓰는 사람'으로서의 자의식이 강하게 작용했다. 요컨대 그녀는 기자라는 정체성을 직장인이라는 정체성이나 기업·착취·산업의 문제보다 더 우선시했다. 이러한 지점은 이 책에 등장하는 다른 참여자들과 구별되는 점이면서, 한편 그녀가 일이 갖는 의미와 재미를 중심으로 하는 문화적 정체성을 직장에서도 여전히 유지하고자 했으며 또한 부분적으로 이를 '성공'시킨 것으로도 읽힌다.

그녀가 C패션지에서 퇴사한 후 D잡지사로부터 기자직을 제안받았던 때의 이야기는 이러한 모습을 잘 보여주는 예다. D잡지는 구매력이 높고 하이-엔드 라이프 스타일high-end life style을 즐기는 상위 계층을 독자층으로 하는 멤버십 매거진이다. 이러한 D잡지의 특성은 그녀로 하여금 이 잡지사에 합류할 것인가 말 것인가의 고민에 빠지게 했다. 대기업에서 운영하며 '사장 안방으로도 배달되는' 잡지에 실리는 기사들은 데스크와 기업의 구미에 맞는 글이 되어야 할 것이 뻔했기 때문이다. 고민에 빠진 그녀에게 편집장은 이 잡지의 독자들이 높은 구매력과 경제적 능력만큼이나 고급문화에 대한 욕구와 갈증이 있으며, 이를 "네가 다양한 문화에 대해 자유롭게 쓰는 것으로 충족시킬 수 있지 않겠냐"고 설득했다.

그렇게 그녀는 자유로운 기사를 쓰는 것을 조건으로 D잡지사에 합류했고, 이는 실제로도 잘 지켜졌다. 경제적 자본뿐 아니라 문화 자본까지도 흡수하고 있으며 이에 포용적이고 세련된 현대 중상층中上層의 특성이 그녀의 '기사의 자유'를 보장해줬던 것이다. 물론 패션지라는 특성 자체는 기사 안에서 다룰 수 있는 주제의 제한성을 이미 가지고 있다. 아무도 패션잡지에서 심각한 토론을 원하지는 않는다. 그렇기에 패션잡지의 기자는 어떠한 논쟁거리에 관해서든 독자를 불편하게 하지 않는 선에서 적당히 쓸 것이 요구되는 자신의 위치를 잘 알고 있다. 데스크나 기업의 직접적 압박보다 기자의 자체적인 검열이 선행한다. 이것을 패션지 기자의 직업윤리로 해석할 수도 있겠다. 자신의 독자가 원하는, 자신의 글이 배치되는 생태계를 파악하는 데에서 가능한 제한선인 것이다.

문화의 다양성과 취향의 쿨함을 일종의 '애티튜드'로 갖고 있는 중상층의 문화적 욕구는 높은 '미적 감식안'이라는 말로 설명된다. 한정희는 자신의 일과 이직을 전적으로 자신의 '선택'에 의한 결정으로 연결 짓고 있다.

인간이란 존재는 자기가 한 선택에 대해서, 그 선택 안에 자기가 담겨 있잖아요. 누가 민 건 아니에요, 내가 날 (그 선택 속에) 밀어 넣은 거라서. (중략) 왜냐면 내가 선택했잖아요. 저는 그걸 진심으로 즐기면서 일을 했고, 내 양심을 다해서 일을 했고…….

한정희

그녀에게는 자신이 선택한 일인 이상 책임과 최선을 다하는 것은 당연했다. 하지만 한편으로 그녀의 말대로 입사라는 형식을 통해 공식화되는 개인의―직장과 일에 대한―'일차적 선택'은, 노동자로서 일에 대해 최선을 다함과 동시에 회사에 대한 복속까지도 '자발적'으로 허락하는 것으로 이해되기도 한다. 아래 이명선의 말을 보자. 한정희와는 좀 다른 결 위에서 읽힐 것이다.

'이제 우리 회사에 목구멍이 포도청인 사람 없지 않냐, 돈 때문에 회사 다니는 사람 없지 않냐, 다 자기실현해라, 회사에서. 더 미친 듯이 일해라' 그런 거거든요. 그런데 목구멍이 포도청인 사람이 대부분이에요. 본인은 그렇겠지만 우리는 아닌데……. (웃음) 자아실현해라, 그러지 않을 거면 나가라. 자아실현은 무슨 개뿔, 돈 벌려고 다니는 건데. 그렇게 착각하고 열심히 일해서 자아실현이 될 거라고, 그렇게 생각하잖아요, 스펙 쌓는 대학생들이. 그 경계가 되게 모호해지는 거잖아요.

이명선

나와 함께 《피로사회》에 대해 대화하던 도중, 이명선은 자신이 직장에 다닐 때 연단에서 직원들에게 '자아실현을 하라'고 강조했던 회사의 대표 이야기를 들려줬다. "돈 때문에 회사 다니는 사람 없지 않냐, 다 자기실현해라, 회사에서. 더 미친 듯이 일해라"라는 대표의 발언은 전형적인 경영주 입장의 이야기다. 자신의 회사 직원들을 목구멍이 포도청인, 즉 생계를 위해 일하는 노동자라기보다는 Q사라는 세련된 이미지에 걸맞은 창조 산업의 '기획자', '디자이너', '개발자'들로 간주하고 있다. 그야말로 직원들이 자신의 열정과 재미를 좇아 여기에 있는 것이라고 가정하는 것이다. 하지만 그녀가 경험적으로 보기에 사람들은 자아실현을 위해 회사에 들어간다고 생각하지만, 결국은 돈을 벌기 위한 것일 수밖에 없다. 막상 회사에 들어가 보니, 자기실현적인 내 일을 하기보다는 시켜서 하는 타율적인 일을 하게 되는 것이 현실이기 때문이다.

그러다 보니 회사 생활을 하면 할수록 일 외에 자신이 즐길 수 있는 취미 생활과 관심을 두고 싶은 사회적 활동을 지속하기 어렵게 된다. 또한 그렇게 자신과 비슷한 입장의 사람들이 주변에 많아지다 보니, 그녀가 관심 갖는 사회문제 등에 대해서 얘기할 사람도 시간도 없기에 이를 실천하는 일은 더 힘들다.

> 대학 다닐 땐 그게 되게 중요하잖아요, 신념이. 세상을 바꾸고 싶고, 그런 거. (웃음) 그런데 그걸 계속할 수 있는 형태가 없는 거 같아요. 회사에 들어가면 단절되는 거죠.
> **이명선**

그녀는 스스로를 '운동권'이라고까지 말하기는 어렵다고 하지만, 대학 시절 총여학생회 활동을 하는 등 사회적으로 진보적인 활동과 주제에 관심을 많이 가져온 편이었다. 계속해서 그러한 감수성을 이어가고 가능하면 실천도 하고 싶지만, 회사에 다니면서는 이러한 활동들과도 점점 멀어지고 급기야 '단절'되는 자신을 발견했다. 기껏해야 중요한 집회 있을 때 '우리 가볼까?' 하는 것이 다였지만, 그나마도 주말이 되면 주중의 밀린 피로로 집에서 쉬게 된다. 당시 그녀에게 회사 생활은 단지 돈을 벌기 위해서만 이어지는 일이었는데, 그 타율노동이 그 밖의 모든 영역의 자리를 꿰차고 있는 형국이었다. 때문에 과거에 자신에게 매우 중요했던 일을 실현하는 것은 엄두조차 낼 수 없었다.

지난 이명박 정권 때 대중 집회가 아무리 많이 열려도 정부가 밀어붙이는 정책의 방향은 변하지 않는 현실을 보고서 그녀는 좌절감이 들었다고 말했다. 그리고 이 좌절감은 그녀가 당시에 느꼈던 '무기력하고도 무력한' 자신의 위치와도 연관되어 있는 듯했다. 이렇게 인터뷰에서 자신의 변화와 관련하여 정치적·사회적 상황의 영향을 언급한 것은 그녀만이 아니었다. 김윤진은 일본에 갈 때는 노무현 정권이었는데 한국에 돌아오니 이명박 정권 때였다면서, 정권 교체 후에 사회가 '이해할 수 없게 바뀐 것'이 답답했다고 말했다. 이러한 모습은 정치적 불합리와 억압, 권위주의를 특히 못 견뎌 하는 그들의 코호트 특성을 통해서도 이해해볼 수 있다. 1990년대 청년 세대는 개인의 자유에 대해 가장 민감한 세대였다. 그리고 이 세대가 느끼는 '이해할 수 없는 불합리성'은 2008년 촛불집회나 시민운동 진영의 박원순 후보를 시장으로 탄생시켰던 2011년 서울시장 보궐선거 등에서처럼 이들을 정치적으로 열정적이게 만들기도 했으며, 또 한편 집단보다 '나'를 내세우며 정치에 대해 냉소적이게 만들기도 했다. '우리'나 '사회'가 아닌 '나', 정치가 아닌 '자유'를 외쳤던 20대 시절에 비해서는 정치에 대한 관심도가 증가했고, 복지국가를 지향하며 향후 정치에도 강력한 영향력을 행사할 수 있는 계층으로 성장한 X세대는 한때 광장과 SNS를 마치 축제와 놀이처럼 활용하며 정치적 주체로 떠올랐다.[35] 이러한 특성은 참여자들이 최근 한국의 정치적 변동 속에서 느꼈던 '답답함'과 '좌절감'을 가늠해볼 수 있는 대목이기도 했다.

그런데 한편에서는 이들을 '산업화와 민주화의 과실만 따 먹고 아무것도 이루지 못한', 때문에 겉은 화려하지만 속은 텅 빈 '도금 세대'라고 혹평하는 동세대의 목소리도 있다.* 실제로 20대에 그들이 무관심했던 정치적 변화는 지금까지도 영향을 미치고 있다. 이러한 무력함은 그만큼 한국에 도입된 신자유주의가 강력한 통치 체제로 진행되어왔다는 말인 동시에, 한국 사회에 자연스레 스며들었다는 의미일 수도 있다. '개인화'와 '능력대로'라는 이들의 가치관과 욕구가, 노동 유연화로 대

---

* "정작 그들은 무엇이 끝장났고 무엇에 저항해야 하는지조차 인식하지 못했다. 2000년대 내내 도금 세대는 앞선 세대가 만든 시장 질서의 하수인으로 살았다. 30대가 되었어도 2000년대의 신자유주의적 퇴행을 넋 놓고 바라만 봤다. 386세대나 산업화 세대처럼 자기 시대의 모순과 정면 승부를 벌여서 정치적 자산을 쌓을 기회도 흘려버렸다는 얘기다."
— 신기주, 〈가진 게 '추억'뿐인 1990년대 세대〉, 《시사IN》 383호, 2015년 1월 21일.

표되는 신자유주의 경제 질서의 욕구와 만나는 지점이 있었을 거라는 분석도 충분히 가능한 것이다. 이러한 경제 질서는 이제 이 세대의 노동자들에게 부메랑이 되어, 실존적 질문을 들이밀고 있다. 이런 식으로 계속해도 되겠느냐고.

자아실현, 능력주의, 창조의 현실화 등의 기업 문법은 참여자들이 허락하고 또한 추구했던 가치들을 고스란히 자본의 문법으로 등치시킨 격이었다. 그렇게 '똑같은 현상'이 결국 뒤집힌 채로 이용되고 있음을 깨달은 순간, 이명선은 참을 수가 없었다.

> 똑같은 현상인데 요렇게 뒤집으면 부글부글하는 거잖아요. 한번 뒤집으면 아, 이게 참을 수가 없게 되는 거 같아요. 그러면서 회사를 그만두게 되는 거고요. 제가 아는 언니도 뒤집혔는데, '못 해먹겠다'고, 내가 뭘 위해서 이렇게 괴로워해야 하는지 모르겠다고.
>
> **이명선**

노동자에게 '자아실현'에 대한 요구는 같은 말이라도 '뒤집으면 부글부글해지는' 이중의 언어다. 이처럼 한번 뒤집히자 참을 수 없게 되어 회사에 사표를 쓰고 나오는 데까지 이르렀던 그녀가, 일을 하고 회사에 다니는 사람들에게 특히 공부―어떻게 살아야 될지에 대한 공부―를 권하고 싶다고 생각하는 것도 그 때문이다. 인문학 공동체에서의 공부는 특히 그녀의 삶을 전환하는 선택을 하는 데 '결정적 계기'가 되었다. 산업사회에서 노동을 신성시하기 위해 얼마만큼 노력해왔는지에 대해 공부하던 중, 자신이 산업사회 이전 농노 사회에서는 4시간 이상 일하지 않았다는 노예보다 더 일을 많이 한다는 사실과 그 이데올로기가 널리 퍼진 지 얼마 되지 않았음을 알게 된 것은 충격적이었다. 밀려오는 정보를 '일방적'으로 수용하는 것이 아니라 다른 식으로 보게 되면 자신과 자신의 노동, 그리고 이를 구성하고 추동하는 언어들과 사회에 대한 관점이 '뒤집히는' 것이다. 최근 여가 시간을 인문학 공부로 보내는 직장인들이 특히 많아지고 직장인을 대상으로 한 인문학 강좌가 늘어나는 것은 단순히 인문학 열풍이 유행하고 있기 때문만은 아니다. 속도와 경쟁과 성장을 강요하는 스트레스 시대에 삶의 아주 근본적인 질문을 묻고자 하는 사람들의 틈새가 분명 존재하는 것이다.

다른 한편으로, 참여자들에게 직장 생활은 업무 공간과 관계를 통한 경험적 지식으로 이어지기도 했다.

> 많이 배운 거 같아요. 그러면서 시야도 좀 더 넓어졌고, 이게 콘텐츠가 문제가 아니구나, 그것보다 중요한 건 좋은 문화 환경이구나, 느꼈죠. 정부든 기업이든 문화 일을 하는 사람에 대한 인식도 부족하고, 일하는 사람도 죽어나는 구조 같아요. 버틸 수 없는……. 그나마 제가 연봉을 많이 받는 거예요, 이쪽에서. (중략) 이러다 보니까 여러 가지 사회 현안들에 대해서 옛날보다는 좀 더 생각을 하게 되고요. 아, 이게 하나로 풀리는 문제가 아니구나……. 뭔가 이런 거에 관심이 생기면서 노동에 대한 문제도 더 관심이 가게 되고, 마르크스 관련된 책도 최근에 읽었거든요. 《요점 자본론》 (웃음) 마르크스, 이름만 들어봤고 뭔지도 모르고 그랬는데 처음 읽어봤어요. 일을 안 했다면 몰랐을 거 같아요. **장현아**

장현아는 직장 내에서 겪는 부당한 변화와 기업 운영의 자본 논리를 여러 미시적 사건으로 겪고 그것과 얽힌 여러 관계들을 고민하면서, '중요한 것은 이를 둘러싸고 뒤섞여 있는 권력 구조와 같은 환경과 조건'임을 알게 되었다. 그 전까지는 눈앞의 실무를 처리하느라 정신이 없었지만, 돌이켜 생각해보니 이러한 사건들은 그녀가 자신의 노동 공간을 좀 더 넓게 보고 사고할 수 있는 기회가 되어준 것이다. 그녀는 그 과정에서 만나게 된 또 다른 공간의 노동자들과 '힘없는 노동자'로서의 일종의 연대감을 느끼기도 했다. K공간에서의 2년 동안의 경험은 그 전까지는 읽어보려고 생각한 적도 없던 마르크스 등 노동 관련 사회과학 서적에도 관심을 갖도록 했다. 이는 만일 그녀가 '일을 하지 않았다면 몰랐을 일'이었다.

　　이처럼 기업과 자본의 언어는 참여자들을 열정의 피착취자, 자본에 대한 복종자로만 만드는 것이 아니라, 이후 자신의 삶을 뒤바꿀 만한 변곡점으로서의 계기가 되기도 했다. 열정의 소모적이며 일시적인 '체험'에서 그치지 않고, 자기교육적인 '경험'으로 이어질 수 있던 것이다.[*] 지나간 과거의 경험은 현재와 완전히 단절되지 않으며, 앞으로 올 미래와 연속될 수 있다.

---

[*] '체험'과 '경험'은 일시성에서 차이를 갖는다. 순간적이고 시간적으로 빈약한 '체험'은 강렬하지만 일회적이다. 반면 시간적 확장을 바탕으로 하는 '경험'은 사라진 단순한 과거가 아니라 현재 자신의 이해를 형성하는 요소로 남게 된다(한병철, 2013).

모험에서
기업으로

　　문화·창의 분야의 직장은 하나같이 '열정', '창의력', '상상력'을 기반으로 하고 이를 주요한 이미지로 광고하는 곳이었다. 참여자들 역시 그것에 이끌렸으나, 직장 생활을 이어가면서는 점점 그곳이 기대와는 다른 공간이라는 것 혹은 처음과 달리 변해가고 있다는 것을 느끼게 되었다. 회사의 규모가 커지면서, 조직 개편이라는 이름의 변화가 내부에 가해지면서 점차 전후의 차이가 드러나 보이기 시작했다.

> 기업 정체성은 별로 없었던 거 같아요. 그때(입사 당시)만 해도 규모는 크지만 벤처 정신이 있어서……. 이후에 계속 달라졌어요. 관료화되고 조직이 커지고 그러면서요. 예전에는 위에서 어떻게 생각하는지, 위의 방향이나 이런 걸 걸러서라도 가깝게 전해 들을 수 있었는데 (이제는) 수직 구조가 많이 쌓이게 되면서, 이 조직과 내가 하나라는 느낌이 안 드는 게 전체적으로 있었어요.
> **이명선**

　　Q사의 초기 시절에는 '동아리' 같은 분위기와 '벤처 정신'이 있었다. 그러나 최근 몇 년 사이 급성장하면서 국내의 대표적인 대형 포털 사이트 중 하나로 자리매김함에 따라 내부의 관료화 및 기업화가 함께 진행되었다. 벤처 정신은 최근의 용어로 하면 '기업가 정신'과 다름이 없을 것이다. 기업가 정신이란 이윤을 창출하면서도 사회적 책임을 잊

지 않아야 한다는 것을 의미하는데, 사실 현대 한국 사회에서 이 기업가 정신은 후자보다는 전자가 확실히 더 강조된다. '벤처'는 이윤 추구를 목적으로 한다는 점에서는 '기업'과 마찬가지다. 그러나 '하이 리스크 하이 리턴High risk high return'으로 대표되는 '벤처 정신'이란 말을 사용할 때는 기본적으로 실패를 두려워하지 않는 도전 정신, 새로운 아이디어를 내는 창조성 등의 '정신적 가치'에 집중한다. 그렇기에 거기에는 '맨땅에 헤딩'과 같은 포부, 개척자 정신이 내포하는 쾌감과 아마추어리즘이 담겨 있다. 하지만 Q사가 사세를 확장하면서, 이 벤처 정신은 이윤과 자본의 논리를 더욱 중시하는 쪽으로 확실히 방향을 틀었다.

김종현이 다니던 출판사도 비슷한 전철을 밟았다. 역시 '으쌰으쌰 하는 도전 정신'의 분위기가 있던 초기에는, 회사 상황이 내부에서 잘 공유되었고 한 달에 한 번씩 직원들의 모임이 있어 서로의 관계를 쌓아갈 기회가 잦았다. 작은 규모이기도 했고, 초창기부터 함께 해오던 직원들이라 호흡이 잘 맞고 적극적인 피드백을 주고받으며 '서로 성장해가는 경험들'이 있었다. 그런데 이후 직원이 늘고 규모가 확장되고 출판사에 계열사 개념이 도입되면서, 내부 사정이 어떻게 돌아가는지는 몇몇 소수만이 아는 상황이 되었다. 그냥 돈을 벌기 위해 '버티는' 신입 직원들과 여전히 일에 의미를 부여하는 열정적인 기존 직원들 사이에 갈등이 생기기도 했고, 동료들끼리의 밀도도 떨어졌다. 예전에는 복도에서 만나도 무슨 팀 누구인지 다 알 수 있을 정도였는데, 이제는 새로 들어온 사람이 누구인지를 몰라 인사도 나누지 못할 정도로 익명화되고 경직된 직장 분위기가 형성되었다.

(연봉에) 예민했었어, 다들 목매달았지. 연봉 공개 금지의 법칙, 서로 알면 안 된다는 게 있었어. 연봉 계약서 안에 서약서가 있어. 연봉 협상 내용이 절대 타인에게 공개되어서는 안 된다. 명시돼 있거든. 그런데 다 무시가 돼. 서로가 다 알아. 순수 연봉은 똑같아도 S등급을 받으면 나보다 1,000만 원 더 받는다는 건데, 그 사람이 S인지 C인지는 몰라도—웬만하면 공개 안 하니까—서로 예상은 하지. 3퍼센트의 직원들이니 보통 한 팀당 한 명 정도 되거든. 상사한테 좋은 평가를 받았거나 그런 사람들 있잖아. 그 사람도 자기라고 인정하지 않고, 다른 사람도 함부로 묻지 않아. 서로 추측만 할 뿐이야. (중략) 다들 목매다는 거지, 특히 S등급 한 번 받은 사람은 월급 60만 원이 들어왔다 나갔다 하는데, 500만 원 들어오던 통장에서 440만 원 찍히면 기분 상하는 거지. 〔그게 구체적으로 팀원들 간에 경쟁을 불러왔는지?〕 그렇지. 평가 기간에 핵심이 되는 것들 있잖아. 자기의 오류나 이런 것들은 살짝 은폐한다거나, 인성 같은 것도 다섯 개 항목이 있거든, 그게 잘 보이도록 행동한다거나……

김종현

이러한 변화는 성과를 기반으로 한 직장 내 '구조조정'이라는 상호작용을 통해 더욱 촉진되었다. 그러나 구조조정이라는, 지극히 중립적이고 객관적으로 들리는 이 단어는 단지 인원 감축만을 의미하지 않는다.

조직 개편을 대대적으로 해가지고 내부 반향이 굉장히 컸는데, (팀을) 기능 조직으로 나눴어요. 서비스에 대한 오너십도 떨어지면서, 작은 조직

간의 밀착 같은 게 없고 되게 경쟁처럼 되는 거예요. 직원들한테 비딩
(bidding, 응찰)을 붙여서 좋은 작업에 대해 선택된 사람에게 맡기는 거예
요. 내부에서 경쟁이 심한 거죠. 그런 식으로 사람들을 관리하는, 그게
되게 컸던 거 같아요. 내가 기능 중의 하나구나……. 예전엔 서비스에
대한 애정들이 있었는데, 그 이후엔 계속 그런 식으로 사람을 관리하는
방식들 때문에 (애정이 사라졌어요.)　　　　　　　　　　　　**이명선**

어느 날 이명선은 한 본부장이 직원들에게 '너희 팀에서 일 잘하는
사람부터 못하는 사람까지 등수를 매기라'는 메일을 보냈다는 사실을
들었다. 곧 인센티브에 반영될 것이므로 '잘 생각해서' 하라는 것이다.
이전에도 팀원(조직원)들 간의 상호 평가가 있었지만, 이런 식은 아니었
다. 리더로서 적합하다. 일을 한다면 같이 또 하겠다 정도의 평가 문항
이었다. 그런데 이제는 조직들 간의 경쟁 구도로 기업 경쟁력을 높이고
자 하는 기업의 전략이 내려왔기에, 조직의 수장에게 많은 권한이 주어
지면서 평가 방식이 바뀐 것이다. 이는 곧 이기기 위해서는 어떤 방법
을 쓰든 각 조직의 재량에 맡기겠다는 면죄부와 다름없었다. 조직 간뿐
아니라, 직원 개인들 사이에서도 경쟁은 고무되었다. 자신의 콘텐츠로
다른 직원들과 일대일 대결을 하여 프로젝트를 '따내는' 식의 내부 경
쟁이 활발해졌고 직원들 간에 '서로를 탓하는' 문화가 만들어졌다. 모
두 조직 개편 때 이뤄진 변화들이다. 하지만 이렇게 기계적으로, 혹은
숫자로 평가하는 형태는 주관적인 평가의 영역을 반영하지 못한다. 기
꺼이 늦게까지 남아 작업하려는 태도라든가, 동료 노동자의 부족함을

대신 메워주려는 자세, 혹은 회사 자체에 대한 믿음 등 자료화할 수 없는 것[36]들, 즉 그 노동자의 생산성을 반영하는 데 실제로 매우 중요하게 판단되어야 할 요소들은 측정되지 못한다는 말이다. 한 사람의 총체성을 담아낼 수 없는 이러한 비인격화된 판단은 결국 회사 내의 권위와 신뢰와 협력을 부식시킬 것이다.

위와 같은 변화들은 이명선에게, 그나마 남아 있던 회사에 대한 애정과 자신이 만드는 서비스와 업무에 대한 책임감을 옅어지게 했다. 회사에서 자신은 '수많은 기능 중 하나'라는 생각이 들었다. 그녀는 이러한 소외감이 자신에게만 해당하는 것은 아니라고 생각했다. 업무란 회사의 운영과 기획이 통합적으로 이뤄져야 제대로 진행될 수 있지만, 조직 개편 이후 기능 조직들로 분화되면서 그 안에서 긍정적·화학적인 반응들은 사라져버렸다. 갈수록 경쟁이 심화되면서 이전에 있었던 '동료들끼리 좋은 관계'는 옛 추억이 되어갔다. 월급이든 인센티브든 안팎으로 경쟁이 치열해졌다. 철저하게 분절된 '비협동적 자아',[37] 이기적이지만 능력 있는 자아가 추구되는 것이다.

최근에는 '능력'이라는 뜻이 과거에 비해 협소해진 것 같다. 이전에는 좋은 인간관계, 맡은 일을 책임감 있게 끝내는 마음 자세, 일을 통합적으로 바라보는 관점, 그룹 내의 갈등을 잘 조율하고 해결하는 솜씨 등의 꽤 여러 의미들이 '능력'이라는 말에 포괄될 수 있었다. 이는 곧 한 사람을 평가하는 언어가 지금보다 훨씬 다양했음을 의미한다. 그런데 지금의 '능력'이란 자신의 성과를 최대한 돋보이게 하며, 커다란 돈으로 되돌아올 수 있는 재주를 가진 사람에게 주로 사용되는 듯하다. 능력 있는 사람은 단순히 말해 좋은 직장에서, 돈을 잘 벌어들이는 사람을 뜻하는 것이다. 단적으로 결혼 시장에서 '능력 있는 배우자'란 표현을 떠올려보라.

K공간에서는 장현아가 입사한 지 두 달 정도 되던 때에 팀제 개편이 이뤄졌다. K공간은 문화·예술을 대중적으로 소개하는 공간이었음에도, 기업 논리는 어렵지 않게 적용되었다.

예산이 줄었기 때문에 팀별 카드도 뺏기고, 야근 교통비도 안 나오고, 그래서 야근하다가도 11시 30분엔 무조건 집에 가야……. 암묵적으로 K공간이니까 감내해라, 이런 것도 어느 정도 있었던 거 같은데. 대학생들한테 워낙 환상을 주는 곳이고, 여기서 일하고 싶다는 사람은 쌨고……. 저도 최종 면접 본 날부터 일을 시작했어요, 정장 입고. (웃음) (중략) 창의적인 분위기라면 굉장히 재밌게 일할 수 있는 사람들인데, 갇히는 거예요. 엘리베이터를 탔는데 다들 너무 우울한 거죠. K공간이 겉으론 자유분방해 보이고, '일하는 사람들 정말 좋겠다. 창의적이고, 여기서 일하면 아이디어가 솟을 거 같아' 이렇게 생각하지만……. **장현아**

실상은 보이는 것과 많이 달랐다. 계약직이던 장현아는 1년마다 연봉 계약을 새롭게 했다. 나중에 연봉 협상을 할 때는 이전과 다르게 연봉에 교통비, 식대 등이 포함되어 있어서, 어찌 보면 눈 가리고 아웅이나 꼼수를 쓴 격이라고 볼 수 있었다. 이전에는 따로 제공되던 교통비, 식대 등이 이제는 쓸수록 노동자가 손해인 구조이므로 스스로 알아서 조절하라는 것이다. 그러나 도저히 야근을 안 할 수 없는 업무량과 구조였다. 여전히 야근은 거의 매일같이 이어졌다. 크게 엄격하지 않던 출퇴근 등의 근태 관리도 강화되었고, 순수익을 얻을 수 있는 공간 대관 서비스에 집중하라는 지시가 내려왔다. 하지만 이렇게 근무 환경이 점점 열악해져도 워낙 대외 이미지가 좋은 K공간이므로, 회사는 별걱정을 하지 않았을 것이다. 직원이 그만둬도 여기서 일하고 싶다는 사람은 '쌔고 쌨다'고 생각할 것이다. 계약직이라는 단기 노동자가 그만둬도 금방 그 자리를 대체할 인력은 사회에 넘쳐난다. 2015년 1월의 기사에 따르면, 한국의 청년 취업자 5명 중 1명은 1년 이하 계약직으로 직장 생활을 시작하고 있고, 그중 정규직으로 전환되는 비율은 10명 중 1명에 불과하다. 또한 그 10명 중 7명은 계속 비정규직으로 일하게 되고, 2명은 그나마 계약직으로라도 있던 직장마저 잃어 실업 상태가 된다. 바로 이렇게 계약직, 비정규직 등의 단기 불안정 일자리가 그렇지 않은 일자리보다 훨씬 더 많은 지금,[38] 정규 노동 구조에서 튕겨져 나오는, 재계약되지 못하는 인력들이 어쩔 수 없이 넘쳐나고 있기 때문이다.

K공간의 팀제가 개편되면서 팀명과 직위명에도 변화가 생겼다. 사업부와 지원부, 즉 수익을 낼 수 있는 팀과 그렇지 못한 팀을 기준으로 통폐합이 이뤄졌다. 매니저, 스텝 등의 명칭은 팀장, 과장, 대리 등 일반 기업들의 명칭을 따르게 되었다. K공간이 문화·예술 공간의 형식을 띠고 있지만 이곳이 갖는 특수성을 기업 논리의 보편성 속으로 포섭함으로써, 이를 문화·예술이라는 이름의 또 다른 기업으로 은밀히 전환하고 있음이 단적으로 드러나는 부분이다. 형식이 내용을 규정하게 되

기도 하는 것처럼, 팀명과 직위명 등은 사소한 형식적 부분이기도 하지만 동시에 그 공간의 정체성을 확연히 드러내는 요소이기도 하다.

'젊은이들의 꿈을 지원하던 공간'에서 점점 매출 쪽에 주목하게 되는 K공간의 이러한 변화는 장현아를 비롯한 직원들의 사기를 떨어뜨렸다. 젊은 세대 직원들은 모이기만 하면 한숨을 쉬는 분위기가 이어졌다. 팀과 회사 전체적인 분위기도 점점 살벌해지기 시작했고, K공간에 들어온 이유가 채워지지 않으니까 점점 '시들어가는' 모습들을 보였다. 회사에는 '버틸 이유'가 있는* 사람들만 버티고 있는 듯했고, 기업화되어가는 공간의 논리에 맞춰서 '물갈이'가 된 것 같기도 했다. K공간의 홈페이지 같은 경우도 처음에는 편리성보다는 복합성과 미적 정체성을 추구하는 사이트였지만, 개편 이후에는 쉽게 매뉴얼화되고 첫 페이지에는 '빠른 예매' 창이 생겼다. 즉, 수익 우선이라는 원칙이 홈페이지에도 확연히 드러난 것으로 장현아는 해석한다.

그녀 역시 앞서 이명선이 증언한 Q사의 '비협동적 자아' 추동을 경험했다. 팀별 경쟁이 심해지면서, 팀별로 결과 발표를 하는 모습이 마치 선생님한테 칭찬받고 싶어 하는 것 같아 보였다고 말했다. 전체 회의에서의 결과 발표는 직원들끼리의 보고라는 성격도 있지만, 기본적으로는 '갑'인 K기업에게 보고하는 목적이었다. 매출의 압박이 거세짐

---

* 이 '버틸 이유'를, 장현아는 생계와 가족 건사 등으로 봤다. 뒤에서도 살펴보겠지만, 공적인 복지 등의 사회적 안전망이 거의 부재하다시피 하는 한국 사회에서 가족 부양의 변수는 직장인들의 미래 계획에 결정적인 요소로 작용할 수밖에 없다.

에 따라 결산보고에서 매출 실적을 강조하게 되고, 서로 다른 팀을 비난하기도 하는 등 '대세(기업화)를 따르는 사람들'과 '그러지 못하는 사람들' 사이의 간극이 점점 벌어지기 시작했다.

> 옛날부터 일했던 사람들은, 옛날엔 어땠는데, 이런 얘기 많이 해요. 공연판 문화판에 있던 사람들이다 보니까, 재밌게 하고 충돌을 일으키면서 하고 그런 게 있었는데 지금은 너무 규율 아래 있고, 규격화되고, 맞춰줘야 되는 평가 지수가 명백하고, '더 해라, 더 해라' 하고, 사업 계획 같은 것도 많이 조정되기도 하죠. 우리가 죽을 둥 살 둥 이번 해에 2퍼센트 맞췄는데, 내년에 더 하란 거예요. (웃음) 일을 재밌게 할 수 있는 구조라면 그래도 하겠는데, 일 압박은 들어오고 돈은 줄고 일은 더 빡빡해지고, 내라는 보고서는 많아지고. 주간 보고, 월간 보고, 집계, 매출액, 이번 주 계획, 다음 주 계획…….
>
> 장현아

그녀는 당시 분위기를 살얼음 같고 삼엄했다고 묘사했다. 예전 같은 담론—하위문화, 파인아트fine art 등의 주제—을 다루거나 논의할 수 없어졌고, 매년 사업 발표의 중심에는 매출이 차지했다. 이것은 K공간 직원들에게도 보람과 재미를 앗아가는 변화였지만, 그녀는 특히 이용자 입장에서 무료로 접할 수 있는 문화·예술 콘텐츠가 줄어든 점을 매우 안타까워했다. 대기업에서 운영하는 문화공간이라 기업 이미지 제고를 위해 중요한 곳이기도 하겠지만, 사회 공헌이 전형적인 '돈이 안 되는' 부분이기에 모기업에게도 K공간은 비용 부담이 되는 사업이었다.

우리가 돈을 지원받아서 하는 거고 그게 정부 돈이 아니라 기업의 돈인데 어느 정도까지 책임을 물을 수 있을까, 요구할 수 있을까, 그런 생각도 들어요. 사회적 책임으로는 권리가 있지만, 우리 목적을 위해 얼마만큼 요구할 수 있을까……. 우리가 사회의 시민으로는 권리가 있지만, 솔직히 일을 한다고 해서 권리가 있는 건 아니잖아요. 우리가 복지를 요구할 순 있지만 그런 내용적인 걸 우리가 부딪치기에는, 그럴 권리까지 있을까 싶은 거죠. 우리의 대표인 중간자들이 문화적인 걸 어필해줄 순 있지만, 못 하는 거예요. 현실적인 상황들에 끌려가는 거죠. 을이고, 당장 돈 나오는 건 K기업이고요. 더구나 점점 강도가 세졌던 게, 팀의 통폐합이 아니라 K공간의 존폐 위기였어요. 걸핏하면 없앤다는 말들을 하고, 분위기가 진짜……. 파트장들이 하는 말은 항상 "분위기 안 좋다, 분위기 안 좋다"였고, 그러니까 파트장들한테도 크게 뭐라 말하기도 힘든 분위기였어요.

장현아

이윤을 추구하는 사기업의 입장에서 K공간과 같은 문화·예술 사업은 크게 이윤이 나지 않는 일이기에 그 공간의 유지에는 전적으로 기업 대표단의 의지가 크게 작용할 수밖에 없다. 말 그대로 사회적 공헌과 사회 환원을 목적으로 한다면 이윤이 나지 않는 상태를 감수할 테지만, 단순히 이미지 제고의 효과를 노렸다면 그 지원은 오래가기 어렵다. 문화·예술 영역은 이윤을 내기가 쉽지 않은 환경이고, 때문에 자립 역시 쉽지 않다. 장현아의 K공간을 맡은 K기업 사회공헌팀 직원들도 이미 이러한 상황에서 위축된 상태였다.

이것은 K공간이나 그 공간을 운영하는 K기업 문제로만 보기는 힘들다. '문화의 경제화' 현상 이후 문화·예술 등은 그 자체가 의미를 띠는 목적이 되기보다는 수단으로 자리매김되고 있다. 그야말로 경제적 가치, 팔리는지를 기준으로 소중함의 여부가 결정된다. 신자유주의의 기본 가치는 어떤 면에서는 굉장히 평등하고 간단하게 적용되는데, 노동력이든 생명이든 문화든 물건이든 '돈이 되는지'의 여부로 그 평가와 생존이 결정된다는 점에서 그러하다. 소규모의 다양한 독립영화와 인디 음악, 공연 등은 설 자리를 잃고 있다. 혹은 '신선하게' 잘 포장해 대중 취향으로 탈바꿈되어 팔려 나가거나.

2011년, 지병을 앓다가 "쌀이나 김치를 조금만 더 얻을 수 없을까요?"라는 마지막 쪽지를 남기고 세상을 떠난 영화인 고故 최고은 작가는 문화·예술 창작자의 가난, 예술인에 대한 사회적 경시를 상기시키는 대표적인 이름이 되었다. 빈곤과 병과 싸우다가 떠난 이 젊은 창작자의 죽음은 우리 사회에서 문화와 예술이 어떤 모순적 이름으로 팔리고, 어떠한 슬픈 이름으로 소진되고 있는지 잘 보여준다. 반면에 〈어벤져스〉라는 할리우드 블록버스터 영화 촬영을 위해서 마포대교, 강남대로 등의 서울 한복판은 며칠 동안 통제되었다.* 이러한 현실 속에서, 이제 문화란 무엇인가?

문화와 예술이라는 말 자체가 하나의 '자본'의 형상이 되어, 돈을 버는 한 방식으로 손쉽게 전환되었다. 사회 구성원들이 문화·예술 작품과 인프라를 경험하며 그것이 사회의 미학적·문화적·정치적 자산으로 확장되는 비가시적이고 거시적인 변화는 이제 독립적인 '가치 있음'

으로 존중될 수 없게 되었다. 무엇보다도, 구체적인 돈으로 되돌아와야 한다.

문화와 예술이라는 이름은 이제 가장 '잘 팔리는' 이름이 되어버렸다. 기업에서는 갈수록 치열해지는 시장 경쟁에서의 우위를 확보하려 하고, 이런 상황이다 보니 K공간마저 마케팅과 이윤의 수단으로 이용되고 있다. 이러한 현실적 상황을 알기에, 장현아는 과연 자신이 어떤 책임과 어떤 요구의 언어를 표현할 수 있는지 혼란을 느꼈다. 문화·예술의 본래 목적을 지키라는 이야기를, 그저 '악의 없이' 자신이 속한 시장의 경제 논리에 충실할 뿐인 기업에게 과연 어디까지 요구할 수 있나? 문화·예술의 '본래 목적'이라는 것 역시 전도되고 있는 시기인데 말이다. K공간은 모기업의 예산 배정에서 전혀 자유롭지 않을뿐더러 만약 현재 야생의 시장에 던져진다면 자립할 능력이 없다. 그렇기에 존폐의 위기는 어디까지나 모기업 K사의 재량에 달려 있고, 내부에서는 이를 통제할 수 없다.

그러던 어느 날, K공간 건물 외벽에 층별로 공간 안내 시트지가 붙여진 '사건'이 있었다. 장현아가 보기에 K공간의 존재 이유는 '복합적

---

*   "한예종 출신 시나리오 작가 겸 영화감독. 서른을 갓 넘긴 청춘은 그렇게 떠나고 자극적인 문구들만 남았다. 어느 변두리 단칸방에서는 '문화'가 죽어가는데, 인구 천만 명의 대도시 한복판에서는 '문화'가 특권을 누린다. 차이는 결국 자본의 힘이다. 길을 틀어막을 수 있는 힘. 국가만이 가졌던 그것을 이제는 자본이 가져간 셈이다. 정확하게 말하면 자본에 대한 자발적 굴종일 것이다."

        — 류동민, 《서울은 어떻게 작동하는가》, 코난북스, 2014, 242쪽.

인', '문화적인' 것을 느끼게끔 하는 것인데, K사 대표는 이를 마치 쇼핑 몰처럼, 고객들이 원하는 공간을 편리하고 획일적으로 안내받을 수 있 도록 단순한 공간 알림판 배치를 요구한 것이다. 또한 평가 방식이 집 객수·매출·소셜 네트워킹의 언급 빈도수 등으로 바뀌다 보니, 점점 유 명 스타들의 전시를 끌어오는 등 '돈이 되는' 사업에 초점이 맞춰졌다. 장현아에게 이는 문화공간의 의무와 역할에 어긋나는 것이었고, 같은 고민을 하는 직원들의 근심은 함께 커졌다.

그녀는 K공간 동료였다가 지금은 다른 문화공간으로 옮겨 간 사람 의 이야기를 했다. 둘 다 휴일에 일 생각을 하는데, 그 내용은 전혀 다 르다는 것이다. 자신은 지출결의서, 보고서, 돈 벌 방안 등을 염려했지 만 그 동료는 앞으로 어떤 전시와 기획을 할지 등을 고민했다. 또한 '담 론이 얼마나 형성되느냐'로 평가되는 동료의 전시공간과는 달리, K공 간과 자신의 노동은 돈과 집객수 등 가시적 지표를 통해 평가되었다. 동료는 K공간의 급여에 훨씬 못 미치는 월급을 받고 있지만 지금이 더 좋아 보였고, '칼퇴'하는 건 아니지만 지금이 더 재밌다고도 말했다. 장 현아의 회의는 점점 커졌다.

결국 장현아가 사표를 내던 날, 그녀는 팀장에게 "K공간에는 더 똘끼가 있어야 한다"라고 말했다. 되돌아온 대답은 이랬다. "옛날엔 그 랬지만, 지금은 어쩔 수 없는 상황이 되어버렸어."

저도 '회사의 주인이 나'라고 생각했거든요? 그런 큰 착각을 하고 있었 죠. (웃음) 회사에서 이런 우스갯소리가 있었어요. 누구나 자기 의견을 갖고 있잖아요. 그래서 의견을 내세우지만 그분(회사 대표)은 위에서 이렇게 말하죠. "회사 네 거 아니야, 네 맘대로 하지 마." (웃음) 윗사람에 대한 불신이 엄청 크죠. 어차피 그분들도 자기 목이 중요하기 때문에. (중략) 일을 하는 것처럼 하지만 결국은 하지 않는, 그냥 흐름에 쭉 묻어가면 오래 남는 거예요. 그런데 뭔가 자기주장이 강하다 싶으면 커트되거나 자기가 나가거나 그러죠. 그래서 밑에서 '이런 거 하면 좋겠어요' 해도 '야, 오버하지 마!' 이런…….

이명선

의미도 없고 재미도 없단 생각을 했어요. 점점 변해갔으니까……. 초기엔 힘들어도 재밌었어요. 새로운 경험들이 많으니까요. (중략) 일적으로만 하지 않으려고 늘 노력했기 때문에, 일하는 의미를 두고 싶었기 때문에 노력을 많이 했는데……, 그게 이중덫이었던 거 같긴 해요. 좀 더 내려놨으면 더 오래 버틸 수도 있었을 텐데, 더 잘하려다 보니까.

장현아

점점 내 일이 내 일이 아니게 되는 거. 회사도 마찬가지야. 이익을 추구하기 때문에, 내 스스로 이해가 안 되는 일들을 하게 돼. (중략) 내가 만든 책에 대해서, 내 연차는 많아지는데 내가 결정할 권한들은 점점 줄어드는 느낌을 받게 되고……, 노동소외의 한 양상이지. 노동의 결과물이 내 의지와는 상관없이 양산된다는 느낌. 내가 점점 부품화되는 느낌이 들고. 내가 아무리 한 달 가까이 야근하고 휴일 근무를 해도 이것(이 일)이 다 나의 것인가, 내가 의미 있는 일을 하고 있는 것인가에 대해서…….

김종현

'노동자 개개인이 바로 이 회사의 주인이다' 혹은 '너의 일을 사랑하라'는 정언은, 노동력을 최대 이윤을 내기 위한 장치로 만들기 위해 노동자 개인에게 직접적으로 침투한 일종의 자기계발 담론이었다.[39] 그러나 참여자들이 이러한 노동 공간을 실제로 겪으며 알게 된 사실은, 그것이 '착각'이고 실제 그 일은 '나의 것'이 아니며 심지어 자신을 가두는 '이중덫'의 기능을 한다는 것이었다.

　회사는 '위기 담론'을 앞세워 노동자들을 열정과 '자기실현' 속으로 몰아넣고, 위기를 핑계로 구조조정을 하면서도 실제로는 여전히 생기는 이윤을 챙긴다. "주주도 대리인일 뿐이고, 주식이 주인일 뿐"임을 역설하는《기업은 누구의 것인가》를 읽고서, 자신이 이제까지 복무해오던 곳이 내가 주인이기에 주체적으로 발전시켜야 하는 공간이 아니라 진짜 주인인 '주식님'을 위해 봉사하는 곳임을 알게 되었다는 이명선의 말은 주목할 만하다. 노동자에게 '주인처럼' 일하라고 말하지만 이는 오직 열심히 일하라고 회유할 때만 해당된다. 정작 이윤은 주식만을 키울 뿐이다. 때문에 회사에서 적극적으로 의견을 개진하고 아이디어를 제안하는 주체적 노동자는 '회사, 네 거 아냐'라는 냉소적 비아냥거림이나 '오버하지 마'라는 실질적 충고를 거쳐 현실로 내려오게 된다. '회사의 주인은 나', '내 일', '나의 것', '일하는 의미' 등 열정과 의미를 갖고서 일하고자 했던 이 열정노동자들이 발화한 언어들은 결국 주체의 빈자리를 보여준다.

　반면 또 다른 참여자인 박래연과 이경일의 경우, '직장'과 '일'에 대해 갖고 있던 관점이 조금 달랐다. '그저 일'로 받아들였기에 내가 감당할 수 있는 수준으로 자신의 에너지를 지키면서, 오히려 자신의 생활을 위한 '도구'로 일을 생각했다.

전 그걸 일로 받아들였던 거 같아요. 처음에는 특히 내 에너지 많이 안 쓰고, 조금 벌고, 내 삶을 더 천천히 살 수 있는 하나의 수단, 도구로만 생각했던 거죠. 근데 점점 그런 게 익숙해질 무렵이 되니까 그때는 이미, 뭔가 나는 실무자나 상근자 느낌이지 활동가라는 정체성을 별로 못 가지겠더라고요. 그냥 일이 잘 돌아가게 하는 데 필요한……. **박래연**

○○○ 같은 경우는 굉장히 좋은 직장이에요. 제가 봤을 때요. [월급도요?] 사실 나쁘지 않죠. 왜냐면 일하는 강도나 이런 걸로 봤을 때 '여기 훌륭한 직장이다'라고 생각했어요. 처음부터 저는 '직장'으로 들어갔어요. 생협 운동을 한다, 이런 생각 안 하고. 다른 일을 하면 사실 훨씬 힘들죠. 어떻게 보면 (○○○에서 일하는) 사람들은 굉장히 운이 좋은 거예요. 그런데 그 사람들은 모르더라고요. 자기네들의 일이 힘들다, 라고 생각하더군요. [그런데 왜 그만두셨어요?] 재미없잖아요, 돈 버는 임금노동. **이경일**

광고 회사에 사표를 낸 박래연은 생태 운동을 하는 NGO의 활동가로 일하게 되었다. 당시 활동가, 시민운동 등에 대한 이해나 큰 뜻이 있던 것은 아니었지만 주 3일이라는 근무 조건과 '좀 적게 벌어도 내 개인 시간을 갖고' 살 수 있는 환경, 생태를 위한 활동이라는 일의 성격도 마음에 들었다. 당시 워낙 광고 회사에서 스스로가 소진되는 경험으로 지쳐 있었기에, '돈을 조금 덜 벌지만 일반 직장보다는 개인 시간 활용이 가능한 직장'으로서의 면모를 잘 활용하고자 했던 것으로 보인다.

보조 참여자인 이경일의 경우 '돈 버는 임금노동'으로서의 직장이 가질 수 있는 위치와 한계를 이미 처음부터 파악하고 있었다. 그는 애초부터 자신은 '직장'으로 여기며 생협에 들어갔다고 말했다. 생태 운동이나 농업 운동 등의 가치와 아예 동떨어진 선택은 아니었지만, 그렇다고 적극적으로 이를 일치시키려 하지도 않았다. 그가 근무하던 생협도 이윤 논리를 좇아 협동조합의 가치와 어긋나는 경영으로 재편되고 있는 실정이었으나, 그것이 큰 갈등 지점이나 문제 제기를 할 만한 '거리'가 되지 않았던 것도 그 때문이다. 그는 종속된 노동, 스스로 주체성을 갖기 어려운 환경 속에서 임금노동이 띨 수 있는 성격을 미리 파악하고 있었던 것이다. 대부분의 열정노동자들이 직장을 '놀이(흥미)'의 연장선 위에서 이어가고자 했던 것에 비해, 이들의 경우 현실적으로 그 둘을 철저히 구분함으로써 오히려 노동 – 놀이(흥미) 간의 본질적으로 합치될 수 없는 차이를 부각시켰다는 점은 눈에 띈다. 그러나 이들의 선택 역시 스스로가 어떠한 독특성을 갖지 못한, 거대한 노동 체제 속 하나의 '부분'으로 위치하고 있음에 대한 고민의 발로로 여겨졌다.

2

살아남지 못하리라는
예감

무례한 노동 공간[*]
: 영원한 미생 프로젝트

참여자들은 자신의 직장이 갖는 특유의 성격으로부터 각기 다른 경험을 했다. 그럼에도 회사에 사표를 쓰게 된 계기에서는 서로 겹칠 수밖에 없는 부분들이 생겨남을 알 수 있었다. 이것은 노동사회인 현 시대에 대한 스케치이기에 그렇다. '고용된' 상태는 자신의 삶과 일을 점점 어긋나도록 만들고, 이는 결국 참여자들에게는 '튕겨 나옴'의 결과로 이어졌다. 이 책의 1장이 글로벌 컨설팅 기업, 국내 대기업 등 고소득

---

[*] 이 제목은 세넷의 《투게더》(2013) 한국 번역판의 본문에 쓰인 동명의 소제목 '무례한 노동 공간: 일터에서 어떻게 사회적 관계가 사라졌는가'에서 빌려 온 것이다. 이 '무례함'은 구성원들 간의 사회적 관계를 무화시키는 '예의의 종말'을 설명하는 것이기도 하지만, 신자유주의적 논리에 의해 재편되는 노동 현장이 그 구성원들이 존엄성과 자존감을 지키며 일할 수 없는 공간이라는 의미를 함께 포함한다.

전문 직종과, 잡지사와 문화공간 등의 문화·창의 직종, 두 공간 각각의 특성을 구분해 전개했다면, 2장에서는 그러한 공간적 구분선을 허물고 현재 한국 사회에서의 노동 공간 성격을 좀 더 포괄적으로 다뤄보려 한다.

이 책에 등장하는 '퇴사'는 단지 다니던 '회사를 그만둔다'는 중립적인 하나의 사실만 의미하지 않는다. 사표 내기를 고민하고 실행한 참여자들에게 이것은 타율노동의 피고용자로서 타성에 종속되기 쉬운 위치를 더 이어가지 않겠다는 거부, 자발적 퇴거라는 보다 적극적인 의미를 띠는 것이다. 노동소외의 경험, 삶과 분리되어가는 노동의 경험은 한 회사에서 다른 회사로 이동함으로써 해결될 수 있는 부분이 아니기 때문이다. 이윤·자본 논리가 아닌 '가치(의미)' 중심의 주체적 공간으로 옮겨 가고자 한 참여자들의 이후 경로가 이를 암시한다.

그들은 상층회로와 글로벌 세계를 가로지르며 자신의 능력을 인정받는 엘리트 노동자로, 일을 재미있는 취미처럼 하는 열정노동자로 살아갈 수 있으리라 생각했다. 그러나 어쩌면 그렇게 살아남지 못할지도 모른다는 예감은, 그리 늦게 찾아오지 않았다.

관리될 수 없는
불안

산다는 건 그런 게 아니겠니

원하는 대로만 살 수는 없지만

알 수 없는 내일이 있다는 건

설레는 일이야 두렵기는 해도

산다는 건 다 그런 거야

누구도 알 수 없는 것

— 여행스케치 4집(1994), 〈산다는 건 다 그런 게 아니겠니〉 중에서

요즘도 종종 라디오에서 나오는 이 노래는 결혼하고 아이 엄마가
된 친구를 오랜만에 만난 이야기를 가사로 담고 있다. 노래 속 주인공
들에게, 아직 오지 않은 시간인 미래未來는 기대와 호기심의 대상이었
던 것 같다. 앞으로 나에게 어떤 일이 일어날지, 누구를 만나 어떤 삶이
펼쳐질지 '알 수 없는 내일'은 두렵기도 하지만, 무엇보다도 설레는 일
이었다. 예측할 수 없기에 더욱 재미있는 것이 사람의 인생이라고 여겨
졌다.

그로부터 20여 년이 지난 지금, '알 수 없는 내일'은 설렘보다 공포
로 다가온다. 2010년대의 시대정신은 '불안'이다. 아직 20대인 내 친구
들도, 아니 10대 청소년들까지도 '불안하다'는 말을 버릇처럼 달고 산
다. 친구들은 올해 계약이 끝나고 난 뒤의 재계약을 고민하고, 당장 내
년을 모면한대도 궁극적으로 '제대로 살아갈 수나' 있을지 문득문득 두
려워진다고 말한다. 이러한 실존(생존)적 공포, 영혼을 잠식하는 불안,
공기 곳곳에 스며든 불안의 유동성에 대해 전혀 알지 못하는 사람이라
면 지금의 이 사회를 제대로 보지 못하고 있는 것이라 평해도 틀린 분

석은 아니리라.

우리를 둘러싸고 있는 것은 당장 내일, 내년이 어떻게 될지 모르는 환경이다. 미래, 미래, 미래의 연속이다. 인간에게 '알 수 없는 내일'은 늘 존재해왔다. 하지만 이제 미래가 설렘이 아닌 불안으로 귀결되고 있는 까닭은 그것이 기본적인 삶 자체를 위협하는 수준의 '알 수 없음'이 되어버렸기 때문이다. 예측 불가능한 미지의 세상은 나를 생존경쟁의 구석에 몰아넣고, 이 공간이 언제든 날 적대시할 수 있다는 마음가짐으로 살도록 내버려둔다. 불확실성과 불안감은 직장에서의 안정성 여부에서부터 산업구조의 상황에까지 널리 퍼져 참여자들에게 영향을 미치고, 이는 개개인의 삶 전반에 파문을 일으켰다.

한정희가 종사한 패션잡지계는 광고 수익에 전적으로 의존하는 구조다. 패션지의 명품 브랜드 광고의 경우 과거, 경기가 좋은 시기에는 고액의 광고를 1년씩 계약했다. 하지만 이제는 3개월 단위로, '상황을 보고' 재계약을 하는 식이다. 그리고 한국 경제 시장이 하락세에 있기 때문에 이미 많은 해외 브랜드가 한국에서 떠난 상태다. 이제까지 한국의 명품 시장은 최상위 계층이 아닌 중간의 '평범한' 계층 사람들이 그 수요를 지속적으로 늘려왔다. 그러나 최근 경제 상황이 나빠지면서 중간 계층이 가장 먼저 소비를 줄인 것은 사치품이라 불리는 명품 브랜드였다. 늘 고가의 브랜드를 구매해온 고정 구매층의 수요는 국내 입점 여부와 큰 상관이 없기에 더 이상 국내 입점의 메리트가 사라진 것이다.

이러한 과정에서 패션잡지의 광고 수익도 자연스럽게 축소되었다. 그 결과 잡지들은 2, 3개 잡지의 '끼워 팔기' 전략을 취하게 되었고, 이로 인해 잡지 기자들의 노동은 더욱 가중되었다. 뿐만 아니라 잘 팔리지 않는 잡지사에서는 당장 언제든 모기업에서 '다음 달부터 그만 만들라'며 잡지를 폐간시킬 수 있다는 불안감과 위기의식이 팽배해졌다.

K공간도 앞서 살펴본 바처럼 팀 통폐합 수준을 넘어 '존폐 위기론'이 거론되었고, 걸핏하면 없앤다는 말이 나돌았으며, 파트장들은 '분위기가 안 좋다'는 말을 버릇처럼 하고 다녔다. 자본의 출처가 외부에 있는 경우 내부의 자율성이나 독립성은 크게 떨어질 수밖에 없다. 회사에 '불만을 제기할 수 없는' 과다 업무, 직원들의 뜻이나 공간의 목적·의미와는 상관없이 이뤄지는 자본 논리로의 재편 등은 단지 한정희가 다닌 잡지사나 장현아가 다닌 K공간에서만 나타나는 문제가 아니다. 우리의 전체 사회 구조 속에서 '가치'는 돈이라는 일방적 지표로 환산된다. 그 공간/잡지/작품의 존재 가치가 판매 부수나 실적을 통해 증명되어야 하는 자본주의적 관점의 편협함이 문화와 노동의 자유를 옥죄고 있다. IMF 이후, 극단의 새로운 자유주의적 경제 이성은 참여자들의 노동 공간에 빠르게 진입해 들어왔다. 신자유주의 구조조정 과정은 '노동의 유연화'에 방점이 찍혀 있었다. 이것은 전적으로 노동자들의 희생을 담보로 진행되었다.

운영 업무는 자회사를 만들어서 내보내, 줄이는 게 이슈였어요. 신입 공채도 안 하고, 정규직 전환은커녕 외주로 돌리죠. 자회사도 만들고, 아웃소싱도 하고. 카페테리아에서 일하던 사람들도 우리 회사 조직이었는데, 카페테리아 자체를 ○○(아웃소싱 업체)로 넘기면서, "너네 ○○ 갈래,

아니면 그만둘래?" 하죠. 같은 공간에 같은 회사 사람으로 있다가, 외주 회사로 가면 굉장히 다르잖아요. 직접 경험해본 건 아니지만 그럴 거 같아요, 기분 나쁘죠. 필요 없는 부분엔 철저히 돈을 안 써요. 비용이 많이 들어가면 수익과 성장률은 떨어지니까 비용을 줄이는 게……, 되게 중요한 문제였죠.   **이명선**

한창 사세를 확장할 때는 직원들을 1년에 몇백 명씩 뽑던 Q사였지만, 웹 서비스의 포화로 성장이 정점을 찍은 이후에는 줄곧 '줄이는 게' 이슈였다. 즉, 필요 없는 부분에는 돈을 안 쓰겠다는 전략인데 그 타깃은 가장 손쉽게 떨굴 수 있는, 그저 '재계약 안 하면 될' 뿐인 노동자들이었다. 운영 업무는 자회사를 만들어 내보내고, 주요 업무와 직접적으로 연결되지 않는 지원 부서들은 외주화했다. 같은 공간에서 일하던 직원들도 이제는 정규직, 비정규직, 직접고용, 단순고용 등으로 위치(위계)가 달라진 것이다.

조직 개편은 명시된 규칙과 제도, 위치뿐만 아니라 많은 것들을 바꿨다. 처음에는 직원들에게 제공되던 셔틀버스나 매주 제공되던 과일 등의 작은 복지 혜택들부터 사라지기 시작했다. 또한 이전에는 회사에서 내부 동아리 활동을 지원하는 제도가 있기도 했고, 레포츠·음악 동아리를 비롯한 사내 모임 활동이 꽤 다양하고 활발하게 이뤄졌다. 그러한 활동들은 이명선이 좋게 기억하고 있는, '동아리 같은' 친근한 회사 분위기를 만드는 데 큰 기여를 했다. 그러나 조직 개편 이후 경쟁이 강화되면서 사정은 달라졌다. 모임 활동 지원금 제도도 사라졌고, 회사에서 '악기 연습하고 이런 걸' 위에서 좋아하지 않는다는 풍문이 들려왔으며, 더 이상 업무와 직결되지 않는 '나태한 생활'은 장려되지 않았다. 기업은 한편으로 회유 정치와 열정·감정의 자극을 통해 노동자를 관리하고, 또 한편으로는 직접적인 이윤과 기업에 대한 충성·성과의 압박을 가해왔다.

1970년대에 세넷은 현지 조사를 통해, 보스턴 공장의 육체노동자들이 강력한 '비공식적 연대'를 통해 고정된 작업niche-work, 즉 노동의 기계적 분업으로부터 오는 노동자들의 공식적 고립에 맞선 것을 관찰한 바 있다. 이러한 비공식적 관계는 다음과 같은 세 가지로 이뤄졌다. 첫째, 노동자들이 좋은 상관에게 그리고 상관들이 믿을 만한 직원에게 보내는 (비록 불평이 섞일지라도) 존경심과 이를 통해 이뤄지는 작업 현장의 예절civility. 둘째, 노동자들이 서로의 중요한 문제에 대해 자유롭게 이야기를 나누고 서로의 곤경을 돕는 것. 셋째, 작업장에서 일시적으로 문제가 발생했을 때 노동자들은 잔업을 하거나 일을 돕는 방식으로 동료들의 자리에 개입할 수 있었다는 것. 이러한 획득된 권위, 상호 존중, 위기 속 협력이라는 '사회적 삼각 구도'를 통한 노동자들의 연대는, 공장을 그들의 '천국'으로 바꾸진 못했을지라도 적어도 노동 경험을 '영혼 없는 것 이상의 어떤 것'으로 만들었다.[40]

하지만 그로부터 40년이 지난 뒤에 월스트리트의 노동자들을 인터뷰한 세넷은 노동자들이 운영진을 거의 존경하지 않으며, 동료들에게 갖는 신뢰는 피상적이고, 금융 재앙 속에서는 업무의 협력이 얼마나 취약했는지를 알게 된다. 현재의 노동 공간은 노동자와 경영진 사이에서

만이 아니라 동료에게마저 '무례해지고' 있는 것이다. 고립―사일로 효과silos effect[*]―은 협력의 명백한 적이며, 현대 작업장 분석가들은 이를 잘 알고 있다.

Q사는 외부적으로 '구글 지향적'인, 즉 자유롭고 창의적인 분위기를 지향하며 시작했다. 하지만 지금은 협력보다는 고립된 개인들의 경쟁력 확보로 방향을 확실히 잡았다. 고립은 협력의 명백한 적이지만, 경쟁 사회에서의 고립은 성과를 낳을 수 있는 강력한 압력이 되기 때문이다. 성과급 체제 등에 따른 차등적 대우 역시 내부 직원들의 연대를 가로막는 걸림돌이다. 성과를 내는 데 바쁜 개인들은 동료를 신경 쓸 여유 자체가 없고, 구조적으로도 동료 의식을 쌓기 힘들어 '스스로 고립'된다. 기업은 직원들끼리의 접촉 기회를 차단함으로써, '나태한' 잉여 시간까지도 업무 시간으로 확장할 것을 권장한다. 이명선이 들었던, 회사에서 내려온 이 '나태함'이란 표현은 업무 시간 외의 시간을 직원들이 함께 즐기는 협동적 작업에 대한 기업식의 표현인 것이다. 처음에는 직원들 간의 자유로운 소통과 여가 생활이 직장 내 유화한 분위기를 만들 수 있을 거라고 본 Q사는 지금은 그와는 다른 것, 좀 더 경쟁에 특화된 회사 분위기가 요청되는 시기라고 판단했다.

이튿날을 위한 '노동력 재생산'의 시간이어야 할 밤 시간을 시를

---

[*] 사일로 효과란, 조직 내의 개인이나 부서가 귀중한 정보를 다른 개인이나 부서와 거의 공유하지 않고 그냥 쌓아두고만 있으면서 고립되는 현상을 가리키는 용어다(세넷, 2013).

쓰고 사유하는 데 썼던 '프롤레타리아의 밤'은 노동 질서가 부과한 육체·정신의 한계로부터 노동자들의 신체를 해방하는 행위였고,[41] 때문에 자본가들에게는 위협이었다. 구획된 시간과 행위로 지배되어야 할 대상인 노동자가 자신의 시간을 고정된 노동자로서가 아닌 한 개인으로서 '함부로' 유용할 때, 사측에게 이것은 업무를 저해하는 행위이자 개입하고 관리해야 할 문제가 된다.

> 다국적 컨설팅 기업이라는 곳은 정말 신자유주의 전도사거든요. 그것 자체도 제 가치관하고 안 맞는 부분이 있고, 그게 하루하루 굉장히 부딪칠 수밖에 없어요. **이준익**

한편 2001년, 이른바 '닷컴 버블'*이 꺼지면서 이준익이 근무하던 A기업의 미국 본사에 문제가 생겼다. 이윽고 아시아 국가에 위치한 인력에 대한 정리해고 지시가 내려왔다. 아시아에 여전히 투자하고 있는 상태였는데, 그 투자를 줄이고 '합리화'해야 한다는 경영 압력이 들어온 까닭이다. 이는 당시 서울 사무소에서 매니저로 일하고 있던 이준익

---

* '닷컴 버블'은 인터넷 관련 분야가 성장하며 산업국가의 주식시장이 지분 가격의 급속한 상승을 본 1995년부터 2000년에 걸쳐 일어났던 거품 경제 현상이다. 'IT 버블', 'TMT 버블', '인터넷 버블' 등으로 불리기도 한다. 이 시기는 흔히 '닷컴 기업'이라 불리는 인터넷 기반 기업이 설립되던 시기였는데, 이 기업들은 많은 경우 실패했다. 그 결과, 다시 제조업과 금융 산업이 대두되었으며 신자유주의 경제체제가 확고해지는 계기가 되었다(출처: 위키 백과).

이 입사 2, 3년 만에 다른 사람을 해고해야 하는 상황에 놓였음을 의미했다. 그러고서 매주 모여 마라톤 회의를 벌였다. 사람을 '자르기 위한' 회의였다. 그는 이것이 컨설팅 회사 등 서비스 기업에서는 '일상적인 것'이라고 덧붙였다. 하지만 결과는 그에게도 '일상적인 것'이 아니었다. 회사에 대한 충성도가 사라졌고, 특히 빈번한 해고를 일삼은 회사 역시 업계에서 평판이 나빠졌다.

IMF 경제 위기로 한국 사회가 떠들썩했던 1998년, 그는 막 입사한 신입사원이었다. 당시 회사 사정이 매우 힘들게 느껴졌고 고용이 동결되기도 했지만, 사람을 마구잡이로 구조조정하지는 않았다. 그런데 닷컴 버블로 인해 A기업의 모국인 미국에 문제가 발생하자, 사실 한국은 크게 영향을 받지 않았을 뿐 아니라 한국의 비즈니스는 큰 차이가 없었는데도 불구하고 구조조정이 집중적으로 가해졌다. A기업은 '글로벌 프랙티스global practice'가 강한 글로벌 기업이었기 때문이다. 글로벌 맥락에서, 세계 각국에 지사를 가진 기업은 해외 사무소가 위치한 지역의 발전이나 해당 국가 구성원들의 이익 관계와는 무관하게 운영된다는 사실을 보여준 사건이었다.

2008년 금융위기 당시 도쿄에서 근무하고 있던 김윤진은 그때 자신이 본 리먼 브라더스, 골드만 삭스, 모건 스탠리 등 금융 기업의 행태를 통해 이를 다시 증언했다. 미국과 런던에 서브프라임*사태로 큰 타격이 있은 직후, 도쿄의 위와 같은 투자은행들은 헤드헌터들을 소집했고 그녀도 그 자리에 있었다. 은행들의 요구는 '업계를 진정시켜달라'는 것이었다. 실제로 그녀가 보기에도 아시아에서는 서브프라임 상품으로 인한 타격이 크지 않았다. 서브프라임 사태는 미국에서 일어난 일이고 본국에는 큰 타격이 있었지만, 성장 단계에 있는 아시아는 계속해서 직원을 채용할 것이며 이로 인한 여파는 없을 테니 염려 말라는 것이 그들의 설명이었다. 그러나 현실은 정반대로 펼쳐졌다. 6개월 후인 어느 일요일 오후, 리먼 브라더스 도쿄 지사에는 '자, 도쿄 얼마 자릅시다'라는 지시가 본사로부터 내려왔다.

도미노가 아니라 물타기 한 게 아닌가? 그런 생각이 들었어요. 본사에서 너무나 심하게 본 손실을 지사에까지 감당시키려는 것 아닌가란 생각이 들었고. (중략) 성적이나 평가로 잘라낼 수 있는 인원도 아니고, 평가 때도 아니고, 갑자기 (해고 지시가) 내려오고 이러니까. 팀장들은 다음에 내 차례, 과장들은 그다음에 내 차례, 부장들은 또 그다음에 내 차례……. 부장 정도 되는 사람들이 구조조정 얘기를 신문 보고 아는 경

---

* 2001년부터 미국 내에는 크게 상승하기 시작한 주택 가격으로 인한 낙관적인 전망으로 주택 투자가 비약적으로 늘어났다. 또한 금리가 낮아 서브프라임 이자 상환액이 상대적으로 저렴해지자 많은 사람들이 서브프라임 모기지를 활용했다. 그러나 2007년 여름부터 주택 가격이 하락하기 시작하여 상환 연체율이 상승하자 서브프라임 모기지 대출을 받은 사람들의 이자 부담이 크게 증가했다. 특히 부채 부담을 크게 지고 있던 하위 계층은 모기지 원금과 이자를 상환하지 못한 채 길거리로 쫓겨났다. 그 결과 주택 연체율이 높아지고 주택에 대한 차압이 늘어나면서 주택 시장이 침체되기 시작했다. 주택 시장의 침체로 모기지 대출 회사들의 손실이 커지고 위기가 심화되기 시작하자, 2007년 3월 12일 미국 2위 모기지 회사인 뉴 센트리 파이낸셜(New Century Financial)이 영업을 중단했고, 이후 모기지 대출 회사들이 줄줄이 파산하기 시작했다. 서브프라임 사태는 이후 금융 시장과의 관계로 인해 더욱 악화되었다(장시복, 2008).

우도 있었고요.

김윤진

일본에서는 아예 이를 '리먼 브라더스 쇼크'라고 부른다. 극동이 너무 멀어서 관리가 안 된다는 이유로 '치고 빠진' 한 은행의 예를 들며, 그녀는 식민주의가 아직 끝나지 않았다는 생각을 했다. 지점이 위치한 국가의 이익과는 상관없이, 본사(본국)의 이해관계에 따라 노동자들에 대한 어떠한 책임도 지지 않고 일본, 한국 등을 식민주의적으로 탈취하는 '글로벌 프랙티스'는 신자유주의 글로벌 기업의 화려한 외양에 감춰진 '제국주의의 맨얼굴'이었다. 국경의 제한 없이, 바다를 건너 세계를 넘나드는 자유로움을 연상시키는 '글로벌'이라는 단어는, 글로벌화로부터 발생하는 이익이 어디로 고스란히 들어가는지를 살펴보면 그 정체를 알아챌 수 있다. 이른바 글로벌 기업의 해외 지사는 그 지역 사람들을 위해서가 아니라 철저히 본국의 이익 관계에 따라서 움직인다. 이 나라에서 저 나라로, 이 도시에서 저 도시로 '최적의 입지'를 찾아 끊임없이 옮겨 다니는 글로벌 기업은 그 지역에 속하지 않기에 특정 지역에 복무할 책임을 갖지 않는다. 공장이 위치한 지역의 고용에 책임감을 갖는 기업의 의무나 '노블레스 오블리주'로서 기대되는 공동체에 대한 책임 같은 건 이들에게 자연스럽게 면제된다. 온 세계를 누비는 대부분의 글로벌 기업은, 그렇기 때문에 기본적으로는 '먹튀' 자본의 성격을 띠는 것이다.

한편 '사람 자르는' 회의에 매주 불려 가던 이준익이 그때부터 했던 생각은 '난 내일이라도 보따리를 쌀 수 있다. 마음의 준비를 해야 한다'는 것이었다.

> 요즘 사람들이 마음의 거리를 둠으로써 정을 끊게 되는 그런 걸, 그때부터 회사에 대해서 굉장히 강하게 느꼈어요. 내일이라도 당장 '야, 너 좀 와봐!' 하곤 '이렇게 돼서 석 달 치 급여를 줄 테니 (나가라)' 그 문화에 익숙해졌어요.
>
> **이준익**

그는 매니저로 구조조정 회의에 참석하면서 자신도 그 논의 대상이 될 수 있다는 생각을 했다. 당시 그는 이전에 진행한 프로젝트에서 좋은 성과를 인정받아 바로 승진한 상태였다. 그렇기에 자신이 논의 대상에 들어갈 가능성은 사실 크지 않았지만, 자꾸만 같은 입장에 자기 자신을 놓게 되었다. '그런 사람은 이렇기 때문에 잘라야 된다'고, 회의 때 오가는 이야기들 속에서 그는 자신 역시 '그런 사람'인 것만 같은 불안감이 들었다. 보장되지 않은 자리는 지금 구조조정 논의 탁자 위에 올라 있는 직원이나 자신이나 실상 그리 다르지 않다는 것을 직감으로 느꼈기 때문이다.

한편 단기적 프로젝트가 중심이 되는 '새로운 시간 척도'의 등장은 노동자들이 일하는 방식을 확연히 바꿔놓고 있다. 성격도 다르고 관련성도 적은 여러 종류의 사업이 한 회사의 지붕 아래 들어가고, 신속하게 변하는 세계시장에 대응하기 위한 '포트폴리오portfolio' 개념이 만들어졌다. 이 포트폴리오를 구성하고 있는 단기적 시간은 노동자의 인성을 재구축한다. 이 분석은 월스트리트에서 화이트칼라 노동자들을 연구한 세넷의 분석을 참고한 것이지만, 이러한 단기화는 극단의 금융시장에서뿐 아니라 오늘날 전반적인 노동시장을 아우르고 있다. 한 사람의 노동 시간은, 지속적인 경력career의 무대라기보다 단기적으로 할당된 근무 시간stint의 무대로 꾸며진다. 지속적인 관계는 일시적인 거래의 관계로 대체되고, 파트타임 노동은 서비스 경제에서 가장 빨리 성장하고 있다.[42] 이러한 속도로 자꾸만 동료들이 교체되는 일터에서는 내가 어떤 식으로 일해왔는지를 판단하고 내 특기와 능력을 증언해줄 사람은 남아 있지 않다. 또한 동시에 내가 알고 있고 신뢰할 수 있는 '남은' 동료 역시 몇 없다.

신자유주의 시대의 '단기화'되는 삶은, 업무들이 프로젝트화로 인해 분절되기 때문만은 아니다. 그 속에서 자신의 위치와 신분이 불안정하기 때문인 까닭도 크다. 언제든지 해고될 수 있다고 생각하기 때문에 그 공간에 대해서 애정이나 책임감, 충성심, 동료 의식을 느끼기보다는 매번 '정 끊는' 연습을 하게 되는 것이다. 회사 그리고 일에 대해 '마음의 거리를 두는 것'은 내가 내일 당장 해고되더라도 충격에 빠지지 않도록, 자기 자신을 보호하는 행위이기도 하다. '움츠러들기withdrawal'를 생존 방식으로 하는 주체는 자신의 가치에 대한 강렬한 불안에 휩싸이게 된다. 이러한 움츠러들기가 심리학적으로 중요한 이유는 그것이 불안감, 특히 자신 스스로가 아닌 외부로부터 밀려드는 요구에 대처할 때의 불안을 줄이고자 하는 자기방어 욕구이기 때문이다.[43] 불안감이 사회 곳곳에 만연한 이 시대에 '협동적 자아'의 형성이 불가능해지는 것은 어찌 보면 당연한 귀결이다. 가면을 쓰고 내면의 불안을 조용하게 관리할 것을 요구받는 개인들은, 바깥을 향해 열려 있기보다는 자기 속에 움츠러든 채 머무는 편을 택하기 때문이다.

　　이준익은 내게 자신이 종사해온 업종에 대해 설명하면서 영화 〈마진 콜Margin Call: 24시간, 조작된 진실〉을 언급했다. 서브프라임 당시 사태를 극화한 이 영화의 배경은 금융위기가 전 세계로 퍼지기 직전 월스트리트 한 투자은행의 '폭풍 전야' 24시간이다. 영화는 전 세계 시장을 쥐고 흔든 사건이 거대 금융 기업에서 어떤 식으로 '구성'되었는지뿐 아니라, 그곳에서 일하는 트레이더trader들의 가장 강렬하고 유일한 동기가 돈이라는 점을 적나라하게 그려낸다. 거대 금융 기업에서는 노동자 지위의 불확실성을 높은 연봉과 인센티브로 보상하며, 이는 업계에서 공공연한 '룰'로 작동한다. 자신의 불안정성과 불안에 대한 위험 부담금인 셈이다.

　　영화 속에는 자신이 해고 대상자가 되었음을 알고는 혼자 화장실에 앉아 소리 내어 우는 20대 초반의 젊은 트레이더가 등장한다. 그는 곧 고액의 '위로금'으로 그의 값을 보상받게 될 것이다. 금융 기업의 트레이더들은 이준익보다도 10배 이상 높은 연봉으로, 어떤 노동자들에 비해서는 100배 이상의 보상을 받는 사람들이다. 그러나 그들의 불안의 값 역시 10배, 100배 이상의 차이가 난다고 말할 수 있을까? 개인이 자신을 그 공간과 시간에 묶어둠으로써 치러야 하는 불안에 대해서 자본은 합당한 보상액을 책정할 수 있다고 생각하는 듯하다. 그러나 사람들이 돈을 벌듯이 자기 존중까지 '벌' 수는 없는 것이다.[44]

55세가 정년인데 그때까지 다닐 수 있을 거라고 생각하는 사람들은 없을 거예요, 아마. [그 이유가 뭐죠?] 그러게요. 왜 그러지, 다들? 40세 넘어서는 부장이나 이사가 되지 않으면, 그냥 아무 직급 없이 직책 없이 다니는 그런 게 눈치 보이는 건가?   **이명선**

차장급 부장급으로 가야 되는 사람들은 회사 옮기기가 어려우니깐 최대한 붙어 있기 위해 노력하지. 자기가 얼마나 일을 잘하는지 부각시키려고 하고, 그들만의 술자리가 잦아지고, 부장급이 어울리는 술자리에 꼭 참석하고. (중략) 팀장급은 워커홀릭이 될 수밖에 없어. 그래야 좋은 평가를 받으니까. 한 달, 한 달 반 정도는 야근 없이 쉴 수 있는 시간이 보장돼야 하는 건데 또 일을 받아 오고. 그럼 더 힘들어지는 거지. 팀 자체의 기력을 빼는 거야. 그러면 회사에서 소모되는 느낌을 받을 수밖에 없고. 회사를 자기계발의 공간이라기보다는 돈벌이 수단으로밖에 느낄 수 없게 하는 건 그런 거야. 과중한 업무를 스스로 만들어내는 거. 난 엄밀한 의미에서 워커홀릭은 많지 않다고 생각해. 야근과 휴일 업무를 많이 한다고 워커홀릭은 아니잖아. 팀장, S(등급), 이런 지위나 연봉으로 보상받는 거지.   **김종현**

한 직장에서 50, 60세의 정년퇴직을 맞게 되는 노동자는 이제 거의 없다. 평생직장도, 고용 안정도 이제는 '호시절'적 이야기가 되었다. 이른바 '철밥통'에 비유되는 공무원직에 지원자가 몰리지만, 연금개혁과 구조조정 명단에 오르며 공무원 사회나 공기업 역시 더 이상 절대적 안전지대는 아니다. 고용의 단기화 양상은 극히 몇몇 경우를 제외하고는 일반적인 현상이다. 이러한 프로젝트화되는 현실을 알게 된 개인들은 그 직장에서의 오랜 미래를 꿈꾸지 않게 되었다.

특히나 출판·잡지계, IT업계, 광고계는 트렌드를 빠르게 좇는 것이 가장 중요한 속도산업에 속한다. 때문에 '이 업계에서 오래 버틸 수 없다'는 것은 이들이 공유하는 기본 법칙이다. 패션잡지 기자의 경우 기자로서의 수명이 흔히 30대 후반, 편집장이 될 경우 40세 정도라고 하며, IT 회사 역시 이와 비슷하다. 이미 많은 노동자들은 회사가 자신의 미래를 책임져주지 않으리라는 상황 판단 아래, 자신의 '퇴직 이후'를 진지하게 고심하고 있다. 이명선의 동료들 역시 회사에 다니면서 다른 기술을 익히거나, 가족 명의로 카페를 운영하는 등의 방식으로 퇴사 이후를 준비하고 있다고 했다.

이명선은 퇴직과 동시에 혹은 순차적으로 할 수 있도록 총 세 개의 경로를 생각해두고 퇴사한 상태였다. 내 몸 하나로 할 수 있는 '기술'을 갖자는 의미에서 전 세계적으로 인정되는 자격증을 취득하는 것, 관심 갖던 주제와 관련한 NGO 단체에서 일하고 싶다는 것, 그리고 '공동체'를 만드는 것이었는데, 인터뷰 당시 그녀는 이 세 번째 계획을 실현하려고 준비 중이었다. 그녀는 자신이 거주하는 지역에서의 공동체 활동에 관심을 갖고 있었는데, 486세대들이 주축이 되어 운영하는 가족 중심적인 공동체에 가까웠다. 그녀는 비슷한 또래들과 함께 공동체 활동을 하고 싶다는 바람을 갖고 있었다. 이는 그녀가 몇 년 동안 인문학 공동체에서 공부해온 영향이기도 했다.

이명선이 구상하는 미래 계획은 공동체에 대한 상像과 함께 기술 습득 등 개인의 수준에서 할 수 있는 것들을 포함하고 있었다. 대부분 불안과 불안정성에 대처하는 대응책은 개인화된다. 앞선 김종현의 이야기에서 보다시피, 고용 불안정 시대에 그나마 회사 내부의 개인들이 할 수 있는 '최대한 버티기'의 자세 역시 개인화된 노동 전략이다. 예컨대 상사와의 술자리에는 반드시 참석하고, 사내에서 개인적인 '연줄'을 만듦과 동시에 네트워크를 형성해야 한다. 상급자의 자기착취는 곧 팀 착취로까지 이어지기도 하는데, '더 높은 급'을 향한 팀장의 욕망은 팀에 적합한 업무 배치가 아닌 무조건적 '보여주기' 식으로 이어지고, 이는 곧 팀원의 과다 업무로 직결되기 때문이다.

이렇듯 불안한 환경 속의 개인들은 자신의 상황에 대한 돌파구 마련을 위해 다양한 방식의 각개전투를 벌이기도 한다. 회사에 다니고는 있지만 그 회사와 업무에 몸과 마음이 온전히 귀속되지 못한 채 여러 계획과 구상으로 회사 안팎의 미래를 바쁘게 준비해야 한다. 이런 상황에서 특히 자기계발서가 유용해진다. 불가피한 생존 게임에 놓인 개인들은 스스로를 착취하는 악순환을 겪으며, 자신 앞에 도래한 위험을 적극적으로 관리하는 '자기 경영자'가 되어야 하기 때문이다. 이때의 '위험risk'은 심지어 자신의 길을 알아서 '개척', '발견'하고 스스로의 욕망을 실현할 수 있는 긍정적 기회로 가시화되기까지 한다. 이 '개척 욕망'은 실제로 시장에서 추동되는 불안으로부터 연유하지만, 자기계발 담론에서는 '위기를 기회로'라는 시장적 구호와 정확히 만난다.[45]

자기계발 담론에서 주목하는 '브랜드 유Brand You'라는 '주식회사'

의 특징은 소유주와 노동자가 일체화되어 있다는 데 있다.[46] 성공과 삶을 책임지는 것은 전적으로 자신이다. '나'는 스스로의 가장 혹독한 착취자이자 신실한 노예가 되어야 한다. '열정적으로 쏟아붓고, 죽지 않을 만큼 달려라', 그것이 이 주식회사가 스스로에게 약속하는 규칙이다. 이는 한병철[47]이 역설해왔고 많은 직장인들이 '위로'받았던 성과사회의 특징적 성격이기도 하다. 과거 규율사회의 '~해서는 안 된다'가 지배하는 부정성의 사회로부터 벗어나, 현재의 기업은 세련된 통치 체계를 만났다. 무한정한 '할 수 있음'의 긍정성에 근거한 자기착취는, 자신의 의지에 의해 이뤄지는 '자유롭다'는 느낌을 동반하기에 더 효율적이었다. 그렇게 노동자는 자신을 착취하는 동시에, 이를 이용하는 경영자로부터 피착취된다. 성과사회론이 한국 사회에 피상적으로 대입되는 것에 대한 비판들도 있지만, 분명한 것은 실제로 대기업은 이러한 '통치인 듯, 통치 아닌, 통치하는' 전략을 영리하게 이용하고 있다는 점이다. 특히 이러한 자기착취의 모습은 열정노동과 창의 산업에 종사하는 노동자들에게서 더욱 두드러진다. 일하면 일할수록 이러한 '의지'가 더 돋보임으로써, 성과와 평가에 반영될 가능성이 높아지기 때문이다.

그러나 엄밀히 말해 워커홀릭은 많지 않다던 김종현의 말처럼, 노동자들의 생존 각개전투가 반드시 '열심히 회사 일을 한다'는 식의 행위로 나타나는 것은 아니다. 한편에서 노동자들은 자기를 착취하면서 회사에 충성을 바치는 방식보다 회사 안에서 자신이 버틸 다른 개인주의 방도를 찾는다. 역설적이게도 노동자들로부터 최대 이윤을 이끌어내기 위한 자본의 의도는 그와 정반대의 결과를 낳기도 했다.

구조조정에 대한 사람들의 심리 변화도 목격하게 되잖아. 패배주의에 싸여 있고, 언제 잘릴지 모르니까 다른 직장 몰래몰래 알아보고. 최고의 성과를 낸다기보다는 적당한 성과, 그러면서 자기가 구조조정 안 되기 위해서 패밀리, 연줄이나 그런 건 오히려 강고해지고. 정보가 팀에서 같이 공유되기보다는 진짜 중요한 정보들, 회사의 현재 상황이나 미래에 대한 정보들은 서로 몰래몰래 전파가 되는 거야. 그 라인에서 아웃되어 있으면, 멍 때리고 있다가 자기도 모르게 구조조정당하는 거지. **김종현**

이런 현상은 업무를 잘하는 사람보다 실제로는 '적당히' 하는 사람들이 회사에서 더 잘 살아남는다던 이명선의 말에서도 나타났다. 그녀가 보기에 실제 회사에서 가장 잘 버티고 있던 사람은 '일을 하는 듯하면서 안 하는', 보신주의를 자신의 생존 전략으로 취하는 상사였다. 자신의 의견을 갖고 이를 주장하며 더 나은 방향을 적극적으로 제안하고 토론하는 직원보다는 '조용히 흐름에 쭉 묻어가면' 오래 살아남는 것이다. 사회학자 질 안드레스키 프레이저Jill Andresky Fraser는 이를 "생존 전략으로서의 정서적 초연함"이라고 불렀다. 불안정한 조직에 속한 사람들은 다음의 감원 태풍을 두려워하면서, 무서운 경영진의 눈에 띄지 않기 위해 복지부동한다는 뜻이다.[48] 그리고 이러한 직원들 중 누군가는 확실한 업무 능력으로 승부를 보기보다는, 비공식적 통로를 통해 더 '쉽게' 살아남을 또 다른 길을 모색하기도 할 것이다.

현재 '노동'이라는 말에는 과거에 비해 더 많은 내용들이 부과되어 있는 것 같다. 예를 들어 '장인匠人'에 대한 신뢰는 그가 물건을 만드는 기술과 노동에 대한 태도, 혹은 물건의 품질 자체로부터 기인했다. 하지만 지금은 개인들이 맡아야 할 노동에 거래처와 고객들을 접대하는 법, 상사 비위를 적당히 맞추는 처세, 어떤 연줄이 유효한지의 판단 능력, 회사에서의 피상적 관계를 얼마나 적당히 잘 관리하는가 등 여러 새로운 노동이 추가된다. 직장에서의 '노동'이라고 말할 때는 개인이 맡은 업무만을 뜻하는 것이 아니라 더욱 많은 내용들을 포함하는 것이다. 그리고 위 참여자들과의 대화로 보건대, 어쩌면 실제 업무를 잘 처리하는 것보다 이러한 '주변적' 업무를 더 잘 챙기는 것이 그의 실질적 생존에 더 결정적인 듯도 하다. 더 이상 노동자는 총체적 관점에서 자신의 일을 파악하지 않고, 다른 부서와 전체의 상황을 충분히 고려하면서 판단하지 않는다. 분업화된 영역에서 노동자는 자신에게 주어진 '딱 그만큼'의 일만 맡게 되었지만, 아이러니하게도 그 노동을 구성하고 있는 요소들은 더욱 복잡해졌다.

2013년 11월, 마이크로소프트사를 포함한 미국의 유명 글로벌 기업들에서 엄격했던 등급 관리가 완화되거나 상대평가 제도가 폐지되고 있다는 소식을 접했다. 직원들의 경쟁의식을 높이기 위해 도입했던 상대평가 제도는 결과적으로 직원들의 협업 분위기를 망쳐놓았고, 직원들은 외부 기업 대신 내부 동료들과 경쟁하면서 관리자들의 내부 권력 투쟁 도구로 활용되었다.[49] 이러한 패착敗着, '비협동적 자아'를 추동한 것의 폐단에 대해 기업들이 '뒤늦은 반성'을 하고 있는 것일까? 그들은 경쟁주의의 실패를 확인하고, 협업과 팀워크 체제로 돌아가기로 했다고 한다. 이러한 결정이 신자유주의 시계를 조정하는 데 조금이나마 영향을 미칠 수 있을지는 두고 봐야 할 것 같다.

삶과 업무의 단기화, 보장되지 않는 위치, 밟지 않으면 도태되리라는 생존 논리로부터의 불안은 단순히 노동하는 개개인에게만 영향을 주고 있는 것이 아니었다. 앞서 살펴본 참여자들과의 대화는, 그러한 방식이 업무의 효율성과 경쟁력, 충성도를 높이고자 애쓰는 회사의 입장에서도 전혀 좋은 해답이 될 수 없음을 알게 한다. 지금의 회사에서 나를 책임지지 않을 것을 잘 알게 된 노동자들은 이제 그들 역시 회사에 집중하지도, 충성을 바치지도 않는다. 이로 인한 패배주의와 '적당한' 정도만의 성과주의, 보신주의, 협력의 파괴는 노동자의 '지금 현재'를 도구적이고 피상적인 시공간으로 만들어, 그저 '버티게'만 하고 있다.

글로벌 시대, 국내 노동자들의 고립화는 노동을 둘러싼 국내·국제 환경 변화와도 연결된다. 기술이 발전하고 국제 분업 생산이 고도화되면서 노동자들의 '숙련 해체'가 세계적 현상이 되었다. 국내의 숙련 노동자를 필요로 하던 일자리는 싼값에 노동력을 이용할 수 있는 이른바 제3국으로 아웃소싱되고, 중앙을 컨트롤하는 이외의 기능들은 세계 곳곳에 분산된다. 때문에 중앙 컨트롤타워를 운영하는 극소수의 고숙련자 외의 노동자들은 설 자리가 사라지고 있으며, 생산직이든 사무직이든 보통의 대다수 노동자들에게 다가오는 일의 미래는 점점 가혹하다. 기업의 입장에서 정규직과 같은 노동자들의 안정된 일자리는 '수지 안 맞는 장사'다. 그렇기에 당분간은 버틸 힘이 있는 강한 노조, 공공 부문, 대기업 일자리 등의 줄어드는 '좋은' 일자리를 위한 경쟁이 지금 취업 대란의 핵심을 차지한다. 이러한 일자리에 진입하지 못하면 비정규직, 혹은 그보다 더 가혹한 임시직이나 일용직 자리만이 기다리고 있기 때문이다. 이로부터 청년 세대와 기성세대의 일자리 경쟁이, 청년 구직자와 기존 정규직 사이의 갈등 상황이 강조되고, 이너서클inner circle 밖에서 노동시장의 분절 구조를 몸으로 느껴야 하는 한계노동자와 정규직 사이의 정치적 적대감은 축적된다. 한마디로 노동 유연화를 추구하는 기업이나 정치 세력이 이용하기에 좋은 빈틈, 즉 노동자 집단 내부의, 노동자 개개인 사이의 균열과 갈등이 더욱 강화되는 셈이다.[50]

한정된 이너서클에 진입하기 위한 경쟁은 갈수록 치열해지고, 이 경쟁은 외부에서만 몰아치는 것이 아니라 내부에서도 이어진다. 이러한 상황을 잘 알고 있는 기업들은 경쟁과 전면적인 성과주의 논리 속에서 '가장 아쉬운 입장'이 노동자 개인임을 역시 잘 알기에, 노동자들을 어떠한 방식으로든 한시도 쉬지 못하게 '돌린다'. 노동자들은 정해진 트랙을 쉴 새 없이 달리거나, 다른 트랙을 찾기 위한 준비를 동시에 해야 한다.

"우리는 아직 다 미생이다", 〈미생〉이 유행시킨 대표적인 문장이었다. 그런데 이것이 은유적 표현이 아니라, 실제로 일어나고 있는 현상의 현실적 묘사였다는 데 주목해야 한다. '아직 살아 있지 않은 상태'를 뜻하는 '미생未生'은 '완생完生'과 대척점에 있다. 기본적으로 아직 정규직이 되지 못한 장그래를 의미하는 듯하지만, 자세히 살펴보면 대기업 임원들까지도 그 범위에 포함되는 것으로 표현하고 있다. 노동자들 간의 위치나 직급의 차이를 무화시키는 듯한 이러한 '미생 평준화'는 어떤 의미에서는 위험해 보이기도 한다. 이제는 심지어 대기업의 전무나 최고경영자CEO까지 '나도 미생이다!'를 외치는 것을 보면, 뭔가 잘못되고 있다는 불안한 기분마저 든다. 그렇지만 직장인들의 삶에서 월급과 지위의 안정성이 더 이상 보장되지 못하는 현실이 전체 노동 구조 내 개인들을 궁극적으로 '미생' 만들기 방향으로 점점 이동시키는 중임을 떠올려보면 그리 큰 과대망상은 아닐지도 모르겠다. 경쟁과 승자 독식이 지배하는 이 시대의 기업 안에서 누구에게도 안전한, 완전한 삶은 허락되지 않는다는 뜻이다.

때문에 지금의 일터는 오로지 미생'만'을 위해 마련된 자리라고 할 수 있을 것 같다. 미생들의 완생화를 지지하는 자리로 착각하지는 않기를 바란다. 오히려 영원히 미생에'만' 머물러 있기를 바라는 것이니 말이다. 모든 개개인을 온전히 살아 있지 못한 유예 상태로 유지시키는 현실에서, 미생은 영원한 지속 상태다. 그리고 완생이 되지 않는 한, 끊임없는 준비 상태일 수밖에 없다. 완전한 순간은 없고, 매 순간은 '아직' 완성되지 않은, 더 달려야 하는 과정의 연속으로 이어진다.

이러한 메시지는 공교롭게도 신자유주의로 대변되는 지금의 노동관리 방식을 단번에 설명해준다. 직장인들의 '내가 미생'이라는 인식은 대부분 기업들이 오히려 독려하는 바다. 완생에 도달하기 위한 자기계발과 자기관리는 취업 전에도 후에도, 도달해야 하는 목표이자 과정이 되어야 하는데, 그것이 직원들을 관리하는 데 더욱 편리한 수단이기 때문이다. 그러는 동안 직장인들은 한순간도 쉬이 마음을 놓을 수 없다. 취업과 승진을 위한, 해고되지 않기 위한, 더 나은 조건의 이직을 위한 미생 상태의 연속이다. 그래서 나는 참여자들의 '멈춤'과 '선택'을 단순한 이직과는 다른, 좀 더 적극적인 주체적 결단이자 탈출로 의미화하기도 했다. 그러나 사실상 그 결단은 온전히 자발적이고 자유로운 선택인 것만은 아닐 것이다. 미생들이 완생의 불가능을 깨닫고 하게 된 최후의 선택일 수도 있기 때문이다.

그렇게 '완생 되기'는 사막에서 기다리는 신기루가 되었다. 이러한 '영원한 미생' 효과로 인해 지금의 일터는 그 도착이 요원한 '완생'행 기차를 영원히 기다리는 혹은 그 기차에서 뛰어내릴 날을 기다리는 이들만을 위한 공간이 되었다. "버틴다는 것은 완생으로 나아가는 것이다." 그러다가 어느덧, 이 '버티기'만이 삶으로 남았다.

'얼마짜리'
삶

현재의 노동 현장이 지금껏 이러한 방식의 '무례한 노동 공간'으로 유지 가능한 이유는 노동자들이 각각 존엄과 개성, 인간성을 지닌 한 명의 사람이라기보다 계산이 가능한 '인적 자본'으로 여겨지기 때문이다.

'몸값'이라는 단어도 그 사용 분야를 광범위하게 넓혀, '내 몸값을 올려야 한다'는 표현이 평범한 사람들 사이에서도 특별할 것 없는 일반적 문장이 되었다. 대학생들이 스펙을 쌓는 이유는 취업 시장으로의 진입을 위한 것뿐 아니라 자신이 받을 수 있는 몸값을 올리기 위한 가장 대표적인 노력이다. 강남의 지하철역을 지날 때면 사방을 차지한 채 '지금의 너 자신을 부정하라'고 자신 있게 외치는 성형외과 광고 틈에서 정신이 혼미해질 지경이다. 그렇게라도 속수무책으로 자신의 겉면까지 변형시켜야 한다는 것은 지금이 바야흐로 얼굴, 몸 등 자기의 모든 자원을 최대한 계발해야 살 수 있는 시대이기 때문이다. 성형마저 자연스레 자기계발의 한 줄기가 된 것이다. 범람하는 자기계발 담론이 결정적으로 답하려 한 것은 자신의 몸값을 올리는 데 적극적으로 노력하는 '1인 기업가'적 개인들의 욕구였다.[51] 이제 노동시장에서 개인은 '값'으로, '얼마짜리'로 환원된 지 오래다.

> 클라이언트한테 날 보여주는 계산을 하는 거예요. '애 연봉이 이거면 애는 딱 각이 나온다. 그러면 이 급의 이만큼을 하겠구나.' 내가 얼마만큼 필요하기 때문에 요만큼 벌고 이런 선택의 자유가 없어요. 500만 원 받고 1,500만 원 일할 사람을 찾는 거죠.
>
> 김윤진

자본주의 사회에서 몸값은 곧 그 사람의 한 달 월급, 1년 연봉이다. 기본급보다 성과급이 더 높은 업계에서 일한 이준익, 김윤진의 대화 속에서 노동자라는 개인은 시장 안에서는 곧 연봉이었다. '필요한 만큼만 벌 자유' 같은 것은 없다. 연봉은 고객들에게뿐 아니라 동시에 노동자에게도 역시 스스로의 존재 가치를 보여주는 증거가 된다. '나의 가치value는 곧 돈이다.' 성과급 체계는 노동자들에게서 최대한의 노동강도를 짜내고, 이를 통해 성과 경쟁을 압박할 수 있는 관리 체계가 되어왔다. 노동자들의 성과급을 차등 지급하기 위해 이뤄지는 직무 평가는 인력 감축과 인력의 재배치, 기업 구조의 효율적 재편을 위한 근거로 쓰이는데, 이는 결국 점점 더 확산되는 성과급 체계의 기초가 된다.[52]

김종현은 사내 평가 기간이 될 때면 갑자기 평소와 달리 회의가 활성화되며 다들 '열정적이고 착해지며', '꼼꼼한 사람처럼' 달라지는 팀원들의 모습을 보았다. 결혼하지는 않았더라도 가정의 가장 역할을 맡아온 그였지만, 현재의 연봉이 생활에 충분하다고 생각하고 있었다. 그리고 '굳이 연봉에 목숨을 걸고 싶지 않다'고 생각해온 그는 연봉 인상과 평가 항목에 맞추기 위한 행동에는 거리를 두며 지내온 편이었다. 하지만 자신은 그렇게 살더라도 동료들의 행동을 보면서 안타깝다거나 유치하다는 생각을 하지는 않았다. 그것은 동료에 대한 예의가 아니라고 생각했다. 무엇보다 자본주의 사회에서 '300에서 1,000 단위로 몸값을 더 받는 것'은 개인의 삶에 중요한 문제라는 사실을 잘 알고 있었기 때문이다.

'아, 저 사람이 어느 정도 대우를 받는구나' 확인받는 거니까. (포지션이나 연봉) 그런 게 높아질수록 회사의 의사 결정 구조나 이런 데 있어서 자유롭게 의사를 개진하는 것보단, 회사에 맞춰가는 거지. 아니면 진짜 자기가 회사를 리드해서 가려고 하거나. [그게 가능해요?] 직급과 능력이 있어야지. 누구나 인정할 만한 성과를 팡팡팡 터뜨려주면서. 팀장 이상급인 사람들이 그런 꿈을 꾸지만 실제로는 100분의 1? **김종현**

사실 사람들은 돈과 지위에만 연연하기보다는 회사를 리드하며 자신의 권력과 영향력을 높이고 싶어 한다. 그러나 실제로 이는 거의 불가능에 가깝다. 때문에 20대에 통신업계에서 최연소 임원에 올랐던 '윤송이 상무'처럼 되기 위한 0.01퍼센트 가능성의 '꿈'을 꾸는 것보다, 회사에 순응해 자신의 상황에서 얻을 수 있는 어느 정도의 연봉을 꿈꾸는 것이 훨씬 더 현실적인 방안이다.

나이가 들수록 회사를 옮기는 것은 쉽지 않고, 설사 옮긴다 하더라도 보통은 상황이 더 안 좋아질 가능성이 높다.* 또한 그때는 이미 상당수가 자신이 부양해야 할 가족과 생계를 짊어져야 하는 책임감으로 인해, '자기 결정'을 쉽게 할 수 없는 조건이 형성되어 있을 것이다. 때문에 김종현은 회사 선배들을 보며 '저분도 젊었을 때는 분명 그렇지 않은 사람이었을 텐데 이제는 어쩔 수 없구나'라는 쓸쓸함을 느꼈다.

그가 퇴사할 때쯤에는, 본인의 사회적 위치를 연봉 혹은 이와 비례하는 직급으로 확인·보상받고자 하는 사원들의 요구로 팀장과 팀원 사이에 임의 직급이 하나 더 생기기도 했다. '나이에 걸맞은 지위나 돈'을 확인받지 못할 때 불안감이나 회사에 대한 불만이 쌓이기 때문이라고,

---

* 시장에서는 경력이 20년 이상인 대기업 부장들은 전혀 인기가 없다. 5~6년 전만 해도 대기업에서 퇴직하면 그다음 레벨의 기업들에서 이들을 채용했다. 하지만 이전까지 양질의 일자리 대부분을 차지해온 중견 기업들은 소리 소문도 없이 무너지고 있다. 현재 경제구조에서 비율로 따지면 대기업은 0.1퍼센트, 중견 중소기업은 2.8퍼센트, 소기업·소상공인이 97.1퍼센트를 차지하고 있다('2015년 한국, 잔치는 끝났다', 〈매일경제〉, 2015년 1월 26일).

그는 이 에피소드를 설명했다. 하지만 윤재훈이라면 그러한 생각에 이의를 제기할지도 모르겠다.

> '내가 한 달 생활하는 데 돈이 부족하다'라는 말과 '내가 하는 일에 비해 돈을 적게 받는다'라는 말은 완전히 다르거든요. 하기 싫은 일을 할 때 늘 보상 심리가 생기는 거 같아요. 그런데 정말로 내가 일을 한 거와 그 돈을 등가교환하는 게 맞나? 생각해보면 아니거든요. **윤재훈**

이명선은 '월급은 많이 주면 많이 줄수록 적당한 것'이라 말하고, 높은 연봉을 받는 이들은 '나는 연봉 얼마짜리'라고 자신을 내세우지만, 그것이 돈으로 간단히 나눠떨어지는 문제는 아니라는 것이다. 고용 관계는 기본적으로 계약 관계다. 계약의 조항들은 자본 논리에 근거해 구성되기 마련이기에, 자본가보다는 노동자에게 불리하게 이뤄져 있다. 계약은 노동자가 가진 노동력을 화폐로 환산하는 데에서 시작된다. 윤재훈은 '노동력을 화폐로 계산한다'는 생각을 사용자가 가질 수는 있지만 나(노동자) 역시 그 생각에 동의하는 순간 임금노동의 종속 관계가 성사되는 것임을 지적했다.

그가 투자 기업에 재직하던 당시, 연봉을 올려주겠다는 회사의 제안에 "내가 회사에 별로 기여를 못 하는 것 같으니 기여를 하면 올려달라"고 했다던 그의 대답은, 연봉을 대하는 피고용자의 태도치고는 퍽 특이하고 이상하다. 언뜻 보기에 자발적으로 회사에 착취/종속되는 듯한 나이브한 태도로 여겨지기 때문이다. 그러나 한편으로는 자신의 노동력을 금액으로 간편히 계산하는 것에 대해 자발적으로 제동을 걺으로써 노동자가 종속 관계를 스스로 통제하고자 했던 그의 시도로도 이해된다. 그는 '그 체제를 완전히 바꿀 순 없되 내 노동력을 판다는 생각에서 놓여나는 것'이 임금노동과 자기착취에서 벗어나는 시작점이 될 수 있다고 생각했다. 이런 그의 행동은 매우 주체적인 노동자의 독립성으로 읽힐 수 있지만, 사실 기업은 그의 말에 쾌재를 부를지 모른다. '내가 제대로 일하기 전에는 돈을 주지 마라'는 것이야말로 기업이 매우 듣고 싶어 하는 말일지 모르기 때문이다. 그러나 이렇게만 읽힐 수 있을까?

> 그런 거(연봉 인상)에 매몰되다 보면 내 일이나 삶에 대한 기대치가 완전히 달라지는 거지. 그 기준이 생긴다고 했을 때는 더 많이 해야 되거든. 휴일 근무 같은 것도 더 많이 해야 해. 하루 (휴일 근무) 나오면 20만 원 나오는데 무조건 해야지. 야근도 웬만하면 다 해야 되고. 그렇게 해서는 내 삶이, 그런 일들에 파묻히다 보면 내 삶의 공간들이 더 피폐해지는 거고…….
>
> **김종현**

임금은 많이 받으면 받을수록 노동자들에게 물질적 이득이 되지만, 한편으로 이는 스스로의 발목에 채우는 족쇄가 된다. 임금을 많이 받는 만큼, 아니 그보다 더 많은 것을 교환해야 한다는 것이 노동계약의 규칙이기 때문이다. 참여자들은 이때 교환되는 것이(어쩌면 더 큰 뭔가가) 분명 있다고 말한다. 자신의 시간과 위치, 생활, '내 삶의 공간', 여가, 열정, 꿈, 관계, 행복 등이다.

자신이 '잘 쓰인다'는 생각이 들었더라면 돈을 적게 받는다 하더라도 회사에서 더 '신나게' 일했을 것 같다는 윤재훈. 그는 자신의 쓰임을 스스로 알 수 없고 또한 느낄 수도 없던 피고용자의 입장이 보통의 '불공정한' 임금노동 계약 속에 포함되어 있는 내용임을 알게 되었다. 즉, 회사가 나를 고용하지만 정작 그 사용 내용에 대해서 노동자는 관여할 수 없고, 제대로 알 수조차 없다는 사실을 말이다.

이동진은 벤처 기업과 대기업에서의 고용을 비교하며 임금노동자로서의 '거래'에 대해 설명했다. 벤처 기업에서는 당장의 돈을 덜 받는다 하더라도 자유로운 분위기와 발전 가능성에서 오는 희망이 있다. 반면 대기업에서는 자유로운 분위기나 기약할 미래 대신 높은 연봉이 있다는 것이다. 이렇게 말한 그의 선택은 정신적인 궁핍과 고액 연봉 대신, 자신이 제어할 수 있는 수준에서 '최대 행복'을 추구하는 일이었다. 이러한 참여자들의 말은 노동자들이 임금노동자로서 필연적으로 거래해야 하는 것이 있음을 내포한다. 하나의 선택에서는 잃는 것이 있다면 얻는 것이 있고, 얻는 것이 있다면 잃는 것이 있다. 마이너스와 플러스가 합쳐져 0이 되는가 하면 그 결과가 마이너스가 되기도, 플러스가 되기도 한다. 그 계산을 어떻게 잘하느냐가 결국은 노동자가 결정할 수 있는 최대한의 선택이라는 뜻이다. 회사는 결코 '더' 주지는 않는다.

한편 한정희와 아래 박래연의 말에서 알 수 있듯이 기업의 논리를 버텨낼 수 없는, 덜 자본주의적인 성향의 개인들은 어느 정도 선에서 자발적으로 구조 밖으로 튕겨 나갈 수밖에 없었다. 이에 대해서 그들의 능력 부족과 나약함, 낮은 적응력 탓이라고 쉽게 말할 수도 있겠다. 그러나 그렇게 말할 때는 '능력'과 '경쟁력'의 기준이 극히 자본가와 이윤의 기준에 맞춰져 있을 때에야 가능할 것이다.

도시의 삶이 (내게) 너무 잘 맞거나, 계속 경쟁하고 내 파워를 키워가면서 계속 올라가고, 그런 걸 잘하고 그게 적성에 맞았으면 뭔가 위계 안에서 위치하는 데 대한 불편함이나 그런 것도 덜하고, 보상만 금전적으로 잘해준다면 '이쯤이야, 이 정도는 견디지 뭐' 이런 마음이었으면 안 내려왔겠죠. 그런데 그렇지 않았으니까, 그렇게 사는 게 손해라는 느낌이 들었으니까. 제가 잘할 수 있는 것도 아니고요. 그런 삶에서 내가 경쟁력이 없다는 판단을 했기 때문에, 빨리 벗어나고 싶다고 생각한 거 같아요.
박래연

패션잡지 기자는 40대부터는 편집장이 되거나 아니면 퇴사를 하는 식인데, 한정희는 이 갈림길에서 퇴사를 택한 경우였다. 만약 모든 기자들이 꿈꾸는 편집장의 자리를 원했더라면 그녀도 이를 시도해보거나 어쩌면 가능했을 수도 있다. 하지만 그녀는 그 자리가 요구하는 '역할'을 지키는 것에 도저히 자신이 맞지 않다고 여겼다. 편집장, 즉 관리자라는 위치에서 가장 중요한 것은 전반적인 잡지의 살림살이를 도맡으면서 후배들을 이끌고 관리하는 일이다. 달리 말하자면 아래의 사원들을 평가하고 구조조정하는 주요 결정권자의 역할이라는 뜻이기도 하다.

'줄 세우기' 방식의 평가를 할 수 없어서 모든 후배들에게 A등급을 주는 식으로 대응했던 그녀는 연차가 올라가면서 잡지사라는 구조가 어떤 식으로 돌아가는지를 잘 파악하게 되었다. 회사가 이윤 면에서 안정되게 운영될 수 있도록 잘 '보필'하는 역할은 자본주의에 적합한 성격을 띨 수밖에 없다. 남아 있었더라면 그 역할을 해야만 했을 것이다. 그래야만 돌아가는 구조와 위치이기 때문이다. 그래서 패션잡지에서 편집장이 되는 기자들은 대부분 자본의 생리를 잘 알고 있으며, 시장—이윤, 광고 등—에 대해 계속 감을 유지하고 있는 뷰티·패션팀 출신이다.

기존의 구조에서 가장 잘 버티는 사람들은 이윤과 영리 추구에 밝고 이를 잘 수행하는, 그리고 그것에 의문을 제기하지 않을 수 있는 표준화·정상화된 '능력'과 '경쟁력'을 가진 이들일 것이다. 살아남기 위해서는 이 자본주의의 규칙과 언어를 어떤 식으로든 익혀야 한다. 그러나 한정희, 박래연 등은 그렇게 사는 게 손해이며, 그런 삶에서 자신은 경쟁력이 없다는 것을 알았다. 회사에서 빠져나온 참여자들의 구체적인 개별 이유는 다양했으나 그 중심에는 자본 논리에 대한 의문과 회의가 공통적으로 자리 잡고 있다. 이윤 중심의 사회에서 내 '능력'과 '경쟁력'을 확신할 수 없던 이들은 체제로부터 자발적으로 퇴거하기 시작했다.

진짜 이상한 게, 기술이 발달하면 사람들이 일을 더 적게 해야 하는데, 그런 방식이 아니라 일을 할 수 있는 사람은 더 많이 일을 하고, 그렇지 않은 사람은 아예 못 하고 이러는 게 너무 비합리적인 거잖아요. 기술이 진보하면 사람이 더 자유로워져야 되는데. 저는 일을 한다는 건 중요하다고 생각하거든요. 어떤 조직에서든 일로써 자기를 실현하는 부분이 있고 조직의 소속감이란 것도 되게 중요하다고 생각해요. 인간이기 때문에. 그런데 한편에서는 그게 너무 과잉돼서 주말에도 나가서 일해야 되고, '난 여기에 취직했으니까' 이런 거고. 또 한편에서는 어디도 취직하지 못하고. 이게 너무 말이 안 되는 거죠. 중간이 없기 때문에. 이걸 놓으면 저 밑으로 내려가니까. 저 회사 다닐 때 친구들도 다 그러거든요. 우린 회사 그만두면 하류계급이라고…….   **이명선**

고용 중심의 사회와 관련된 이명선의 이 말은 중요한 고민 주제를 제시한다. 사회적 리듬, 관계, 정체성을 엮고 만드는 핵심적 자리에 있는 '노동'은 사회에서 개인을 판단하는 대표적인 기준점이 된다. 일정액 이상의 연봉으로 정식 고용되고, '정상 근무 시간'인 아침에 출근해서 저녁에 퇴근하고, 표준화된 시간과 생활양식을 공유하는 삶이 사회적으로 요구되고 열망된다. 노동사회는 이러한 임금노동 형태의 삶만을 '정상적normal'이며 평범한 삶으로 규정하고 있다. 그리고 그런 식으로 '남들이 사는 대로' 평범하게 일하며 살고 싶다는 것은 요즘 청년 세대가 바라는 최대한의 바람, 사치스러운 '욕심'이 되었다.

또한 '노동사회'란 사회보장과 여가 등 노동자의 사회적 권리가 표준화된 노동 기준을 통해 보장되고 제도화된 사회를 의미한다. 그렇기에 표준화된 노동에 종사하지 않는 사람은 이러한 권리에서 주변화되고 배제되며, 노동자 시민으로서의 생활 기회와 생활양식을 보장받지 못한다.[53] 고용 문제가 심각한 현재, 이러한 표준화에 대한 열망은 강해질 수밖에 없고, 구조로부터의 탈락이 야기하는 불안감은 더욱 증폭된다. 때문에 고용 중심의 노동사회는 더욱 강화될 수밖에 없다.

Q사는 서비스 규모나 연금, 복리 후생 등의 복지 부문에서 '맞춰 줄 수 있는' 기업으로는 동종 업계 최고 수준이었다. 그래서 이명선의 직장 동료들은 "여기 그만두고 어디 가겠어"라는 냉소적 태도이자 현재 수준에의 만족, 다시 말해 '감지덕지하자'는 체념적 태도를 갖게 되었다. 피고용자로서 대부분의 노동자들은 업무에 지치고 고통을 겪지만 동시에 이 괴로움은 '고용되어 있기에' 느낄 수 있는 '자기만족적 괴로움'이라는 이중 감정 속에 놓이기도 하는 것이다. '그래도 일할 수 있어서 다행이다'라는 안도감을 느끼면서. Q사에 노조가 없고 동료들은 그 필요성을 크게 느끼지도 않으며, 나아가 그들은 어딘가 구석의 느낌이 풍기는 '노동자'라는 언어를 빌려 자기 자신을 생각하지도 않는다는 이명선의 이야기는, 현재 노동사회에서 열망되는 '표준적이고 정상적인 노동'이 놓인 위치를 가늠하게 한다. 기한이 만료된 듯한 '노동자'라는 용어가 아니라 개발자, 디자이너 등으로 자신을 정체화하는 편이 더 폼 나고 세련된, 현대의 일 형태라는 인식 말이다.

실업이나 불안정 노동 상태의 사람들에게는 비노동 시간이 늘어나면서 소득은 줄고 불안은 깊어진다. 반면 다행스럽게 일자리를 지킨 경우는 노동 자체가 '특권'이 되어 노동을 오히려 강화하는 일이 벌어진다.[54] 좋은 일자리에 대한 진입 장벽이 높아질수록 그리고 경쟁이 치열해질수록, 안정적인 위치의 노동자들이 보수화될 경향은 더욱 높아진다. 회사 안에서도 치여 살지만, '밖은 더한 지옥(회사 그만두면 하류계급)'이라고 생각하기 때문이다.

이로 인해 노동자 간의 내부 경쟁과 갈등의 잠재성도 더욱 커진다. 안정과 불안정 사이의 벽은 얇아지고 있음에도, 이 둘을 가르는 선이 더욱 견고해지고 있다는 것은 모순적이다. 표준화된 노동을 떠난 '대안적'인 생활양식은 노동 유연화가 제공하는 신축적 노동과 시간제 노동을 적극 추구하는 집단인 '시간 개척자time pioneer'나 일부의 프리터처럼 틈새 속에서만 간신히 불안정하게 숨 쉴 뿐이고,[55] 대부분에게는 불가능하다고 여겨진다.

나의 노동, 세상을 좀 더
나쁘게 만들었던

2008년 금융위기를 경험하기 전, 회사 생활 초기의 이준익에게는 자신의 일을 스스로 해석하는 '합리적'인 논리가 있었다. 그는 한 대형 은행의 IT 시스템을 장기 프로젝트로 맡아 진행하면서, '일을 그럭저럭 재밌게' 하며 성과를 인정받았던 적도 있었다. 당시 전문가로서 보람을 느낄 수 있었던 것은 자신이 평범한 시민들을 위해 가치 창출을 하는 시스템을 구축하고 있다는 생각 덕분이었다. 어차피 은행에는 그런 식의 시스템이 필요한 법이고, 평범한 사람들 대다수는 은행을 이용하며 은행의 도움을 받는다. 때문에 사회에 '필요한 시스템'이라는 가치를 창출하는 기술 전문가로서의 길을 갈 수도 있겠다는, 금융 IT 컨설턴트로서의 긍정적인 미래를 구상해보기도 했다.

그러나 그러한 와중에도 이 시스템의 변화가 극히 이윤 지향적이라는 사실은 인지할 수밖에 없었다. '유니버설 뱅킹(universal banking, 은행 업무와 증권 업무의 겸영)', '트랜잭션 뱅킹(transaction banking, 자금 관리 서비스를 비롯해 지급 결제, 신탁, 사무 수탁 등 수수료를 창출하는 사업)', '피 베이스드 뱅킹(fee-based banking, 송금, 결제 등 서비스 수수료로 이윤을 만드는 형태의 은행 업무)' 등등, 이는 모두 당시의 일에 대해 설명하면서 그가 등장시킨 용어들이다. 한국의 금융 흐름 역시 1990년대 IMF 체제 이후 쭉 세계 금융 경제의 조류에 맞춰 진행되어왔다.

외국에서 일하던 당시 그는 고객들과 상담할 때 기술적인 이야기를 주로 했다. 영업적이고 전략적인 '세일즈 피치(sales pitch, 구매 상담)'는 좀 더 시니어에 속하는, 그 나라의 문화를 잘 아는 해당 국가 컨설턴트들이 담당했다. 때문에 상대적으로 이준익은 외국인이자 기술 전문가로서, 직접적으로 금융 경제와 관련된 '전략적' 세일즈와는 다소 거리를 둘 수 있었다. 그에게 이것은 '실질적으로 스트레스를 덜 받는' 일이 되었다.

> 합리적이죠, 굉장히. 그 사람들이 일하는 바깥세상에서 그런 불공평함이 발생하는 거지, 그 안(회사)은 굉장히 합리적이에요. (중략) 우리가 벌이는 비즈니스 활동에 의해 전체 사회에 그런 불공정함이 발생하는 건……, 사실은 저희가 그렇게 일하면서 쉽게 느낄 수 있는 부분은 아니었어요.
>
> 이준익

자신이 행하는 업무들이 외부의 불평등을 생산해낼 수는 있겠지만, 그럴지라도 내부적으로 이는 오히려 굉장히 '합리적'인 행위였다. 비합리적인 것, 부조리한 것에 대해 분노와 거부감을 강하게 느끼는 성향이 있다고 그가 자평했던 것처럼, 당시 이준익에게 자신의 일을 정당화할 수 있게 한 것은 바로 이 '합리성'이라는 기준이었다. 사내 평가 시스템이나 사원들의 멘토링 프로그램 등 기업 문화를 위한 노력과 제도는 '합리성'을 담보했다. 나에게 그의 말은, 기업 '외부'의 사회와 '내부'에서 체화體化된 합리성의 세계가 서로 안전하게 잘 분리되어 있는 것처럼 들렸다. 회사 외부에서 발생하는 불합리성은 내부에서 일하는 사람들이 쉽게 느낄 수 있는 것은 아니었다.

하지만 뉴스에서 구조조정 기사를 볼 때면 자신의 시스템이 불의를 생산할 수도 있겠구나 하는 생각이 들기도 했다. 그러나 그가 주로 상대한 IT·금융 기업들에 이른바 '귀족 노조'라 불리는, "자기 이익들은 웬만큼 잘 챙기는 센 노조"가 있다는 사실은 사회의 불평등에 대한 죄책감에서 자신을 떨어뜨려 생각할 수 있는 일종의 합리화로 기능했다. 임금이 높고 안전한 '귀족 노조'는 지금 뉴스로 보는 사회의 불평등과 불합리함에서 멀리 있다는 생각이 그를 불편함으로부터 보호해줬던 것이다. 물론 그가 이렇게 자신의 노동을 합리화하는 언어를 갖고 있었던 것은 극히 평범하고 자연스러운, 스스로를 위한 일종의 생존 방식이라고도 할 수 있다. 누구든 어떤 일을 지속하면서 자아를 유지한다는 것은, 부분적이라 할지라도 자신의 상황에 대해 스스로 납득할 만한 이유와 믿음이 있어야 가능할 것이기 때문이다.

혹은 자기 합리화의 논리로 해결되지 못하는 혼돈은 다른 방식으로 잊힐 수도 있었다. 이준익의 동료들, 절대 업무량이 많은 컨설턴트들은 밤늦게까지 회사에서 야근을 하고 회사 비용으로 자주 여자가 나오는 술집에서의 유흥을 즐겼다. 어떻게 보면 일종의 횡령·배임에 속하는 것이라 볼 수도 있지만, 한편으로 이는 '회사 생활을 잘하기 위한' 방편이었기에 이준익은 동료들의 행동을 이해할 수도 있다고 했다.

> 사실 그 문화에서는 업무의 연장이라 볼 수도 있어요. 왜냐하면 그런 식으로라도 보상을 안 해주면 애네들(직원들)이 스트레스를 감당할 수 없기 때문에. '그건 비윤리적인 짓이야'라고 말할 수는 없는 거였어요. 그렇게 함으로써 사람들은 모럴 서포트(moral support, 정서적 지원)를 하는 거니까요. [당시엔 준익 씨도 그렇게 생각하셨어요?] 네, 하지만 그건 제가 싫어하는 거고, 여사원들 입장에서는 굉장히 불공평하다고 느꼈을 거예요. (중략) 그게 회사 일을 하게 되는 동기란 걸 알기 때문에, 사람을 쥐어짜는⋯⋯. 그래서 그 자체를 굉장히 비윤리적이라고 생각하진 않았어요. [묵인하는 거네요.] 네, 그런 문화가 있죠.
> **이준익**

이준익은 그들과 함께하지도 않을뿐더러 회사 비용으로 술집을 드나드는 남성 직원들에 대해 느끼는 여성 직원들의 불평 역시 타당하다고 생각했다. 그러나 그런 식의 '비도덕적인 여흥'이라도 허용해주지 않는다면 (남성) 노동자들이 버티지 못할 것이라고 생각하기도 했다.

한국에서 오락과 여흥의 범주가 협소한 이유는 한국 사회의 일 중심성과 이에 따른 생활 패턴과 무관하지 않다. 블록버스터 영화의 흥행과 '어렵고 어두운 영화'에 대한 회피, 후크송의 범람 등으로 보이는 '의식의 단순화' 역시 단지 '개인의 취향' 문제만은 아닐 것이다. 노동시간과 강도가 높은 직종에 종사하는 사람일수록, 그리고 점점 노동 중심적인 삶에 종속되는 노동사회일수록 개인들의 여가와 휴식은 단순화되기 쉽다. 자극적이고 순간적인 쾌락을 쉽게 얻을 수 있는 익스트림 스포츠 extreme sports나 게임 등의 여가를 즐기는 이들이 늘어나는 것은 노동현장에서의 극심한 경쟁과 성과주의의 피로감, 노동강도와 시간을 보상받고자 하는 욕구와 연관된다.[56] 특히 많은 한국 남성 직장인의 여가는 '술, 여자'로 압축된다고 해도 커다란 왜곡은 아닐 것인데, 일생 동안성 구매를 경험하는 한국 남성이 절반에 이른다는 통계 자료 역시 이와무관하지 않다.[57] 성매매 업소의 출입이 남성들 간의 집단성과 사회성의 확인으로 쉽게 여겨지는 한국 사회에서, 1년 동안 가장 많은 성 구매비율을 보이는 계층은 '30대 대졸 직장인 남성'이며, 이들은 보통 업무의 연장선에서 혹은 여가의 일환으로 동료나 친구와 함께 성 구매를 즐긴다. 우리 사회는 성매매마저 직장인들의 일련의 일 문화와 여가 속에서 이뤄지는 것이다.

첫 회사에서의 주니어 컨설턴트 시절, 이준익은 전략·비즈니스 컨설팅 등 다양한 산업을 오가는 컨설팅을 맡았지만, 3년 차 때부터는 은행의 시스템을 구축하는 프로젝트를 주로 맡아 진행했다. 그러다가 이후에는 아예 금융 시스템 컨설팅을 담당하는 기업으로 이직했다. 시스템 컨설팅은 다른 프로젝트에 비해 비교적 길게 진행되는 프로젝트이기 때문에 생활을 장기적으로 가져갈 수 있었기 때문이다.

금융 기업이나 일반 기업의 IT 시스템을 풍미했던 ERP 시스템이란 게 있는데, 그런 생각을 한 적 있어요. 이런 걸 하는 게 과연 노동자 입장에 선 어떤 것일까, 이게 노동자들에게 어떤 도움을 주는 걸까? 아, 이걸로 사람들의 효율이 높아지면 그만큼 자유 시간이 늘어나는 거 아니냐, 그 런 식으로 생각했어요. 실제로는 뭐, 결국은 사람을 줄이게 된 거거든 요. [말씀하신 일이나, 10여 년 동안 일하셨던 것을 지금 생각해보면 다 르게 해석되거나 생각이 바뀐 게 있나요?] 특별히 다시 해석한 건 없었 어요. 왜냐면 그때도 이미 인식하고 있던 문제였기 때문에. 다만 이제는 그게 어느 정도까지 영향력을 끼치는가에 대해서는, 재해석까진 아니지 만 그 '임팩트'가 많이 왔다는 걸 알았어요. **이준익**

그는 한창 ERPEnterprise Resource Planning* 시스템이 알려지던 시기 에 은행들에게 이 시스템을 소개하고 설계하는 컨설팅을 맡고 있었다. 당시 그는 가치중립적으로, '이상적인 기업'이라면 이 시스템을 통해

---

* ERP 시스템이란 영업, 구매, 생산, 회계 등 부서별로 독립적으로 운영되던 관리 시 스템들을 복합 베이스로 하여, 효율성과 업무 체계의 합리성 그리고 정확도를 높이 는 기업 경영·관리 컴퓨터 시스템이다. 1990년대부터 20여 년 동안 다국적기업·대 기업에서부터 시작하여 나중에는 작은 기업들도 대부분 이를 도입하게 되었다. 국내 의 ERP 시스템 도입은 1997년도 이후 대기업들이 IMF의 영향을 받으면서 고용 체 제를 바꿔간 것과 직접적인 연관성이 있다. 이 시스템을 구축하게 되면 업무 효율화 로 일의 절대량이 줄어들기 때문이다. 예를 들어 3명이 하던 일이 2.5명분으로 줄어 드는 수준이라면 회사에서는 2명을 정식 고용하고 1명은 계약직 노동자를 고용하거 나, 혹은 2명이 과다 업무를 하게 하는 대신 급여를 올리는 식이다. 이 시스템은 업무 효율화에 따른 노동 유연성의 흐름과 연결되는 것이다.

업무량이 줄어든 만큼 노동자들의 여가 시간을 늘리는 방향으로 경영할 수 있으리라는 '상상'은 했지만, 현실은 그렇게 진행되지 않을 것 역시 알고 있었다. 그의 설명에 의하면, 실제로 이것은 일종의 구조조정 프로그램으로 사용되었다. 실례로 국내에서 ERP 시스템을 최초로 도입했던 한 재벌 기업은 이후 해외의 또 다른 ERP 전문가를 소집해 이를 다시 조작할 수 있도록 만들었다.

이준익은 그 시스템의 임팩트가 현실에서 결코 약하지 않았음을, 이후 비정규직 비율이 노동인구의 50퍼센트를 차지한다는 수치 혹은 청년 취업이 어려워진 상황 등의 결과로써 확인했다고 한다. 동시에 자신이 하는 일이 세상을 '나쁘게 만드는' 쪽에 있음도 점점 확실해졌다.

(내 일이) 세상을 나쁘게 만드는 방향에 더 가깝다는 게 좀 더 직접적으로 느껴졌어요. 특히 2008년 이후에는. 그 전에는 금융 쪽 컨설팅을 했기 때문에 글로벌한 금융의 장점들을 (강조하며) 우리가 고객들한테 팔고 다녔잖아요. 그런데 2008년 이후 그게 사기라는 사실이 드러난 거예요. 훨씬 느낌이 오는 거죠. '좋은 일은 아니다.' 간접적으로 기여한 거죠. 실무적으로는 IT를 하지만 그런 프로젝트를 팔기 위해서는 결국 같은 맥락 안에서 얘길 해요. 우리 시스템은 이런 것들이 잘됩니다, 라고. [인프라를 구축해주는 거네요, 돈을 벌 수 있는?] 네, 네. 맞아요. IT가 지원해주지 않으면 힘들거든요. **이준익**

이준익은 자신의 노동이, 오래 일하면 일할수록 그 안에서 자신이 성장하기보다 소모되는 듯 느껴지는 소진의 경험을 넘어, 어떠한 경우엔 '나쁜' 사회에 일조하는 행위이기도 했음을 고백했다. 또한 김윤진이 털어놓은 아래의 이야기는, 일에 대한 개인의 자기평가가 더 넓은 사회적 맥락과 이어질 때 참여자들에게 결코 적지 않은 파동을 일으켰음을 환기시킨다. 그녀가 '내 일'을 평가할 때 느낀 '자기모순'은, 단지 '내 발목을 잡을지도 모른다'는, 개인적 차원의 문제만이 아니었다.

> 마흔 이후에 하고자 하는 것은 내가 걸어온 길이랑 참 정반대 가치의 일이구나. 그런 업계에서 종사했던 게, 그 일로 겪었던 경험과 부가, 그 일로 얻은 사회적 영향력이 내가 다음 일을 하는 데 있어서 정말 득이 될까? 아니면 자기모순에 더 빠지게 되지 않을까? (이런 생각을 했어요.) 금융이라는 거 자체가 여성이 승진하기도 힘들고, 여성들에게 폭력적인 구조예요. 아, 나는 올라가면 올라갈수록 남자들을 위해서 일을 하거나 내스스로가 남자가 돼야 하는 거 아닌가? 그러면 은퇴하고 여성들을 위해 일하고 싶다는 건 엄청난 모순 아닌가 하는 생각을 하기도 했고. (중략) 어렸을 때부터 가져왔던 가치, 지금 갖고 있는 가치, 그리고 은퇴하고서 하고 싶은 일이 다 상충되는 거예요.
>
> 김윤진

많은 대기업에는 이미 노동자 차별 방지를 위한 좋은 제도적 장치들이 있다. 그러나 헤드헌터라는 에이전트를 끼면 이를 쉽게 무너뜨릴 수 있다. 인종, 성별, 학력, 학벌 등 제도적으로 금지된 차별들이 헤드헌터를 만나는 자리에서는 스리슬쩍 뭉쳐진다. "이렇게 차를 마시면서

'사실 나는 이 학교 나온 사람 좋아해'라고 하면 증거도 없고", 거기에 어떤 마땅한 이의 제기를 할 수도 없다. 그렇게 은근한 차별에 동조하다가, 어느 정도의 '급'이 되면 결국은 이를 '결정적으로' 판단해야 하는 갈등의 순간이 닥쳐온다. 당시 29세이던 김윤진은 그 시점을 36세라고 보았고, 그때는 '도망쳐야겠다'고 생각하고 있었다. '자본주의는 조직 안에서만 폭력적인 게 아니라, 그 산출물도 폭력적'이라고 말한 그녀는 업계에서의 남성 중심적, 군대 문화적인 모습에 특히 큰 실망과 분노를 표했다.

2008년 금융위기 때 여성들이 먼저 해고되어 나갔고, 그녀는 여성 직원을 남성 직원으로 교체하고자 하는 기업들을 도왔다. '한부모 가정의 자녀'로, 또한 여성으로서의 정체성을 매우 강하게 갖고 있는 그녀에게 이 경험은, 과거의 그녀를 옥죄던 가부장제와 매우 닮아 있는 금융자본주의의 맨얼굴을 대면한 충격으로 다가왔다. 인정받기 위해서 고군분투했지만 그렇게 해서 받게 될 인정이, 내가 얻고자 했던 '여성으로서'의 성공의 모습을 반영해줄 수 있을 것인가? 마흔 이후에 사회에서 여성을 지원하는 일을 하고 싶던 그녀는, 그 일의 밑바탕이 될 것이라 믿던 '마흔 이전'의 경험이 '마흔 이후'의 발목을 붙잡을지도 모른다는 근본적 두려움을 느꼈다. 이대로 계속 헤드헌터로 일한다면 언젠가 자신에게도 여성 동료를 밟고 남성들의 편에 서야 하는 '선택의 순간'이 올 것이다. 그럴 때 과연 어떤 선택을 할 수 있을지 자신이 서지 않았다. 젠더gender 인식과 도덕이 부재한, 아니 그러한 이름의 윤리 자체가 존재하지 않는 '탈윤리' 공간에 계속 복무하는 것은 그녀 자신의 정체성과 존재감에 스스로 배반적인 일이었다. 그러면서 김윤진은 처음으로 구조의 문제, 그리고 자기모순의 문제에 눈을 뜨게 되었다고 말했다. 여자로서 이 게임을 그만둘 것이냐 아니면 여자 옷을 벗고 남자로서 이 게임을 해나갈 것이냐 하는 양자택일의 기점인—중간 매니저로 승급될—36세가 다가오는 현실이 그녀에게는 거대한 공격이 밀려드는 것처럼 느껴졌다. 결국 입사 초기에는 40세, 이후에 36세로 당겨졌던 퇴사 시기는 초기 계획에서 약 10년이 더 앞당겨졌다. 그녀는 30세에 회사를 그만뒀다.

'돈'이라는 최종 심급만을 좇아, 돈 되는 것이면 어떠한 경계와 차별·위계도 없이 자본이 넘나드는 글로벌 신자유주의 같아 보이지만, 그 안에서도 엄연한 위계와 차별주의는 여전히 유지된다. 이준익 역시 연봉이나 승진에서 인종이라는 '유리천장'을 느꼈다고 했다.

'월스트리트로 간 인류학자' 캐런 호Karen Ho는 전 세계의 초엘리트 두뇌 사원들이 모인, 오로지 능력 하나로만 평가될 것 같던 뉴욕 월스트리트에서 만연한 전통적 차별에 대해 고발한 바 있다. 은연중에 때론 노골적으로 인종차별과 성차별이 존재하는 상황에서, 지나치게 열심히 일하는 사람은 그가 갖는 어떠한 핸디캡 때문일 가능성이 높다. 월스트리트의 많은 여성들은 흔히 "패배자들처럼 남들이 피하는 업무에 달려들거나 상관을 위해 힘든 일을 하려고 경력 관리에 도움이 안 되는 조치도 받아들이라"는 압력 속에 놓이고, 그럴 때의 상관들은 거의 언제나 남성들이다. 피부색과 젠더를 표백시키는 순결한 능력주의 담론 속에서 모든 노동자들은 대체로 더 열심히 일하라는 압력을 받지만, 어떤 경우는 매우 열심히 일한다는 바로 그 이유 때문에 이용만 당하고 전략적으로는 불필요한 존재로 간주될 수 있는 것이다. "이 노동자들이 자신의 시간을 기꺼이 '할애한다'고 여겨지기"에, 그들의 시간은 가치가 덜한 것으로 이해되기도 한다.[58] 그리하여 그 노력은 대체로 충분히 평가받지 못하며, 또한 어떠한 보상도 받지 못한다. 월스트리트 같은 글로벌 시장에서 혹은 한국 사회에서 아무리 능력주의와 성과주의를 광고한다 하더라도 엄연히 학력과 학벌, 젠더와 인맥 등의 '스펙'이 매우 핵심적인 요소로 평가되는 현실에서, 실상 제대로 된 '능력주의'란 개념은 전혀 발휘되지 못하고 있는 것 아닌가? 때문에 마치 스펙이 아닌 개개인의 순수한 '콘텐츠'란 알맹이가 중요한 것처럼 착각하게 하는 자본의 광고는 '기만'이다. 자본 분배는 결코 평등하게 이뤄지지 않으며, 자유는 공평하지 않다. 신자유주의는 '모두에게' 힘든 시련을 주는 게 아니다.

나는 김윤진, 이준익과 만나면서 2008년 서브프라임 금융위기에 대해 뒤늦은 관심을 갖게 되었다. 참여자들이 종사해온 업계와 직간접적 관련이 있기도 했으며, 경제 위기라는 보이지 않는 거대한 폭풍의 여파가 이들의 노동에 어떤 영향과 변화로 다가왔는지 그리고 평범한 사람들의 세계에 실제 어떠한 방식으로 침투했는지 알고 싶어서였다.

2007~2009년 미국발 금융위기의 원인으로는 미국의 저소득층과 소수 인종 및 이민노동자에 대한 약탈적 대출로 엄청난 돈벌이를 한 모기지 전문 금융회사, 그리고 이들 금융회사로부터 대출 채권을 사들여 높은 수익을 올린 투자은행이 주로 도마 위에 오른다. 하지만 여기에는

복잡다단한 요인들이 동시에 얽혀 있다. 미국 경제 시스템과 이를 뒷받침하는 여러 하위 제도들, 더 나아가 미국의 개별 경제주체들의 행태와 의식 구조를 비롯한 경제의 금융화, 금융의 증권화, 21세기 미국의 새로운 금융자본주의가 이에 결정적으로 작용했다.[59] 세계경제를 쥐고 있는 새로운 금융자본은, 저 멀리 월스트리트에서 오가는 '숫자'들로만 이뤄져 있는 듯 아득하고 막막해 보이지만, 실제로는 그물처럼 얽혀 주변부의 서민들 가계경제와 결코 멀리 있지 않다. 또한 참여자들처럼 주변부 '서민'이라기보다는 훨씬 '금융', '세계경제' 담론과 가까이 있던 이들의 노동과 그 절망의 배경에도 이 금융위기가 연결되어 있다. 펀드니 투자니 하는 것과 무관하고 무지하게 살아온 나 또한 이전에 뉴스 기사나 텍스트 속 '담론'으로 접하던 것을 참여자들의 경험을 통해 간접경험하게 된 것이다.

2008년은 이준익이 금융 컨설팅 기업으로 이직한 해였다. 그는 금융위기 당시, 사건에 연루된 사람들의 비도덕적 처신을 직간접적으로 볼 기회가 생겼다. 파생 상품을 이용해 수조 단위의 손실을 내고 여러 은행들을 파산시킨 사건에 연관된 사람들이 처벌을 받는 대신 다른 기업에서 많은 돈을 받고 일하고 있었다. 가담 내지는 방조, 또는 직무를 제대로 못 한 사람들이지만, 실제로는 다른 곳에서 아무 일도 없었다는 듯이 고액의 연봉을 받으며 똑같은 일을 하고 있는 것이다. 또한 도쿄에 근무할 당시에는 자신의 고객을 통해서도 이 세계를 목격할 수 있었다.

(트레이더인 고객이) 엄청 많은 돈을 굴리는데, 그리고 굉장히 나이 어리고 그런데, 그 굴리는 자본이 실제로 현실에서 어떤 일을 일으키는지에 대해서는 이 사람들은 전혀 생각을 안 하는 거잖아요. 정말 그것만 보는 거죠. 자기 일과 세상의 어떤 그런 연관성, 사람들의 삶에 끼치는 영향에 대해서는 거의 인식을 안 하는 거 같아요.　**이준익**

금융 기업과 시스템을 지원하는 업계에서, 그는 점점 자신이 하는 일이 어떠한 결과를 만드는 것인지를 느끼게 되었다. 기술 전문가로 일하지만 글로벌 금융이라는 거시적 관점에서 보았을 때 자신이 무엇을 지원하고 있는지, 어떤 것들을 가능/불가능하게 하고 있는지를 확인하게 된 것이다. 금융 기업이 돈을 좀 더 효율적으로 쉽고 빠르게 벌 수 있게 하는, 또한 기업이 노동자들을 더 쉽게 자르고 관리할 수 있게 하는 인프라를 구축해 '도와주는 일'이 바로 자신의 일이었다. 금융위기는 당시 도쿄에서 금융계 고급 인력들을 연결해주며 내적 갈등을 겪고 있던 김윤진에게도 커다란 충격이자, 삶의 전환에 대한 결정적 분기점으로 다가온 사건이었다.

이 판이 금융자본주의라든가 고도의 자본주의 그리고 노동시장 유연화라는 것에 봉사하는 직종이잖아요, 아무리 좋게 포장을 해도. 그렇다면 이것이 내가 20, 30대를 고스란히 바쳐서 할 일인가 하는 고민이 들었어요. 아마 저처럼 마흔에 뭐 하고 싶다가 아니라 평생 헤드헌터 하고 싶은 사람들은 자부심이 있을 거예요. 그리고 저도 그 자부심이 뭔지 알아요. 그런데 결국은 이 보이지 않는 손이 누굴 위해 일하고 있는가, 이런 생각이 드니까 참……. 마흔까지 버틸 수 있을까?

김윤진

리처드 펄드Richard Fuld는 리먼 브라더스가 파산 신청을 했던 당시의 CEO다. 그는 범죄에 해당하는 부도를 내고서도 막대한 연봉을 챙겼다. 과장급에서 부장급으로, 또 이사급으로 사장급으로 고객의 급이 올라가는 것이 헤드헌터의 성장 단계인데, 김윤진은 '선배들의 롤모델'이 결국은 '리처드 펄드 같은 CEO를 옮기는 헤드헌터인가?' 하는 생각이 들자 혼란스러웠다.

금융위기 당시 몇천 명의 노동자들을 해고하면서 구제금융을 받고, 비난을 감수하면서까지 사장단끼리 보너스를 나눠 갖던 한 보험회사에 대해, 그녀는 받을 수 있을 때 받아야 된다는 업계의 윤리가 있다고 말했다. 이 '윤리를 초월하는' 윤리를 행하는 이들이 그녀가 앞으로 만나야 할 고객인 것일까? 일 – 사람, 사람 – 공간을 이어주는 헤드헌터의 기본 소임을 강조한다고 해도, 그녀가 끝내 가까이 가고 있는 것이 자신의 범죄와 상관없이 돈만 챙기는 경영자들이라는 자각은 이제 피할 수 없게 되었다. 서브프라임 금융위기를 둘러싼 담론에서 특히 주목할 만한 점은, 김윤진이 지적한 것처럼 투자은행 경영자들의 탐욕에 대한 비난이 집중 성토되었다는 점이다. 투자은행이나 법인기업 CEO들이 서민들의 상상을 초월하는 과도한 액수로 '보상'받고자 하는데도, 이사회가 이를 제대로 심의하지 못하고 그대로 승인하는 미국 기업 지배 구조의 결함이 그 금융위기의 중간에 위치하고 있었던 것이다.

앞으로는 좀 크게 보자, 판을. 어렸을 때는 어떤 경험을 해도 좋다고 생각했는데, 그때는 사실 일의 속성을 많이 봤던 거 같아요. 나무만 보고 숲을 못 본 거예요. 그런데 앞으로는 숲을 볼 수 있는 눈을 가지고, 그게 사회에서 어떤 의미를 가지는 일인지 큰 맥락을 봐야겠다는 생각은 해요.

김윤진

그것은 '믿음 없이 일한 적이 없는' 그녀의 믿음을 흔든 사건이었다. 일을 시작하게 만든 동인이 '일의 의미를 찾을 수 있다'는 것이었으나, 헤드헌터 세계의 '의미'는 그녀가 바랐던 '의미'와는 이미 다른 색을 띠고 있었다. 사람을 만나고 이야기 듣는 것을 좋아해 그러한 속성을 지닌 직업을 찾았고, 그 일로부터 보람과 행복을 느꼈다. 그러나 그녀는 이제 그것을 나무만 보고 숲을 못 봤던 것으로 재해석하게 되었다. 나무 한 그루의 속성에 집중할 때는 그 나무들이 모여서 만드는 숲의 전체 형태와 속성은 간과된다. 하지만 더 멀리, 더 위에서, 나무들이 군집을 이룬 무성한 숲을 보게 될 때 그 나무 하나하나의 속성은 다시 해석된다. 그녀에게는 2008년도 경제 위기가 그런 기회였다.

최근 한국 사회에서 '먹고사니즘'이란 말은 심심찮게 쓰인다. '먹고살기 위해' 돈을 버는 행위에 대한 안쓰러움과 애처로움, 자기경멸, 위안 등이 뒤섞인 다중적 표현이다. 이 말은 일차적으로는 최소한의 생계를 위해 일해야 하는 이들에게 사용될 것으로 생각되지만, 항상 그렇진 않다. 실제로 생존보다 훨씬 더 많은 것을 얻고자 할 때, 목숨만 부지하기는커녕 명예욕이나 성공욕 등 그 이상의 욕망을 정당화하고자 할 때에도 이는 자주 등장한다.[60] 대기업 임원이나 변호사, 의사 등 고액 연봉자의 경우도 "다 먹고살자고 하는 일 아닙니까?" 한마디면 크게 토를 달지 못하는 것이다. '먹고사는' 일이 생존의 근본 욕구이자 인간의 최소 조건이기 때문이다. 그러나 과연 그럴까? 남보다 더 잘, 부유하게 '먹고살고자' 하는 세속적인 욕망을 미화하기 위해 먹고사니즘이 활용되어서는 안 된다. 아우슈비츠 대학살 현장의 평범한 악이, '월스트리트의 늑대'*가, 금융 기업의 검은 숨은 손들이 자신의 행위는 결국 다 먹고살자고 하는 짓이었고 자신은 주어진 일을 충실히 했을 뿐이라고 말한다면, 거기에 쓰인 '폭력의 자유'만큼 모순적인 말이 있을까.

이를테면 앞서 등장한 참여자들이 자신의 일터에서 목격하고 그들을 나오게 한 것은 바로 그 먹고사니즘의 자기기만이다. 돈만 많이 벌 수 있다면 무엇이든 용납되는 룰, 바깥세상과 유리된 금융자본주의 내적 법칙, 그리고 신자유주의에서 용인되는 아니 권장되는 그런 '윤리'. 멀리서 봤을 때 결코 아름답다고 할 수 없을 '숲'의 파괴적인 모습에 자신의 '나무'를 더 이상 보탤 수 없었다. '열심히 산다'고 말하는 땀방울의 숭고한 진심을 믿지만, 그럼에도 우리는 그 모든 '열심히'의 노동을 숭고하다고 말할 수는 없을 것이다. 내 노동이 결국에는 무엇에 기여하는 것인지, 누구의 자유를 억압하고 있는지 확인할 때 그것은 때로 돌

---

*   주가 조작으로 월스트리트 최고의 억만장자가 된 조던 벨포트(Jordan Belfort)의 삶을 그린 영화의 제목은 〈더 울프 오브 월스트리트(The Wolf of Wall Street)〉(2013)였다. 제목과 어울리게, 영화 속에서 억만장자가 된 후의 그는 돈, 술과 마약, 여자를 탐하는 탐욕스러운 늑대가 되어간다.

이킬 수 없는 걸음으로 다가온다.

그러나 위에서 묘사된, 신자유주의 경제 질서의 최전선에 있다고 여겨지는 금융계 근처의 노동자들만 이러한 좌절감을 경험한 것은 아니다. '돈 냄새'와 가장 멀리 있고 싶어 했던 열정노동자들에게서도 역시 이는 또 다른 모습으로 드러났다. 장현아는 '뒤늦은 후회'에 대해 털어놓았다. 당시는 K공간에 갤러리 한 층이 사라지고 대신 수익성이 더 좋은 부서가 입주한 직후였다.

> 차장님이 "별관 들어오니까 좋지, 편하지?" 하는 거예요. 당시에는 "네, 편하죠" 했죠. 그런데 지나고 보니까, (회사를) 그만두고 내가 조금 더 생각이 깊어지고 보니까, 그때 그렇게 얘기하는 게 아닌데, 내가 그때 깨어 있었다면……. (웃음) "저는 편하지만 고객 입장에서는 무료로 관람할 수 있는 공간이 하나 사라지니까 안 좋겠죠, K공간에도 안 좋고요" 라고 말했었어야 맞겠단 생각이 들더라고요.   장현아

장현아는 당시 사측이 내린 결정과 그로 인한 공간 재편이 이용자들이 원하는 바나 이 공간의 정체성과는 부합하지 않음을 그때 지적해야 했다고 아쉬워했다. 수익 사업을 위해서 변화된 공간 배치가 노동자들의 편의와 이윤 창출의 측면에서 이득이 될지라도, 그것이 문화와 다양성을 실험하는 공간으로서는 적합한 것이 아니었을뿐더러 결과적으로 그 공간을 편협과 변질로 이끌었다는 것이다. 앞으로도 문화와 관련된 일을 하고 싶어 하는 그녀가 회사를 그만두고 공부를 시작하며 기대

하는 것도 '좀 더 생각을 넓게' 할 수 있는 능력이었다. 기업 논리에 맞서고, 문화를 잠식하는 이윤 추구 논리에 대한 대항 담론을 스스로 만들고자 하는 것이다. 하지만 다시 현장으로 돌아간다고 하더라도 혼자의 힘으로 문화 산업에서 '투쟁'하기란 결코 녹록하진 않을 것 같다.

노조가 없거든요. 노동자라는 계급의식이 없어요. 인텔리전트라고 생각하고 화이트칼라라고 생각하는데, 화이트칼라도 노동자잖아요. 그런데 노동자 의식이 없어요. 세대적으로 사람들이 젊기 때문에, 대부분 노동 투쟁의 역사가 없는 사람들이기 때문에. 기분은 나쁘죠. 셔틀버스 없애고 그러면 확 빈정이 상하죠. 그래도 이 정도면 뭐, 다른 데보다는 낫지, 라고 생각하는 거예요.

되게 공장처럼 일해요. 전혀 창의적이지 않은데, 건물이 좋고 복지가 좋고. 그런 것들에 사람들이 약간 압도되는 거예요. 난 좋은 회사 다닌다 (라고 생각하죠.) 회사를 그만두겠다고 할 때 다른 사람들이 "어, 너 그렇게 좋은 회사 왜 그만둬? 너네 건물도 너무 좋잖아!" 그러면 나도 그렇게 믿게 되는 거예요. '좋지, 우리 회사 좋은 회사지. 건물도 너무 세련되고……' 근데 그런 폼 나는 거 (회사가) 굉장히 중요하게 생각하거든요, 내면보다는. 전 싫더라고요. 셔틀버스 마음대로 없애고 그러면서 건물이 폼 나면 뭐해. 솔직히 말하면 전 과잉, 디자인 과잉이라고 생각하거든요. 너무 호화로워. 사실 사람들 각자는 중산층이거나 또는 그 이하인데 회사에 오면 내가 되게 올라간 거 같은 거예요. 그런데 그건 이사나 그 위의 사람들이지 다 그렇진 않거든요. 회사 그만두면 뭐 부동산

을 하지 않는 한, 회사에 소속되지 않으면 계급이 확 떨어지잖아요. 그
런데 그런 착각을 하게 되는 거죠. 나는 좋은 회사에 다니는 중산층이구
나……. **이명선**

'노동자'라는 명칭에 색깔을 덧입히고자 했던 한국의 정치 역사
는 일정 부분 성공한 듯하다. '노동자'가 아닌 '개발자', '기획자', '예술
가', '디자이너', '크리에이티브 인재', '인텔리전트' 등의 용어로 자신
을 명명하는 이들은 노동자라는 단어가 지니고 있는 고루하고 동시에
어딘가 피해자처럼 느껴지는 '낡은' 개념을 자발적으로 벗어던지고 싶
어 한다.

이 이야기는 "자부심 없는 사람이나 스스로를 노동자라고 부르고
노조를 만든다"[61]라고 말했던, 2007년도 대선 후보 시절 이명박 전 대
통령의 말을 연상시킨다. 그에게 '스스로를 노동자라고 부르고 노조를
만든' 사람은 자부심이 없고 스스로에 대한 확신도, 능력도 없는 사람
일 것이다. 때문에 이제 사람들은 '노동자라는 보호막'을 벗어던지고
스스로가 독립적인 1인 기업체이자, 스스로를 경영하는 주체적 자가 경
영자가 되어야 한다. 그들은 기업에서 축소시킨 복지 정책에 대해서 마
음은 상할지언정 공식적으로 문제를 제기할 수는 없다. 이곳이 자신을
오랫동안 받아줄 회사도 아닐뿐더러 나는 '노동자'가 아닌 '창조적'이며
'문화적'인 일을 하는 사람이기 때문이다.

이명선은 화려한 외양과 독특한 건물 구조 등을 통해 다져진 회사
의 이미지가 직원들로 하여금 자신들의 노동자성을 교묘하게 가리는

데 효과적인 역할을 하고 있다고 본다. 회사를 그만둔다는 그녀에게 많은 사람들은 '그 좋은 회사'를 왜 그만두냐고 물었다고 한다. 그러나 그 '좋음'이란 과연 무엇을 뜻하는 것이었을까? 그 질문이 묻는 내용은 그녀에게 애매모호해 보였던 것 같다. 건물이? 회사 카페가? 책상과 의자가? Q사라는 이름이? 그러나 만일 그 '좋음'이 어떤 좋음인지 물어보더라도 정확한 답을 얻을 수는 없었을 것이다. 이러한 모호한 좋음은 밖에서만 회사를 보는 제삼자들뿐 아니라 그 내부의 노동자들까지도 지배하고 있는 듯 보이기 때문이다. 화려하고 '사람들이 좋다고 하는' 회사에 다니고 있으니 자신이 정말 좋은 회사에 다니는 중산층이 된 것만 같은 착시 현상을 느낀다. 그러나 그 착각은 소속되지 못하는 순간 '계급 하락'을 통해 와장창 깨진다. 직장에 소속되어 자기착취와 과잉 노동에 시달리며 경제적 보상을 받거나, 혹은 아무 곳에도 소속되지 못한 채 경제력 없는 잉여가 되거나, 그 양극단만이 강조되는 사회 속에 우리가 살아가기 때문이다. 그렇기에 연차에 따라 저축해둔 만큼의 자금 여유가 있거나, 이름 있는 Q사에서의 경력이 적힌 이력서를 얻을 수는 있겠지만, 중산층이 될 수 있는 사람은 그중에서 소수에 불과하다는 것이 그녀의 결론이었다.

참여자들이 일터에서 겪은 경험은, 그 노동의 내용이 결국 사회를 더 나쁜 방향으로 만드는 데 기여하기도 하지만 때로는 그 노동의 방식마저 자신의 인간성을 유지하지 못하도록 멸시하는 상황으로 이어지기도 했다.

시스템이란 하나의 권력에 의해 결정되는 것이 아닌, 여러 부분들이 복합적으로 작용해 마침내 하나의 유기체처럼 움직이는 집합체를 의미한다. 개별의 소품들이 총체성을 강하게 띨 때 시스템은 위력을 발휘한다. 그런데 시스템 내에서 개개인의 선택과 성찰은 얼마만큼 자율적일 수 있을까? 그 속에서 우리는 지금 내가 하고 있는 일이 전체 산업 시스템이라는 숲의 관점에서 볼 때 어떤 방향으로 향하는지를 쉽게 알아챌 수 있을까?

사람 몸의 움직임과 동선까지 과학적으로 치밀하게 계산한 테일러주의나 컨베이어 벨트를 통한 기계적 분업과는 또 다르게 이제 노동 현장은 미세하게 탈책임화되어, 노동자는 자신의 책상을 떠나지 않는 수준에서 '자신의 업무'에만 집중하도록 위치되었다. 주변에 대한 신경을 거두고 '내가 할 일'에 몰입하고서, 그 일만 문제가 없으면 괜찮다. 그 일이 외부에서 어떤 영향을 미치게 되든지 일단 내 손을 떠난 사건이다. 내 일을 긴 안목으로 객관화하거나 총체적으로 성찰해볼 기회와 여유는 쉽게 허락되지 않는다.

참여자들의 노동에 대한 성찰적 자기 인식은 개인 차원의 모멸감이나 절망에서 시작되었다. 그리고 많은 사람들이 그렇게 해온 것처럼 먹고사니즘을 핑계로 적당히 처신해 속 편해질 것인가, 혹은 그만둘 것인가의 싸움은 자신과의 투쟁이었다. 하지만 이는 개인적 차원의 갈등에서 그칠 수 없는, '개인적'이라는 말로 가려지는 더 큰 차원의 인식들, 즉 차별, 불합리성, 부정의를 반영하는 정치적 투쟁의 영역이기도 했다.

다시 생각할
것

이 책의 참여자들을 묶는 또 한 가지 공통점은 모두 서울을 비롯한 대도시에서 일했다는 점이다. 이준익과 김윤진은 도쿄·싱가포르·홍콩 등 아시아의 글로벌 도시에서, 그 외의 사람들은 모두 서울에서 일했다. 제주도로 찾아가 만났던 박래연과 이경일을 제외하고, 인터뷰가 진행된 곳은 모두 서울 시내였다. 이는 곧 이들의 생활과 활동 반경이 서울 및 도심을 중심으로 한다는 것을 의미한다. 그렇기에 이 책의 전체적 서사는 도시에서의 노동이라는 공통의 결을 근간에 두고 있다.

도시 노동자 그리고 도시 생활자로서의 삶의 경험은 지역 공동체에 기반을 둔 소규모 지역에서의 노동/생활과는 매우 다른 서사일 것이다. 그렇기에 이들의 노동은 도시라는 공간적인 속성과 떨어져서 이해될 수 없다. 더불어 도시라는 공간 자체에 대한 사유 역시 노동에 대한 성찰 지점과 맞닿아 있을 수밖에 없다.

도시 노동자(도시 생활자)로 산다는 것

회사 생활이 재미없었어요. 그리고 종로에서 출퇴근했는데, 그 동네가 너무 싫었어요. 사람도 너무 많고, 다 어두운 색의 양복쟁이 직장인들, 여자나 남자나 다 오피스룩……. 점심 먹으러 가면 어휴, 저기서 몰려오는데, 그게 이미지적으로도 컸던 거 같아요. 못생긴 고층 빌딩 사이에서 아, 이게 뭔가……. (중략) 보세요, 사람을 너무 피로하게 만들어요. 서울이란 도시 자체의 메리트도 많지만. 지하철 타고 가면 붐비는 시간에 사람들 얼굴을 많이 봤던 거 같아요. (웃음) 나도 저런 얼굴일까?

이영민

서울 도심의 오피스타운에서 일한 이영민은 양복쟁이들의 도시에서 느꼈던 '삭막함'과 '답답함'의 물리적인 속성이나 '지침', '피곤' 등 감각적 속성에 대해 토로했다. 그가 제주도 혹은 통영으로 떠나 살고 싶던 것에는 이 도시적인 생활에 대한 염증이 포함되어 있었다. 여유를 갖지 못하게 하고, 출퇴근길 지하철에서 본 사람들 얼굴이 하나같이 원치 않던 내 얼굴을 반영하는 듯한 곳에서 더 못 살겠다 싶었고, 회사를 그만두고 나자 굳이 머물 이유도 함께 사라졌다.

그 얼굴의 이유는 다양할 것이다. 취업 걱정, 취업 후에는 노동으로 꽉 찬 하루에 지친 출퇴근길, 타인과의 안전거리를 확보할 수조차 없는 만원 지하철, 성과의 압박, 싫어하는 인간관계를 이어가야 하는 스트레스, 먹을수록 피로를 더 쌓게 하는 좋지 않은 외식, 집 걱정, 돈 걱정……. 이들을 둘러싼 염려들은 가지각색일 테지만, 도시적 삶이라는 하나의 주제 속에 소집된다. 길을 걷다 부딪친 작은 실수에도 크게 화를 내거나 서비스 노동자에게 자신의 분노를 투사하는 사람이 많은 등 서울이 '분노에 가득 찬 도시'라는 생각을 나는 종종 하게 되는데, 그 원인에는 이러한 삶의 면면이 꼼꼼히 녹아 있다고 본다.

무엇보다도 도시는 누구를 한번 만나려고 해도 돈이 필요한 소비적 공간이었고, '제대로' 자리 잡고 살기에 서울은 너무 비싸다. 나날이 올라가는 집값과 젠트리피케이션gentrification 현상*으로 인해 서울에 직장을 둔 수많은 사람들의 집은 서울 주변부에서 인근 경기도로, 점점 중심과는 멀어지고 있다. 아침 라디오를 듣다 보면 장거리 출퇴근족들의 사연이 넘쳐나는데, 이들은 아침마다 1시간 30분, 2시간을 길거리에 쏟고 있었다. 밤늦게 귀가하고도 기상 시간은 새벽 5시로 정해져 있는 일주일을 살고 있는 것이다. 2013년도 기준 수도권 주민들의 하루 평균 출퇴근 거리는 왕복 56.8킬로미터에 달하는데,[62] 여기에는 수도권을 베

---

*   젠트리피케이션 현상이란 구도심이 상업적으로 발달하여 임대료가 상승해, 원래 그 지역에 살던 주민들은 정작 그 임대료를 감당하지 못해 바깥으로 밀려나는 현상을 뜻한다. 최근 한국에서는 서울의 홍대, 이태원 지역 등을 중심으로 담론화된 개념이다.

드타운bed town 삼아 지내는 서울 직장인들이 상당수에 해당할 것이다. 서울에 내 몸 누일 방 한 칸 구할 길 없는 수많은 저소득 계층뿐 아니라, 아파트촌에 살던 사람들도 아파트 전셋값이 계속 오르는 나머지 연립이나 다세대주택 혹은 외곽으로 내몰리는 '전세 난민'들의―서울 중심에서 수도권으로 떠밀리는―'엑소더스(탈출) 현상'은 어제오늘 일이 아니다.[63]

도시라는 공간의 지리적 특성은 다만 이러한 인상이나 이미지 같은 감각적인 면, 혹은 거주 비용에서만 두드러지는 것은 아니다. 이경일은 특히 타 지역과 자연을 착취하는 서울이라는 도시의 성격을 지적했다. 그는 예전부터 귀촌에 대한 계획을 갖고 있었다. 다른 사람들처럼 귀농학교를 다니는 등의 구체적인 준비를 하지는 않았으나, 대학 졸업 전부터 도시가 아닌 시골에 내려가 살고자 하는 구상을 가져왔다.

그의 탈도시살이에 대한 고민은 무엇보다도 '자연'에 대한 문제와 관련되어 있었다. 그런데 이는 자연과 도시 문명 간의 전통적 대립의 문제라기보다는 지역과 대도시 사이의 착취 관계에 더 깊이 연관되어 있다. 서울에 높은 등급의 수돗물을 공급하기 위해 팔당, 양평, 춘천 등에서 상수원을 오염시키는 행위는 '금지'된다. 이러한 금지는 서울과 수도권을 위해 다른 지역이 '불평등하게 대우받고 있는 것'이라고 쓴 책을 언급하며, 그는 도시 사람들은 알게 모르게 지역 사람들의 생활을 많이 제한하고 있다고 말했다. 예컨대 팔당댐 수위 조절을 서울 지역을 기준으로 하는 등 '서울의 무언가를 위해' 계속해서 지역 사람들은 피해를 받고 빼앗기고 있다는 것이다.

수도권의 대도시가 불평등하게 얻는 특혜의 예는 많다. 현재 한국은 화력발전소나 원자력발전소를 동해와 서해의 농어촌 지역에 집중 건설하고, 그 전기를 초고압 송전선을 통해 대도시, 공단 등에 공급하는 구조다. 이는 '오염 발생자 부담의 원칙'이나 '수혜자 부담의 원칙'이라는 상식에도 위배되며, 지역사회와 주민을 소외시키고 희생시켜 결과적으로는 수도권과 대도시 주민, 기업이 부당하게 이득을 취하는 사회적 문제를 낳고 있다.[64] 때문에 밀양과 청도 등의 지역 주민들은 몇 년째 이러한 비민주적이며 불평등한 생태의 악순환 구조에 저항하는 투쟁을 이어가고 있다.

이경일이 지적하는 도시의 문제는, 이렇듯 도시의 일원에 속함으로써 알게 모르게 얻는 혜택의 교묘하게 은폐된 진원지를 파악하고자 하는 윤리적 차원의 문제이기도 하다. 도시의 자립성, 의존성과 관련된 주제는 아래의 이야기를 통해서도 이어졌다.

> 안 먹으면 안 되잖아요. 꼭 먹어야 되는데, 그걸 누구에게 의지하느냐의 문제인 거 같아요, 해결하는 방식이. (중략) 내가 자본주의에서 벗어나서 계속 살고 싶은 걸 고민하는데, 그럼 그 시스템에서 의존하는 부분들을 하나씩 빼 와야 되잖아요. 그럴 때 밥을 해 먹는 문제가 중요한 문제라서, 그런 면에서 농사짓는 문제도 중요해지죠.
>
> **이경일**

밖에서 음식을 사 먹는 것과 집에서 만들어 먹는 것은 생존에 필요한 기본적 에너지 획득의 차원에서는 크게 다르지 않겠지만, 그에게 이는 자본주의에서의 자립 측면에서 문제가 된다. 자본주의에서 벗어나 살고 싶다는 고민을 계속 해왔는데, 그렇다면 갖춰진 시스템에서 자신이 의존해온 것들을 하나씩, 스스로 취할 수 있어야 했다. 그러한 점에서 직접 밥을 지어 먹는 것(가사일)과 농사짓는 것(귀농/귀촌)이 결부되었다. 공동체에서의 공동주거 경험이 있기도 한 그는, 밥 짓기나 설거지 등에도 꽤 익숙한 편이라고 했다. 개인의 생활에서 자립의 중요성은 자본주의적 성격이 집약된 도시에서의 자급·자립의 취약성과도 연관되어 있다. 도시라는 공간은 그에게 대안을 모색하기에 충분한 공간이 되지 못했고, 오랫동안 귀촌 계획을 가져왔던 것도 그 때문이었을 것이다.

　박래연은 도시에서 살다가 몇몇 지역을 거쳐 지금은 제주도에 정착해 농사를 짓는다. 그녀는 도시에서 충족할 수 있는 '좋은 삶'에서도 소비와 자본에 대한 의존이라는 본질적 문제점을 피해갈 수 없음을, 서울에서 생활협동조합을 이용하는 과정 속에서 깨달았다. 처음에는 생태적 측면이나 스스로의 가치에도 부합하는 건강한 식료품을 얻을 수 있는 생협을 알게 되어 좋았다. 그렇지만 이용하다 보니 그 한계점이 보였다. '착한 소비'도 소비의 일부인 만큼 계속 돈을 벌어서 그 소비를 충당해야 했고, 비닐류 등 쓰레기도 다른 소비와 다름없이 만들어졌다.

　그녀는 당시 농사에 대한 책을 읽고 도시 텃밭 수업을 들으면서 근교에서 직접 밭을 가꾸기도 했다. 사람의 똥이나 오줌을 퇴비로 순환시키는 과정을 책으로 읽었지만, 실제로 도시인인 자신이 이를 실천하는 것은 힘든 일이었다. 그렇게 삶을 제약하는 도시의 공간적 한계가 점점 드러나면서, 직접 농사를 지어 먹고살고 싶다는 마음이 커졌다. 제주도로 떠나겠다고 하는 그녀에게, 친구는 '도시를 바꿔 삶을 바꿀 수도 있는데 왜 벗어나는 것으로 해결하려 하느냐'고 이야기하기도 했지만, 일단은 한번 도시에서 벗어나 살아보는 길을 택했다.

이준익에게는 도시에 대한 이러한 경험이 있다. 2011년 3월 11일 동일본 대지진이 일어나 후쿠시마 원전 사건이 발생했을 때, 그는 도쿄에 머물고 있었다. 실제로 지진은 도쿄와는 꽤 거리가 있는 후쿠시마에서 일어났지만, 도쿄 역시 혼란 속에 빠졌다. 당장의 물과 음식을 걱정해야 하는 상황이 닥쳤고, 심지어 한동안은 생수를 구하지 못해 프랑스산 수입 생수로 밥을 지어 먹어야 했을 정도였다. 이전의 그는 환경문제에 특별한 관심을 가진 사람은 아니었으나, 아침 뉴스에서 들려오는 기후변화, 석유 유출 사건 등을 접하며 글로벌한 환경문제의 심각성은 느끼고 있었다. 그런 와중에 일어난 후쿠시마 사태는 그 경각심의 정점이 된 일이었다. 후쿠시마 사태는 국지적인 피해를 넘어 전 세계적인 위협을 안겨준, '위험사회'의 성격을 극도로 반영한 사건이다. 동시에 이는 한 지역의 피해로 식량·식수에 대한 대책 없이 거의 포위되다시피 하는 도쿄라는 거대도시의 고립적 성격과 의존적 속성을 여지없이 노출시킨 것이기도 했다.

도시의 삶이 불안한 또 다른 이유는 대다수 도시인들이 임금노동과 소비 시스템에 의존하고 있는 데서 기인한다. 대부분의 도시 생활자들은 그들의 독립적인 생산수단을 갖고 있지 않다.

(도시에서) 생산할 수 있는 수단이 없으니까 계속 의존해야 되는 거잖아

요. 의존의 흐름을 타고 가려면 계속 돈을 벌어야 되고, 돈을 벌기 위해서는 하던 일을 해야 하고. 그런 면에서 뭐 어쩔 수 없이 자존감이나 제가 원하는 목표나 이런 게 흐트러질 수밖에 없죠. 일단 제 생산수단이 없으니 그런 거 같고……. (중략) 제 실천적 삶의 의미에서는, 계속 그런 식으로 자기가 깨달아가고 실천해가고, 자기가 갖고 있는 환경에서 최선의 방도를 다해서 바꾸거나 아니면 탈피하거나, 그런 사소한 움직임들이 소중한 거 같아요. **이동진**

이동진에 의하면, 도시 노동자의 결정적 한계는 생산수단을 갖지 않은 데에서 연유한다. 그러면 개인은 외부의 무언가에 계속 의존해야 하는데, 그 과정에서 수동적이고 자존감이 떨어지는 노동에 진입하게 된다. 도시화 과정에서 많은 인구가 도시로 유입되었고, 이들은 대부분 공장에 고용되는 식으로 흡수되었다. 특별한 기술이나 자산 등의 수단을 갖지 않은 사람들은 수동적인 피고용인으로서 살아갈 수밖에 없게 된 것이다.

이동진은 이를 생산수단을 소유하지 못한 입장에서의 필연성으로 보고, 개인의 삶의 관점에서 스스로 이를 깨닫고 주어진 조건에서 최선을 다하는 '태도'가 중요하다고 했다. 농촌에서 조상 대대로 이어 경작해온 땅이 있는 것도 아니고, 부모로부터 물려받은 가게의 명맥을 이어가기도 어려운 지금, 도시에 던져지다시피 한 젊은 노동자들이 택할 수 있는 방도는 사실 일을 대하는 자신의 '태도'를 가다듬는 것이 최선일지 모른다.

자신이 독립적으로 처분할 수 있는 자원이나 자본이 거의 없는 환경에서, 할 수 있는 선택을 최대한으로 실행·조정하는 '개인적 태도'는 이제까지 그의 삶의 전략과도 일치한다. 그는 특별한 경제적 자원을 지니고 있지 않지만, 오히려 그렇기에 학력과 학벌 등 사회에서 평가받을 수 있는 자원들로 지금의 환경 속에서 '최선의 선택'을 하는 방식으로 행로를 정해왔다. 그로서는 가장 현명하고, 또한 어떠한 면에서는 위험을 최소화하는 전략이라고 할 수 있다. 생존(소비)을 위한 선택이 임금 노동에 대한 '종속'밖에는 될 수 없는 대부분의 도시 생활자들에게, '스펙 쌓기'로 대변되는 개인화된 전략은 사실상 가장 현실적인 방안일 수밖에 없다.

　　도시가 아닌 많은 지역들도 고립이란 면에서는 점점 '도시화'되고 있다는 점도 중요하게 인식되어야 할 문제다. 당장 먹을 것이 없거나 몸이 아플 때 기댈 수 있는 이웃이나 공동체 등의 비빌 언덕이 사라진 채, 빈곤의 나락에 빠진 사람들이 쪽방 혹은 고시원 각각의 방에서 홀로 죽어가는 '무연사회'는 우리 사회의 가장 디스토피아적인 미래상이다.

　　또한 반대로 도시 생활은 '과잉'이라는 한마디로 표현되기도 한다. 아래 이명선의 말을 들어보자.

　　제가 회사 다니면서, 너무 과잉이란 생각을 많이 했거든요. 회사를 다니면서는 쇼핑도 많이 하고, 먹는 것도 예를 들어 회식 같은 걸 해도 많이 먹고 비싼 거 먹고. 그런데 그게 좋은 음식이란 생각은 또 안 들거든요.

이명선

그녀는 회사를 다니면서 쇼핑을 하거나 외식, 회식 등 다양한 소비 활동을 했다. 하지만 어느 순간, 그것이 '과잉'처럼 느껴졌다. 옷도 계속해서 쌓이고, 책도 읽지 않으면서 계속 사게 되고, 술과 밥도 사 먹는 횟수가 많아졌다. 회사 생활로 바쁘게 지내니 식사는 거의 밖에서 해결했는데, 고소득 직장인의 소비 수준답게 비싸고 '좋은' 음식을 먹게 된다. 하지만 불행히도 그것마저 '쓰레기를 먹는다'는 느낌이 들 만큼 건강하지 않은 음식들이다.

현대의 도시인들은 돈을 벌어서 혹은 돈을 버느라 많이 사들이고 사 먹게 되지만, 그러면서 도리어 삶의 질은 더 나빠지기 쉽다. 이러한 생활 패턴은, 과잉 생활과 소비를 충족하기 위해 쉬지 않고 노동하다가 만성 피곤에 시달리며, 다시 과잉 소비를 통해 이를 보상하려는 현대사회의 노동 – 소비의 악순환, 그리고 그에 따른 건강하지 않은 삶을 양산하고 있다. 이명선은 이러한 생활이 개인의 삶을 윤택하게 만들어주지는 않는다는 사실을 깨달았다. 흔히 '먹고살기 위해' 일을 한다고 말하지만, 정작 먹고사는 행위 그 자체의 중요성은 무시되는 모순적 현상이 벌어지는 것이다.

도시의 삶은 '슬로 라이프'나 여유를 갖고 사는 삶과 일치하기가 매우 힘들다. 박래연은 제주도로 내려오기 전에 환경 관련 NGO 단체의 상근자로 일하면서, 자신이 내거는 구호만큼 실제로 소박하고 풍족하게 살 수 없다는 데에 큰 모순과 괴리감을 느꼈다. 사람들에게 권하는 삶을 정작 자신은 살지 못하는 것이다. 일반 직장 생활에 비하면 훨씬 여유 있는 삶이었지만, 그 삶도 만족스럽지 못했다. 때문에 구호와 활동을 연계하는 사람이 아니라 '직접 그 삶을 살고자' 사표를 냈다.

이후 그녀는 백수가 되고, '참 재밌는 백수 천국'이었던 '빈집'*을 자주 드나들며 워크숍 등 여러 활동을 함께했다. 뭔가를 같이 만들고, 음식을 나눠 먹고, 함께 노는 즐거움을 느꼈다. 그 당시 초기의 '빈집'은 게스트하우스에서의 단순 숙박이 아닌, 함께 살면서 뭔가를 해보고자 하는 친구들이 많이 모여 사는 곳이었다. 자신과 비슷한 욕구와 고민을 가진 친구들이 많았고, 그녀는 마치 '살 듯이' 놀러 다녔다. 이후에는 이 때 만난 친구들과 함께 살면서 서울 근교에서 농사를 짓고, '자전거 메신저'로 일하기도 했으며, 수확한 농작물을 내다 팔기도 했다. 그야말로 '창조적 백수'의 시기였다. 이러한 즐거운 백수 생활에서 받은 '영감'이 그녀의 발길을 현재 제주도까지 이를 수 있도록 도왔다.

오늘, 내가
잃어버린 것

'노동'과 '행동'에 대한 강조는 '활동적 삶vita activa의 우위'라는 근대적 원리를 바탕으로 한다.[65] 후기 근대 이후, 활동성과 긍

---

* 서울 해방촌에 위치한 게스트하우스 '빈집'은 일반 게스트하우스와는 구별되게 '손님'과 '주인'의 경계를 허물고 최소한의 주거 비용으로 여러 사람들이 함께 살아가는 공동주거 공간으로, 최소한의 공동 부담금만 부담하면 누구나 머물 수 있는 열린 주거공동체를 지향한다(박은진, 2012).

정성의 미덕은 개인들에게 그 어떤 '심심함'의 여백도 용납하지 않는다. 깊은 것, 사색하는 것, 긴 것, 느린 것, 머뭇거리는 것, 지속하는 것, 듣는 것, 부족한 것……. 이것은 '지나치게 활동적인 자아'에게는 가능하지 않은 능력의 목록들이다.

사람들과 소비재와 건물들로 가득 차고 시간이 꽉 찬, 내적·외적인 '활동성'이 극대화된 공간이 바로 도시다. 활동성의 정점을 이루는 도시의 삶은 항상 쫓김의 연속이다. 태평함과 휴식이 머무는, 무위無爲에 가까운 '다른 피로*'를 위해서는 멈춰 서서 바라볼 시간이 필요하다. 그것은 단순히 속도를 늦추는(슬로 라이프) 것이 아닌, 다른 속도, 다른 시간성이다.

주말에도 시간이 없으니까, 만날 일 걱정하고 앉아 있으니까. 삶에 대해서 고민이 있어도 뭐, 그걸 어떻게 액션으로 옮길 여유 자체가 없는 거예요. 아침부터 밤까지 항상 일하고, 주말에도 거의 시간이 없고, 항상

---

* 작가 피터 한트케(Peter Handke)는 사람들을 고립시키며 소진시키는 "분열적인 피로"의 대립자로 긍정적 힘의 피로인 "다른 피로"를 내세운다. 이것은 탈진한 '자아의 피로'가 아니라 "쓸모없는 것의 쓸모가 생겨나는" 특별한 무위의 능력을 부여하는, 완전히 다른 종류의 주의를 필요로 하는 특별한 피로다. 한트케는 오히려 "우리-피로", "공동의 피로"라고 말한다. (이때 나는 너한테 지치는 게 아니라, 한트케의 표현대로 말하자면 너를 향해 지치는 것이다.) "그렇게 우리는—내 기억으로는 늘 밖에서 오후의 햇살을 받으며—앉아 있었고 말을 하기도 하고 침묵을 지키기도 하면서 공동의 피로를 즐겼다. (중략) 피로의 구름이, 에테르 같은 피로가 당시 우리를 하나로 엮어주고 있었다."(한병철, 2012: 71)

　　주중과 주말, 낮과 저녁 시간 모두 자신을 놓아줄 틈이 없이, 일상은 온통 일에 포위되어 있다. '각자의 시간성'이 상실되고 획일화된 시간 리듬으로 지배되는, 한가로움이 제거되고 지나친 활동의 시간으로 지배되는 사회의 양상이다. 때문에 자신이 구상하는, 일 외의 고민을 실천은커녕 생각하거나 구체화해볼 여유조차 마련할 수가 없다. 주말에도 일을 하거나(또는 일을 생각하거나) 주중에 누적된 피로를 해소하느라 '삶에 대한 고민'들은 부차적인 것으로 미뤄진다. 그래서 비참한 삶이었다고 이준익은 말했다.

　　장현아의 퇴사를 결정지은 것은 '빨리 시간이 가길 바란다는 게 너무 아깝고 무의미하다'는 생각이었다. 빨리 이 주중이 지나 주말이, 휴일이 오기를 기다리는 하루하루가 의미 없고, '왜 내가 이 젊은 나이에 시간이 빨리 지나가길 바라고 있는 걸까?' 의문이 들었다. 그런 반문 끝에 그만둔 회사이기에, 자신의 삶을 '온전히' 살고 있는 현재 "후회가 없다"고 그녀는 단호하게 덧붙였다. 당시 그녀에게 '현재'란, 하루하루가 바쁘고 괴롭기에 미래에 대해 생각할 여유가 없을 뿐만 아니라 얼른 지나가 버리길 바라던 시간이었다.

　　이러한 비참한 혹은 무의미한 시간은 '지금 현재'를 느낄 수 없게 했으며, 자신만의 고유한 시간 감각을 잃어버리게 만들었다.

　　'나'가 계속 옅어지는? 그, 자아가 대학 다닐 땐 되게 충만하잖아요. (웃음) 나는 어떻게 살고 싶고 어떤 사람이고……, 그런 게 계속 무뎌져요. 매일 똑같은 시간에 일어나서 샤워하고 출근하고 일하다가 퇴근하고. 약간 좀비 같은 삶을 살게 되거든요. **이명선**

반은 살아 있고 반은 죽어 있는 '좀비 같은' 삶. 이러한 이명선의 일상은 평범한 직장인들의 그것과 다르지 않을 것이다. 매일같이 똑같은 시간에 버스를 타고, 회사에서 일을 하고, 귀가하는, 성실한 생활인의 일상 말이다. 그녀는 그렇게 충실하게 사는데도 그 안에서 자기 자신이 진해지거나 강고해지기는커녕 도리어 엷어지고 사라지고 무뎌지는 느낌이 들었다. 그녀의 이 이야기는 '열심히 산다는 것', '바쁘게 산다는 것'의 의미가 늘 충만함과 만족감의 효과를 담보하지는 못한다는 것을 인식하게 했다.

계속 삶이 유예되는 거예요. 대학 가기 위해 유예되고, 대학 가면 취직하기 위해 유예되고, 취직하면 애를 학교에 보내야 하니까 유예되고, 그렇게 자꾸 자기 삶을 미루는 거죠. 그런데 우리는 나이가 들면 더 불안하잖아요. (웃음) 사회보장이 안 되니까요. **이명선**

앞서 등장한 이준익, 장현아, 이명선의 말에서 공통점은 그것이 여러 의미에서 시간의 상실과 관련된 언급이라는 점이다. 이명선은 '유예되는 삶'에 대해 이야기한다. 모든 것이 '대학 입학 후'로 연기되는 10대의 삶, 하지만 대학생이 된 후에도 대학 생활은 현재의 것이 아니라 취직을 위해 쓰여야 한다. 취직하고 나서도 결혼이라는 다음 과제가 기다리고 있으며, 결혼 후에는 출산·육아·자녀 교육·집 장만 등으로 이어지면서 사회의 생애/생산 주기의 강요는 계속된다. 이러한 유예의 연속은 현재를 '과정'으로만 여기게 만들고, '삶다운 삶'은 미래의 그 언젠가로 보류된다. 그러나 이제는 급기야 그 미래마저 불확실해졌다. 방향 없이 종착역만 있는 이러한 질주는 계속해서 오늘을 내일로, 올해를 내년으로 미루도록 하여 결국은 지금 사는 현재를 잃어버리게 만든다.

일본에서 '슬로 라이프' 개념을 처음으로 정립한 문화인류학자 쓰지 신이치는 생명이란 근본적으로 어떤 목적이나 방향, 목표를 위해 존재하지 않는다고 말한다.[66] 현재를 '미래를 위한 수단'이라고 여기기 전, '목적이나 목표 없는 인생을 살아서는 안 된다'라고 말하기 전, 생물 진화 과정이 결국 만물의 영장인 인간에 이르기 위함이라는 '신화'가 유포되기 전까지 인류는 '지금'이라는 현재 속에서 삶을 살아갔다. '오늘'을 조금씩 깎아내며 '내일'을 사들이고 있는 지금과 같은 '보험사회', '준비사회' 속에서 각각의 개인들이 스스로 구상하고 독립적으로 사고하는 고유의 시간관념은 생성될 수 없다. '성공'이라는 기준과 사회적 요구에 의해 짜인 리듬으로 인해 개개인의 시간은 개별성을 확보하지 못한 채 획일화된다. 현재에 집중하거나 즐기지 못하고 '자신을 위한 시간'을 쏟을 수 없는 이유는, 참여자들이 계속 그 자리에 있었다면 미래에도 여전히 반복되었을 '준비의 삶' 때문이었다.

취직을 하고 좋은 직장을 갖고 결혼도 하고 아이도 키우고 뭐, 집도 사고. 그리고 노후를 위해서 돈도 좀 모아놓고 보험도 들고……, 다들 그렇게 살려고 하잖아요. 그런데 그게 지금 가능한 세상인가? 그게 가능한가, 우리 사회가? 평범한 소박한 꿈이라면 그럴 수 있는데. 저는 그렇게 복닥복닥 살고 싶지 않았어요. 대출금 얻어서 전세 구한 다음에 다 갚고, 또 늘리고, 집 사고, 이걸 사람들이 반복하는 거죠. 선배들도 그렇고 친구들도 그렇고. 어휴, 시골이나 지방에선 1억이면 엄청 좋은 집을 사는데, 왜 저렇게 살지? 뭐 그런 생각이 들면서 돈을 많이 버나 적게 버나 별반 다르지 않겠다는 생각을 대학 때 했죠. 그래서 임금노동을 이렇게 쭉 계속할 필요가 없었고. (중략) 내 계산법이 보통 사람들한텐 안 먹히는 거죠. 그들이 못 움직이는 건 철저히 직장, 아이들 교육, 이런 것들 때문에 묶여 있다고 생각해요. 그러면서 희생되는 것들이 분명 있거든요. 대부분의 집들은 대출금을 받아 사니까, 결국 은행 소유에다 이자 비율은 굉장히 높아요. 그런데 저는 그런 게 없기 때문에 옮길 수 있는 거죠. 직장도 옮길 수 있고 집도 옮길 수 있는 거예요. 아마 사람들은 직장을 옮기고 싶은 충동들이 훨씬 더 많이 있었을 거예요. 그런데 그걸 컨트롤했겠죠.　　　　　　　　　　　　　　　　　　　　　　　　**이경일**

다른 사람들보다 직장과 거주지를 자주 옮겨온 이경일은 자신이 뭇 사람들과는 다른 셈법으로 살아왔다고 말한다. 지금의 생활 패턴을 유지하기 위해 한 달에 '얼마는 벌어야 된다'의 계산법으로 삶을 구성하는 사람들과 전혀 다른 셈법을 그는 구사하고 있다. 그리고 이 차이는 다른 욕망과 생활을 생산해낸다.

여기서 특별한 점은 그가 이 사람들의 '셈법'에 대해, '그것이 가능한 세상인가?'라는 질문을 던지고 있다는 것이다. 그러면서 강상중의 책 《살아야 하는 이유》에서 '행복'에 대해 쓴 부분을 언급했다. 강상중은 돈, 애정, 건강, 노후 등 행복의 '합격 기준'이 설정되면서 행복이 '발명' 되었고, 동시에 그 합격 기준이 상당히 높아지면서 불행이 만들어졌다고 쓰고 있다.[67] 살아가는 사람들의 수만큼 행복의 다양한 방식이 있다면 좋겠지만, 그런 것은 이제 사라져버렸다. 그러면서 그는 이러한 합격 기준이 "과연 만인이 손에 넣을 수 있는 것인지", "이것이 과연 평범한 일일지"를 질문한다. 그건 상당히 '높은 수준의 평범'이라고 말이다.

이경일 역시 이 관점을 따르고 있다. 사람들이 희망이라고 믿는 것, 달성할 수 있는 행복이라고 추구하는 것은 실은 '불가능한' 꿈이라는 것이다. 그는 자신에게 아무것도 없으므로 잃을 것도 없다고 생각하고, 부양할 가족도 없기에 그것이 다른 사람들과의 차이점일 수 있다는 것을 알고 있다. 예컨대 7퍼센트의 성장을 하던 사람들은 계속해서 최소한 7퍼센트의 성장을 해야 한다고 믿는 것처럼, 애초에 기준과 배경·조건이 다르게 설정되었다는 것이다. 물론 그런 '평범한 행복'을 추구하며 사는 사람들도 잃는 것은 있다. 연봉을 많이 받으며 사는 사람들은 '이 회사에 언제까지 다닐 수 있을까', '이 대출금을 다 갚을 수 있을까' 등 이경일과는 '다른 종류의 불안'에 시달릴 것이다.

획일화된 현대의 속도는 개개인의 삶뿐 아니라 사회적 인프라에서도 그 우위를 점하고 있다. 이경일은 언젠가 부산의 상갓집에 갔던 이야기를 했다. 지율 스님의 KTX 천성산 터널 건설 반대 운동을 보면서

KTX를 이용하지 않겠다고 결심했던 그는 버스를 타고 내려갔고, 돌아올 때도 버스를 이용했다. 그런데 그날 상갓집에서 만났던 한 친구는 KTX를 타고서 다음 날 아침 회사에 출근했다. 물론 결코 특별하지 않을 이야기다.

> 도대체 저런 (KTX의) 시속 400킬로 넘는 속도가 왜 내 삶에 필요한 건지 여전히 잘 모르겠어요. 그 속도를 취사선택한 거죠, (KTX를 탄) 그 친구가. 그런데 조건 자체가 그걸 선택할 수밖에 없는 조건이죠. **이경일**

자본주의를 발전시킨 요소로 전쟁, 광고에 이어 자동차를 포함시켜야 한다고 생각하는 그는 자동차의 '속도성'에 대한 고민을 갖고 있었다. 그랬기에 KTX라는 '광속'의 탄생은 '과연 이런 속도가 인간이 감내할 수 있는 속도인가?' 반문하게 만들었다. 스마트폰과 KTX 등은 그 편리함과 빠른 속도로 인간의 삶을 좀 더 '편하게' 만들긴 했지만 그것이 과연 인간에게 이득이 되었는가, 그는 묻는다. 아침 출근길에 스마트폰으로 이미 업무가 시작되고, KTX가 있음으로 하여 전날 밤 부산에 있던 사람이 서울로 아침 출근을 못 하겠다고 할 수 없는 구조가 되어버린 상황에 대해 말이다.

이것을 사람들은 '선택의 자유', 즉 자신이 취사선택할 수 있는 폭이 넓어진 것으로 말하지만, 그는 그것이 과연 진정한 자유인지 의문을 품고 있다. 예를 들어 우리는 새 스마트폰을 구입할 때 외형과 성능 등 스펙을 비교하고 자신의 취향에 맞는 것을 골라 '아이폰'이냐 '갤럭시'

나를 합리적이고 자발적으로 선택한다고 생각하지만, 실제로 이는 시장에 의해 이미 걸러진 2차적 선택일 수밖에 없다. 시도 때도 없이 광고에 귀와 눈을 점유당하고 '보조금' 같은 회유가 이루어져온 구조 속에서 소비자들은 온전히 자신의 뜻대로 '주체적'인 선택을 할 자유가 없다. 자본과 구조에 의해 '강요된' 선택이라는 이데올로기는 많은 사람들을 그렇게 '자유롭다'고 속이고 있다. 사실상 이는 우리가 원한 것이 아니라, 우리가 '원한 것이라 믿는' 것에 가깝다.

항상 바쁘고, '시간이 빨리 간다'고 생각하게 하는 가속화된 시간은 시간 분산의 징후 중 하나다. 다양한 시간적 혼란과 착오를 초래하는 이 시간의 위기는 '반反시간성Dyschronie' 때문이다. 질서를 부여하는 리듬이 없는 것이다.[68] '방향성'을 잃어버린 시간은 '날아가' 버리고 급격하게 공간과 시간을, 세계와 공동의 삶을 상실시킨다.

그렇게 고유한 "향기"가 증발한 시간의 위기를 극복하기 위해서는 일상의 깊숙한 곳까지 다른 형식의 삶을 취해야 한다. 방향 없이 질주하는 시간 속에서 멈춰 서서, 자신과 자신을 둘러싼 세계에 대해서 생각해볼 '멈춤의 시간'을 갖는 것이다. 하지만 위의 대화들에서 보듯이, 이는 결코 쉬운 과제가 아니다. 늘 쫓기고 빼곡하게 차 있으며 선택'될' 수밖에 없는, 미래의 언젠가를 위해 쓰이기 바쁜 현재의 시간 속에서 말이다.

그러한 면에서 "나 자신을 돌아보는 내 시간을 가장 중시한다"던 김종현의 말을 여기서 인용하는 것이 의미 있을 것 같다. 그의 말처럼 '내가 존재하지 않으면', 다시 말해서 자신에 대해 집중하고 돌아볼 수 있는 여유가 없다면 내 관계나 생활 역시 온전할 수 없기 때문이다. "가만히 멈춰 서서" 바라볼, 혼자 있거나 타인과 관계 맺을, 즐거움을 주체적으로 즐길, 내가 살고 싶은 세상을 사람들과 함께 구상하고 기획할, "시간이 필요하다."[69]

3

그리고 삶은
'다르게' 계속된다

무엇이 삶을 다르게
만드는가

각자가 '잘 알아서' 살아내길 부추기는 사회에서, 누군가를 돕거나 도움을 바라는 것은 '시대착오적'인 기대다. 사회적 안전망이 부재한 한국 사회에서 그 고독함은 즉각적인 생존의 불안으로 다가올 수밖에 없다.

참여자들은 직장이 더 이상 내 미래와 행복을 보장해주지 못하는 곳임을 깨닫고부터, 이를 자신의 안전망으로 여기지 않았다. 그들에게 퇴사라는 선택은 다만 '못 참겠다'는 감상적이고 즉흥적인 결정이 아닌, 이런 삶이 최선의 선택이 못 된다는 이성적이고 합리적인 선택이기도 했다. 돈을 주는 만큼 부려먹는 것이 아니라, 주는 돈 이상으로 '등골을 빼먹는' 곳에서 오래 버텨봤자 이득보다 손해가 더 많겠다 싶은, 그런 합리적 선택이라는 말이다.

또한 회사라는 공식적인 조직과 소속을 반드시 갖지 않아도 재택 근무, 온라인을 통한 네트워크 형성, 자유계약 등으로 1인 사업(업무)이 가능해진 산업구조적 변동도 하나의 요인으로 지적할 수 있다. 이 같은 구조적·환경적 조건이 아니었다면 상황과 선택은 조금 달라졌을 수도 있다. 내가 주목한 참여자들의 선택은 고도화된 자본주의이자 동시에 신자유주의인 2010년대 한국에서의 구조적 산물이기도 한 것이다. 그리고 물론 이 선택은 이 개인들이 지닌 세대적·구조적·개인사적 맥락들이 만나 이루는 성좌 속에서 더 면밀히 밝혀질 수 있다.

똑같은 구조적 영향 아래에서도 대다수는 여전히 직장 생활을 유지하고 있으며, 모두 이 책의 참여자들과 같은 경로를 택할 수 있는 것은 아니다. 나는 애초에 참여자들의 '자발적 선택'을 강조하고자 했다. 현재의 구조적 맥락을 살피는 동시에 그 한계를 확인하고 나온 행위성과 주체성에 방점을 찍고, 그 가능성을 발견하는 데 관심을 기울였기 때문이다. 그 개인들로부터 발견할 수 있는 새로운 '주체성'은 무엇일지 궁금했다.

이제껏 살펴본 것처럼 우리 사회는 승자 독식과 성과만능주의라는 문법에 뿌리를 둔, 이기적이지만 '능력' 있는 주체의 승리가 확실시되는 구조로 재편되고 있다. 참여자들은 그러한 환경에서 오는 병폐와 파괴성을 매우 잘 해석하고 있었으며, 이로부터 구성되는 구체적인 불안과 좌절을 토로했다. 그렇게 이들을 내려서도록 한 것은 경쟁과 고립을 자초하게 하는 구조에 대한 성찰이었고, 이에 바탕을 둔 자각이 새로운 '대안'의 가능성을 우리에게 제안할 수 있으리라 생각했다. 그렇다면 무엇이 정말 지금부터의 삶을 다르게 만들 수 있을까? 나는 이 장에서 참여자들의 퇴사 이후 이동 경로의 특징을 두 경우로 세분화해 살펴보고자 한다.

온전한
독립자로

이준익, 김윤진은 퇴사 전에 일해왔던 기업과는 전혀 다른 논리로 움직이며 좀 더 '자유로운' 직장 생활이 보장되는 제3섹터의 조직으로 이동했다.

이 둘은 학창 시절에 학업에 열중한 편이었으며, 대외적인 사회 활동이나 그룹 활동에 열심인 학생은 아니었다. 이준익은 학부 졸업에 이어 대학원 과정을 이수했고, 이후 컨설팅 기업에 막연한 마음으로 지원서를 넣었는데 입사가 확정되었다. 김윤진은 스스로를 대안적 활동보다 '제도권 활동'에 더 관심이 많은 학생이었다고 말했다. 이 둘은 회사 생활 전에 대안적인 활동이나 경험이 있던 것은 아니지만, 대신 대학 시기에 접할 수 있던 시대적 맥락에서의 책과 대학 생활 내 '사회화'를 통해 관련 담론이나 지식에는 익숙한 편이었다. 김윤진은 이에 대해 "그 시기에 대학을 다닌 사람으로서, 굳이 어떤 활동을 직접 하지 않더라도 학교 분위기나 접하게 되는 책 등으로 그런 담론에 자연스럽게 익숙해질 수밖에 없었다"라고 설명했다.

현재 이들이 NPO(Non Profit Organization, 비영리단체)에서 일하게 된

계기 역시 지속적인 관심과 경험의 연속선에서 적극적인 노력을 통해 옮긴 사례라기보다는 우연한 '제안'과 '기회'로 이동한 편에 가깝다.[*] 이준익은 일본에서 NGO 활동 중에 알게 된 교수, 그리고 김윤진의 경우 도쿄 사회적 기업 공연 때 만난 NPO 관계자와의 인연이 비영리단체에서의 일 경험으로 이어졌다. 물론 이전에 아무런 계획과 준비도 하지 않았던 것은 아니다. 이준익은 직장과 NGO 회원 활동을 병행하며 '숨쉴 구멍'을 만들고 있었고, 김윤진은 헤드헌터 일의 '본성'을 자각하며 비영리 부문 이행으로 마음을 다잡고 있었다. 그러나 당시만 해도 그 계획은 '언젠가', '10년 후'의 미래로 예정되어 있었다. 때문에 실제 퇴직과 전환 실행은 다소 막연했던 기획 중 어떤 계기를 통해 즉흥적으로 '촉발'되었다고 보는 편이 맞을 것이다.

　퇴사 당시는 이들이 자신의 퇴사 예정 시기를 적어도 몇 년 후로 생각한 시점이었기에 충분한 전환 준비가 되어 있던 때는 아니었다. 그렇기에 제3섹터 조직에서의 새 출발이 그리 순탄할 수는 없었다. 제3섹터 일은 철저한 자본 논리에 의해 업무가 순조롭게 이뤄지는 기업과는 전혀 다른 문화권에 속하기 때문이다. 이전의 노동 방식과 문화에서 벗어나 새로운 공간에 익숙해지는 데에는 조정의 시간이 필요하다. 이는 자신이 가져왔던 사회적 위치·지식·믿음의 허물어짐을 확인하고 이를 다시 형성하는 과정을 포함한다.

---

[*]　이준익과 김윤진이 일하는 두 NPO 조직은 각기 다른 곳이다.

조직 문화, 솔직히 두 번째 회사는 한심하게 느껴졌어요. 그래서 사실 여기(지금 다니는 NPO) 들어왔을 때도 그런 게 있었어요. 완전 콩가루 집안이구먼. (웃음) 나중에는 아, 여기는 나름의 질서나 룰이 있으니까 그런 식으로 평가할 건 전혀 아니구나…… (알게 되었죠.) **이준익**

지난 10여 년간 글로벌 업계에서 일하던 그에게, 인문학적·가치 지향적 일을 다루는 NPO 조직의 업무 방식은 낯설고 한편 이상해 보이기도 했다. 몸에 밴 이전 공간의 관습들, 좋든 싫든 오래 몸을 두었던 곳에서 익힌 것은 쉽게 변화할 수 있는 부분이 아니다. 때문에 그에게는 다소 '자유로운' 분위기의, 대안적 담론을 실천하며 위에서 주어진 일이 아니라 스스로가 알아서 의제와 활동을 만들어야 하는 조직의 문화가 한심하게 보이기도 했다. 그의 첫 번째 회사인 A기업에는 멘토십 등 사내 문화 고취를 위한 체계적인 프로그램들이 있었고, 상대적으로 그러한 프로그램이 부실했던 B기업에 이직한 후에는 '조직 문화의 부재'를 느꼈다. 그런데 한국에 와서 지금 일하게 된 NPO에서는 그러한 모습이 더더욱 극명하게 보이는 것이다. 처음에는 이곳에 조직 문화가 전혀 없다는 생각까지 들었다고 했다.

나는 2014년에 제3섹터의 노동에 대한 연구를 진행한 적이 있는데, 그때 청년 활동가들이 자주 토로한 조직 문제 중 하나도, 명확한 체계나 매뉴얼이 없기에 업무가 효율적으로 분담되지 못해 결과적으로 업무가 과중된다는 점이었다.[7] 제3섹터 노동의 자립과 생존을 위한 현실적 인식 아래, 활동가들은 조직의 체계적 프로토콜protocol에 따른 안정적 기반이 활동과 실무를 해가는 데 도움이 될 수 있다는 기대를 내비치기도 했다. 그러나 한편으로 이것이 사기업체와 같은 방식으로 체계화되는 경우, 활동 속에서 '자율성'을 추구하는 활동가들의 성향과 충돌하거나 통제 시스템으로 변모하는 문제를 가져올 수도 있다. 그러므로 제3섹터 조직에서는 관료적 체계화를 경계해 내부 구성원들 간의 토론을 통한 결정, 내부의 관계성 등이 중시된다. 아마도 이준익에게는 이러한 일 문화가 '조직 문화가 아닌, 이도 저도 없는 콩가루 집안'에 가깝게 보였을지 모른다.

내가 이후에 신문에서 접한, 민간영리기업에서 비영리기업으로 이직한 사람들의 인터뷰 기사에서도 비슷한 이야기들이 등장한다.[71] "회의 때 모든 이의 의견을 수렴하고 회의록으로 정리해 다시 모두에게 공개하는 것이 놀라웠다. 영리에서는 빠르게 일처리하는 것이 중요하다. 반면 비영리는 느려도 공감과 소통을 전제로 한다"라는 이야기나, "영리가 수직적 구조라면 비영리는 수평적 구조다. 영리에서는 상급자가 방향을 정하면 내 할 일만 하면 된다. 책임도 제한적이다. 그런데 비영리로 오니 숨어 있을 곳이 없다. 회의 때 얘기하지 않으면 다른 이들이 나를 기다린다", "사람들에게 동기와 인센티브를 주는 것은 중요하다. 다만 비영리에서는 이러한 용어들이 익숙하지 않은 것 같다. (중략) 합리적인 운영 체계가 필요하다"라는 인터뷰 내용에서 드러나듯 효율성과 수평 구조, 동기 부여 등을 둘러싼 소통과 일처리 방식의 다름은 두 공간을 모두 경험한 이들에게 커다란 차이점으로 다가왔다.

또한 이준익은 지난 10여 년간 컨설팅업계에서 워낙 일과 삶이 뒤

엉킨 과잉 노동으로 여가 시간 없는 생활에 시달려왔기에, 특히 '삶과 일의 조화'와 '슬로 라이프'에 대한 관심이 지대했다. 그런데 2012년 귀국 후 그 반대편의 삶을 적극적으로 실천하기 위해 들어온 NPO 일터였는데, 여기서 그는 다시 이 문제와 부딪쳐야 했다.

사실 여기 와서도 고민이 있어요. 여긴 다른 의미로 워커홀릭들이 많기 때문이에요. 지금은 제가 워커홀릭이란 개념을 쓰지 않아서, 이분들은 좀 다르단 생각을 하죠. 처음엔 그것 때문에 고민이 많았고, 지금도 그런 부분은 고민이에요. 사실은 제가 추구하는 다운시프팅은 '삶과 일의 조화'인데, 여기 들어온 분들은 다 그걸 고민하더라고요. (중략) 되게 애매하죠. 활동가야? 아니면 월급쟁이야, 임금노동자야? 이것도 저것도 아닌 그런 게 있으니까, 그것도 층위가 여러 가지 있더라고요. 그럼에도 열심히 일하는 동기가 사람들 관계일 수도 있고, 재미일 수도 있고, 사실 의무감도 있는 거 같고, 종교적 열정을 갖는 것도 같고. 정답은 없는 거 같고 자기에게 맞는 답을 찾아야 하는 게 아닌가…….

이준익

처음 일을 시작하면서는 동료들의 '자발적 과잉 노동'을 보며 그는 혼란을 느꼈다. 자신의 거의 모든 생활을 활동과 일에 '기꺼이' 쏟아붓는 동료들이 부담스럽게 보이기도 했다. 그가 보기에는, 고용된 상태로 매달 월급을 받지만 자발적으로 열정과 가치를 갖고 일하는 이들을 활동가나 임금노동자 등 어떠한 단일한 위치로 규정할 수 없는 측면이 있었다. 이러한 불확정한 모호함은 잘 이해되지도 않을뿐더러 때로는 불편하게까지 느껴졌다. 그가 이 공간을 찾아왔을 때, 여기는 '일과 삶'의 균형 유지가 가능한, 조금 더 천천히 살고 업무에 시달리지 않는 공간일 것이라 기대했다. 그러나 막상 와보니 이곳 사람들도 '워커홀릭'으로 살고 있는 것이다.

하지만 차차 시간이 지나면서 그는 이를 '삶과 일의 조화' 등의 노동 체계로서는 이해하기 힘들다는 사실을 깨닫게 되었다. 자신이 이제까지 생각해오던 워커홀릭의 개념, 일과 생활의 균형 등이 어느 문화 어느 조직에서나 똑같은 기준으로 적용될 수 있는 것은 아니었던 것이다. 또한 자신의 컨설팅업계에서의 경험에 비추어 비영리조직의 문화를 판단한다는 것 역시 이치에 맞지 않았다. 두 공간은 바탕으로 하고 있는 지향과 원리 자체가 전혀 다른 곳이기 때문이다.

A, B기업에서의 경험과 현재의 경험 사이에는 꽤 큰 간극이 있고, 그는 지금 이를 좁히는 와중에 놓여 있다. 일과 삶의 균형을 지키는 것은 중요한 문제였기에 주 3일 근무제를 택했으나, 근무일이 아닌 날에도 출근을 할 수밖에 없는 상황 등은 역시 그에게 남겨진 과제다. 현재 그는 이 공간이 자신이 하고 싶은 일과 '100퍼센트 일치하지는 않는다'는 생각을 하며, 앞으로의 장기적 삶의 길을 열어두고 모색하는 중이다.

전 제가 (지금 조직에서 맡은 일을) 막 하고 싶었던 건 아니었기 때문에 우회로 같은 거라 생각했고, 지금도 결국은 이걸 제가 리더십을 갖고 잘할 수 있는 일은 아니라고 생각하기 때문에. 그럼 내가 할 수 있는 면을 하겠다. 내가 뭘 발굴해서 뚝딱뚝딱 이런 건 아니라도, 그분들이 글로벌 네트워킹이 필요하다든가 정보를 분석한다든가 하는 건 내가 해줄 수 있다. 제안서 쓰는 건 많이 했으니까, 그런 거거든요. **이준익**

이준익에게 지금의 NPO 조직은 최선의 선택이라기보다 우회로 같은 것이다. 나는 뭘 하겠다, 뭘 하고 싶다의 명확한 계획하에 움직였다기보다는 비슷한 방향으로 나아가면서 서서히 전환하겠다는 생각으로 들어왔기 때문이다. 그래서인지 혹은 아직 1년이 채 못 되어서 서먹한 감정이 있기 때문인지, 그는 지금 조직에서 자신이 하고 있는 일을 설명할 때 '(해달라고 하면) 해줄 수 있다', '할 수 있는 것이면 하겠다'는 유보적이고도 다소 거리감 있는 표현을 사용했다.

한편 김윤진의 경우 오히려 자신이 생각했던 것보다 지금 일하게 된 단체가 '덜 급진적'이라서 아쉬웠다고 한다. 이 조직은 청년과 관련된 조직이다. 그녀는 자신이 헤드헌터로 일하면서 목격한 불합리성— 예를 들어 비정규직 완전 철폐 문제—에 대해 더 급진적이고 적극적인 대항을 할 것이라는, 겪어보지 않았던 활동 진영에 대한 '일종의 환상'을 갖고 있었다. 그러나 막상 와보니 '어, 이 정도밖에 안 하나? 생각했던 것보다 덜 왼쪽이네?'라는 생각이 들었다. 통용되는 언어, 게임의 원칙, 추구하는 가치가 상반된 두 세계 사이에서 이들은 확연한 차이로 인한 적응의 어려움이 따르기도 했고, 현실과는 괴리가 있는 기대감을 갖기도 했다.

사실 (퇴사 후) 첫 직업으로 제가 선택한 거잖아요. 그렇기 때문에 어쨌든 감수해야 할 부분이고, 같이 있던 선배도 "단계별로 움직인다고 생각해라, 여기서 몸풀기를 하면서……"라고, 여기 왔다가 또 돌아갈 수도 있으니까요. 그래서 오히려 조직이란 건 거기(퇴사 후 처음 들어간 NPO 조직)서 경험했다고 할 수 있겠네요.

김윤진

김윤진은 글로벌 대기업을 상대하는 일에서 빠져나온 후 제3섹터에서 전혀 다른 이들을 상대하고 다른 과제를 수행하게 되었는데, '조직이 시키는 일이니까' 한다는 생각은 오히려 이전보다 더 강해졌다고 했다. 연봉을 '알아서 높이고', '한 만큼 벌어 가는' 헤드헌터의 지위에서 누리던 '자유'에 비해, 비영리단체에서의 일은 주체성이 더 결여된다는 생각이 들었던 것이다. '개인의 성과가 곧 회사의 성과'이기에 개인들에게 맡겨지던 헤드헌터의 자유와 비교하면, 현재 조직에서의 규칙과 역할도 '조직적 압박'으로 여겨졌다.

그녀는 자신이 다닌 헤드헌터 회사는 비교적 작은 규모였기에, 조직 문화에 대한 불만을 특별히 느끼지는 않았다고 했다. 그녀가 희망을 버리고 나온 것은, 일했던 바로 그 회사라기보다는 거시적인 구조, 금융 구조에서의 헤드헌터라는 위치다. 지시나 조정을 통해서가 아닌 '1인 프리랜서들이 존중받는' 헤드헌터라는 직업에 대해 애정을 갖고 있었으나, 궁극적으로 구조적인 문제가 발목을 잡았던 것이다.

그래서인지 그녀에게 '회사'와 '(금융자본주의의) 구조'는 구분되어 있는 듯했다. 회사는 구조의 대리자라기보다는 '그만두면서도 미안하고도 아쉬운' 곳이었다. 실제로 '자유로운 1인' 업무는 만족스러웠고 그 일로부터 보람을 느끼며 혼자 성과 내는 사업이 익숙하기도 했다. 그 회사를 나올 때, 대학원에서 공부를 더 하고 싶다는 욕구와 동시에 '왼쪽에 대한 동경', 즉 운동적인 것에 대한 욕구이자 '자유로운' 활동에 대한 기대를 갖고 있었다. 그런데 비영리단체의 일을 직접 하게 되자, 이 일이 더 '조직이 필요한 걸 군말 없이 하는' 일로 느껴졌던 것이다.

그러나 한결 편해진 면도 생겼다. 헤드헌터는 생존(이윤) 법칙에 따라 나를 적용시키거나 혹은 숨겨야 했지만, 이제는 그럴 필요는 없다. 오히려 내 정체성은 더 확고해졌다. 일과 자아를 일치시키고 그러한 자신을 더 드러내며 토론할 수 있게도 되었다. 리크루트업계에서는 그녀가 중요하게 생각하는 주제, 예컨대 젠더, 차별 등에 대해 관심 갖고 공부하거나 최소한 함께 공감하며 대화할 수 있는 동료는 없었다. 하지만 지금의 조직으로 옮겨 와서부터는 얼마든지 가능해졌다. 얘기할 수 있는 사람들도 많아졌고, 더 얘기하고 싶어졌다. 남성으로 살 뻔했던 자신이 다시 여성으로 살 수 있게 된 변화라고, 그녀는 이를 설명했다. 김윤진의 전환은 이윤 질서에서는 불가능했던 스스로에 대한 진정한 재현 representation의 가능성을 의미했고, 또한 오랫동안 관심 가져온 '일-사람 매칭'의 의미를 신자유주의 질서에서가 아니라 '사회적'인 영역에서 실현 가능하게 했다.

이준익과 김윤진의 사례는, '자본주의의 전선에 있는' 글로벌 이윤 기업과는 전혀 다른 공간이지만 또 다른 조직을 안전망으로 택한 '조직이전移轉'의 의미를 갖는다. '조직원'으로서 요구되고 적응을 필요로 하는 위치들이 새롭게 생겨나는 것은 이전과 다르면서도 한편 비슷한 면이다. 일의 구체적인 내용과 지향, 일이 진행되는 방식은 다르지만 그러면서도 다르지 않은 듯 묘한 기시감이 느껴지기도 했다. 김윤진의 말에서 알 수 있듯이, '조직원'으로 감당해야 하고, 지시를 받고 도달해야 하는 지점이 있다는 측면에서는 일의 내용과 공간만 바뀌었지 여전히 '전혀 새로운 세계'로 진입한 것은 아니라는 생각을, 그들은 했을지 모른다. 물론 그것이 적어도 '좋은 일'이라는 믿음이 있기 때문에 그 변화에서 오는 혼란과 심지어 과중된 노동 역시 당장은 견딜 수 있었다.

한편 퇴직 후에 대학원에 진학하여 학업을 다시 시작하는 사례도 있다. 조혜정(조한혜정)·엄기호는 그들의 1999년도 연구[72]에서, "최악의 학교도 최선의 회사보다 낫다"라고 하는 체제 이탈자들—직장이라는 체제를 이탈한 1990년대 학번에 속한 개인들—의 말에서 '최악의 학교'와 '최선의 회사' 둘 사이 가장 큰 차이점을 '자기가 있느냐, 없느냐'의 문제라고 분석했다. 위의 연구에 등장한 한 인터뷰이는 학교가 아무리 도제식이었다고 하더라도 '자기'가 무엇을 할 수 있고 무엇을 하고 싶어 하는지를 생각할 수 있었는데, 회사에서는 불가능하다는 것이 가장 큰 문제라고 하며, "공부만이 주는 매력과 즐거움"이란 바로 그것이 "내가 하는 것", 즉 내가 나에게 몰입하는 일이라고 했다. 이들에게 '공부'라는 경험은 대량생산 체제 바깥의 상상력을 제공하는 일이었다. 이 연구는 지금으로부터 약 15년 전에 이뤄졌는데 지금도 역시 유효한 것 같다.

나중에 내가 세워진 다음에, 깡이나 지식이 채워진 다음에…… 그게 왜 중요한지는 알아도 그게 뭔지는 모르잖아요, 지금 단계에서는. (중략) 그런 문화를 만들어내고 싶고 일으키고 싶지만, 그러기엔 내가 아는 것도 없고 정체성도 모르겠고 하니까, 내 정체성을 찾아가면서 내 중심을 세운 다음에…….

장현아

장현아, 이동진 등이 대학원이라는 학교로 돌아간 이유도 오로지 자신에게 집중하는 시간 속에서 '나를 찾기 위해서'라고 말할 수 있다. 자신의 '중심'과 '정체성'을 찾고 난 다음에야 사회에서의 위치와 자리도 명확히 잡을 수 있다는 것이 이들의 생각과 바람이다.

이동진은 궁극적인 자신의 목표는 '인터프리터interpreter'가 되는 것이라고 했다. 10년 동안의 공학도로서의 삶과 현재 배우고 있는 사회과학 지식을 잘 엮어서 두 가지 언어를 중재하며, 다른 사람들에게 '통찰력'을 줄 수 있는 자신의 모습을 그리고 있다. 이러한 결정은 직장 생활 동안 겪었던 경험들이 학문적인 관심으로 옮아간 것이기도 하다. 그런데 동시에 이는 직장 생활 동안 '목말라했던' 것, 즉 직장에서의 도구적 주체로서가 아닌 '진정한 나'에 집중하고 '내가 하고 싶은' 것에 몰입하는 일, '나'를 삶의 중심으로 주체화하고자 하는 이들이 갖는 '자아'에 대한 욕구이기도 했다.

일단 '나를 책임지는' 생계에 집중하고 있던 한정희는 1인 출판사에 대한 계획을 말하면서 미래의 꿈으로 협동조합을 이야기했다. 출판인으로서 경험을 쌓게 되면, 그녀는 자연스럽게 협동조합이라는 단계를 거쳐서 공동체로 나아가면 좋겠다는 생각을 하고 있었다.

내가 책임질 자신이 있고 누구에게 폐를 끼치고 있지 않잖아요. 누군가
나 때문에 피해를 보거나 하지 않으니까. 이걸 약간 즐기면서 나가려고
해요. 사실 내가 긍정적으로 사람들에게 도움을 주고 싶고 그런 생각은
늘 있어요. 그런 마음은 늘 있죠, 근데 오만한 이야기죠. 제가 아직 해결
이 안 되어 있는데……. 그런 (도움을 줄 수 있는) 상황이 오면 좋겠죠. 그
런 의미에서 전 협동조합이 솔직하고 아름다운 운동이라 생각해요. 자
길 위한 거잖아요. 남을 위한 거기도 하고요. 그러니까 공동의 선을 만
드는 운동이잖아요.   **한정희**

그러나 '지금'은 아니다. 그녀의 '내가 먼저 바로 서는 것'이 중요하
다는 생각은 기본적인 바탕이다. 이것은 앞서 살펴본, 개인적인 항로를
개척하는 다른 참여자들의 대화 속에서도 공통된 사항이었다. 경제적
으로 여유로운 상황이 아니라 개인적 자립이 중요하기 때문이기도 하
지만, 부모와 사회로부터 독립해 '당당한 개인'으로 살아가는 일을 중
시하는 것은 이들 세대의 대표적인 특징이기도 하다.

넉넉하게 벌지는 못하더라도 외면적으로 보이는 겉치레보다는 '자
아'의 중심을, 개성과 '나답게 사는 것'을 중시하는 이들이 택한 길은 먼
저 당당하게 자신을 다지는 일이다. 이것은 경제적이고 물질적인 탄탄
함이 아닌, 자신의 내면과 만족에 대한 단단함이다. 이들에게는 안정적
으로 사는 것보다 자신이 원하는 방식대로 사는 것, '자아실현'과 '삶의

질'이 더 중요하다. 자아실현의 문제가 곧 '생존'이라 생각한 시대를 거쳐왔기 때문이다. 부분적으로 한정희는 '내가 제대로 서는' 것과 그 길을 누군가와 함께하는 것은, 전후로 나뉜 서로 다른 차원의 문제로 보고 있는 것 같았다. 내가 누군가를 돕거나 서로를 도울 수 있기 위해서는 먼저 '내 문제'가 해결되어야 하기 때문이다.

> 돈의 노예가 되어 살기엔 너무 많은 대안이 있어요. 선택의 문제죠. 적게 벌고 적게 쓰겠다는 선택은 얼마든지 할 수 있고, 아예 안 벌겠다고 생각할 수도 있는 거고.
>
> 한정희

현재 이른바 명문대생들도 졸업 전부터 공무원 시험을 준비하며, 1명 뽑는 자리의 경쟁률이 100명을 넘어가는 기현상이 벌어진다. 사회경제적 관점에서 공무원 조직의 연공서열제가 마지막 탈출구로, 커다란 메리트가 되기 때문이다.[73] 이러한 현실 속에서 10대, 20대를 살아가는 세대와, 1990년대 시대적 풍요와 '실존적 자아'를 주요 가치관으로 가지고 이를 바탕으로 '많은 대안'을 상상해보며 청년기를 통과해온 참여자들은 직장과 일에 대해서도 다른 관점을 갖게 된다. 그리고 이는 다른 경로 선택의 여지를 낳는 하나의 요소가 된다.

함께 섞여,
일하며 놀며

한편의 참여자들은 조금 더 적극적인 관계성과 사람들과의 섞임이 두드러지는 노동/생활 현장을 갖기로 결정했다. 이들은 오롯한 '개인됨'의 방식이 아니라 다른 사람들 속으로 뛰어들어, 만남과 관계성을 기반으로 자신의 안전망을 직접 구축하고 있다.

그 구체적인 현장들은 협동조합이나 지역공동체가 기반이 된다. 윤재훈, 이명선이 각기 구상하는 협동조합은 기존 조직에 고용되는 방식이 아니라 주변 사람들과 '공동체'를 직접 꾸리는 것을 목적으로 한다. 바로 이 지점에서 이준익, 김윤진의 '(NPO) 조직체 이동'과는 이동의 양상이 구분된다. 또한 귀촌/귀농을 지향하는 이영민, 박래연에게서는 지역공동체 일원으로서의 관계, 그리고 본래 자신이 가지고 있던 네트워크를 통해 동료들과의 협력을 염두에 두며 이동을 꾀하고 있다는 점에서 또 다른 방식의 협동적 특성을 발견할 수 있었다.

윤재훈은 돈을 번다는 것의 의미를 좀 더 넓게 보아 '생활 전반을 책임지고 유지하는 것'으로 보는데, 이것이 그가 협동조합을 통해 찾고자 하는 첫 번째 해답이었다. 비싼 주거 비용, 결혼과 육아 비용에 대한 고민, 미래의 건강에 대한 근심, 부모 부양에 대한 부담감, 일이 싫지만 돈 때문에 그만두지 못하는 직장 문제 등 그가 겪고 있거나 앞으로 겪어야 할 문제들은 개인적인 문제가 아니다. 이러한 고민들은 그가 투자은행을 다니면서 혹은 그만두길 고민하면서도 계속해서 주머니 속에 지니고 다녀야 했던 문제들이었고, 자신이 속한 청년 세대의 대부분 구성원에게 공통적으로 깊게 팬 골이었다. 그렇기에 이 문제를 비슷한 처지의 사람들과 마을 공동체라는 단위로 풀자고 생각했다. 이것이 그가 협동조합 활동을 시작하게 된 계기였다.

그렇지만 처음부터 협동조합 활동에 대한 구체적인 밑그림을 그린 것은 아니다. 공동주거 구성원들을 포함한, 이 문제에 관심 있는 구성원들과 함께 공부하면서 '협동조합 활동을 통해 그 해법을 찾아보자'고 궁리했다. 그리고 그 과정에서 새로운 정보와 사람들이 생겨나, 다양한 활동들이 패치워크patchwork를 이루는 현재에까지 이르게 되었다.[*]

> ○○○(공동주거 공동체)도 늘려가겠지만, 카페를 늘려 저 같은 사람을 많이 만드는 게 계획이에요. 회사를 다니다가 '이건 아닌데' 하지만, 그렇다고 해도 다른 회사로 가는 방법밖에 없잖아요. 아니면 백수가 되든지. 그런 사람들이 와서 활동하면서 돈을 벌 수 있는 아지트를 늘려가는 게 중요하죠.
>
> 윤재훈

그는 현재 협동조합카페를 꾸리는 데 주력하며 카페의 공동 주인으로 일하고 있다. 이 카페는 회사를 다니다가 '이게 아닌데' 싶은, 자신

---

[*] 구체적으로 이 활동에는 개인의 역량과 존엄을 지키며 돈을 적게 들이면서도 같이 모여 살 수 있는 거주지이자 공간적 아지트로서 공동주거, 또한 놀이와 교육 활동을 담당하는 커뮤니티 공간인 카페, 장기적 건강에 대한 보험과 예방을 담당하는 의료 두레와 연대 은행, 이러한 활동으로 파생되는 여러 일자리에 대한 고민 등이 포함된다.

과 같은 사람들이 찾아와서 일과 생계 활동을 병행할 수 있는 '아지트' 기능을 할 것이다. 이 카페에서는 갖가지 모임들이 열리고, 술과 음식을 나눠 먹는 커뮤니티 활동도 이뤄진다.

윤재훈은 카페에서 일을 하고 임금을 받지만, 노동력/시간을 화폐로 환산하는 방식의 단순 임금노동을 극복하고자 한다. 다른 동료와 함께 일을 하면서 생기는, '나는 이만큼 하는데(책임을 지는데) 왜 너는 그만큼밖에 안 하나?'의 갈등은 대부분 내 노동력과 임금의 일대일 환산으로부터 생겨나는 것이다. 그는 이에 대한 입장 정리가 되고 나니 '도와주면 고맙고, 안 도와주면 내가 하면 된다'는 마음으로 임할 수 있게 되었다고 했다. 이때의 입장 정리란, 어떠한 일을 할 때 주어지는 돈을 내가 일한 대가라고 생각하면 임금노동이지만, 임금과 상관없이 일을 하면 노동은 다른 개념이 된다는 것이다. 또한 그가 보기에 실제로 회사에서의 평가와 임금 책정에는 모호한 부분이 있기도 했다. 자리에 앉아 있다는 사실만으로도 월급은 나오지만, 실제로 파생하는 결과(이윤에 대한 기여도)와 임금이 항상 같진 않으므로 '수지가 맞지 않는 것'이다. 때문에 그는 임금노동이 '노예노동의 또 다른 형태'일 수 있겠다는 생각을 했고, '내가 이 정도 일을 해서 이만큼 받는다'고 노동자가 먼저 인식하고 들어가는 생각을 뛰어넘어 보기로 했다. 내 '노동력의 값'이 중요한 것이 아니라, 내가 필요한 돈이 얼마인지 알고 그 필요만큼 벌면 된다는 것이다.

잘 따져보면 살면서 그렇게 큰돈이 필요한 게 아니거든요. 물론 집도 사야 되고, 애도 키워야 되고, 차도 굴려야 되고, 이렇게 따지기 시작하면 몇 억, 몇십 억이, 마치 '은퇴하고 나면 매달 몇백만 원 필요합니다' 하는 광고처럼, 있어야 되는 걸로 생각하지만, 다른 방식도 충분히 그런 걸 충족시켜줄 수 있거든요. 지금 제가 하고 있는 일은 그런 생각의 전환으로, 그 방식을 바꾸는 문제인 거 같아요. (중략) 월급은 자기가 일했으니까 당연히 받는 돈, 이렇게 생각하잖아요. 그런데 '난 기본 소득을 받고 회사에서 일한다' 이렇게 생각을 전환하면 그 월급이라는 개념이 기본 소득이라고 볼 수도 있거든요.

윤재훈

'연봉 1억을 받는 사람의 가치가 1억'이라고 평가할 수 없듯이, 윤재훈은 일단 임금노동과 돈의 문제에서 생각이 전환되면 인생이 아주 편안해진다고 말했다. 카페에도 정해진 시급이 있지만, 그렇게 주어지는 돈을 그는 '월급'으로 생각하지 않는다. 한 달에 60만 원씩 받지만, 실제로는 60만 원이 넘는 일을 할 때도 있다. 그는 이것을 일종의 '기본 소득'으로 생각하고 있었다.

윤재훈과 이명선은 함께 활동할 사람들을 직접 찾거나, 준거집단으로 생각해오던 이들과 협동조합 활동을 위한 노력을 적극적으로 하고 있었다. 이명선의 경우 그녀의 오래된 지인들과 함께였다. '우리의 나중은 어떨까?' 하는 생각으로 모임을 만든 것이 벌써 7년이 되었다. 인터뷰를 위해 내가 처음 찾아갔던 날에도 그녀는 협동조합 모임으로 회의가 길어지던 중이었다. 이후 지자체나 시市와 함께 하는 자체 프로젝트를 만들겠다는 생각으로 모임을 좀 더 조직화해, 지금은 협동조합으로 전환하기 위한 준비를 하고 있다. 당시에 그녀가 준비하던 프로젝트는 이 모임의 이름으로 행사하는 첫 번째 계획이었다. 협동조합은 최근 많은 시민들이 자발적으로 활동을 꾸리며 지자체의 다양한 지원을 받을 수도 있는 대표적인 대안 활동으로 부각되고 있다. 또한 그녀에게는 Q사 시절부터 사회적 경제 등과 더불어 익숙한 흐름이기도 했다. 무엇보다도 '다들 너무 힘들게 사는 현재'에 '좋은 모델'이 될 수 있을 것이라고 생각했다.

그녀의 협동조합은 사업/휴식의 주기부터 다르게 구성된다. 7~8월 그리고 11~12월에 장기 휴가 기간을 갖는, 기존 조직의 일/여가 체제와는 전혀 다른 방식의 운영을 구상 중이다. 협동조합의 특성상 프로젝트 사업으로 진행되는 만큼 일정이 유동적일 수밖에 없는데, 하나의 일이 끝나면 충분한 휴식을 갖고 난 후에 다음 일로 옮겨 가자는 것이 기본 방향이다. 이 조합의 구성원들은 일반적인 '9시부터 6시까지'의 노동 패턴에 익숙한 사람들이 아니고 '일의 주도권이 자기한테 있는' 사람들이며, 그녀 역시 획일화된 생활에 대한 반대급부로 협동조합을 꾸리는 것이기 때문이다.

예전엔 개인이 집도 짓고 농사도 짓고, 그런 다양한 것들을 했는데 지금은 딱 하나만 하잖아요, 다른 거는 다 사고. 개인의 역능은 자존감과도 연결되어 있어서 그런 개인의 역능을 좀 더 발견하고 쓸 수 있어야 하는데, 혼자선 하기 힘들기 때문에 공동체를 생각할 수밖에 없거든요. 그래서 관계적인 성향을 가진 개인들의 역능을 발휘하고, 공동체로서 지속 가능한 세상을 만들면 좋겠다고 생각해요. (중략) 저도 (회사에서 협동조합에 대해) 많이 소개를 했거든요. 다들 너무 힘들게 사는데 대안적인 그림이 있다고 해서 협동조합에 관심을 갖고, 회사에서 스터디를 했어요. 개인이 바로 서야 공동체도 바로 설 수 있다고 생각하는데, 시스템 속에 있지 않은 개인을 상상하기가 너무 힘든 거예요. 학교를 나오지 않으면 취직이 안 되고, 취직이 안 되면 먹고살 수 없고, 이런 시스템이 아니어도 개인의 역능으로 뭐든지 할 수 있다고 생각하거든요. 제 주변에는 귀농하고 귀촌하고 이런 사람들 꽤 있고, 그런 모델들이 많아져야 하고요. 우리 때만 해도 개인의 역능을 발휘할 기회가 있었던 거 같아요. 학생회도 했고 취직도 해봤고. 그런데 이후의 세대들은 무력감이 쌓인 거 같아서 되게 안타깝고, 진짜 너무 잘난 애들 아니면…….

이명선

이명선은 협동조합에서 개개인의 역능을 최대한 발휘하는 것을 중요하게 생각한다. 회사에 다니면서도 동료들과 "내 몸으로 할 수 있는 기술이 하나는 있어야 한다"는 말을 자주 나눈 것은, 기술이 있다면 좀 더 주체적인 일 선택이 가능할 것 같아서였다. 직장인들 사이에서 베이킹이나 바리스타 자격증 따기, 바느질 등의 '기술'을 배우는 사람들이 늘어나는 현상이나 DIY, 공방, 제작 등 다양한 '만들기' 교육이나 그룹들이 최근 들어 성황을 이루는 사회적 흐름도 그러한 맥락에서 해석할 수 있다.

그녀는 학벌, 취직 등 지금과 같은 획일화된 평가 시스템에 의해서가 아니어도, 개인의 역능 발휘는 가능하다고 생각한다. 때문에 개별적이며 개성적인 역능을 발휘할 수 있는 모델이 다종다양해야 한다는 것이다. 지금 준비 중인 협동조합 역시 조합원들의 역능을 최대한 발휘할 수 있는 그룹으로 만들려 한다.

그녀가 대학생일 때 혹은 그 전만 해도, 당시 20대들에게 '개인의 역능 발휘'의 기회는 지금보다 훨씬 많았다. 학생회, 사회조직 활동, 취직 등 다양한 사회적 경험을 하는 것도 크게 어렵지 않았다. 이 이야기를 하며, 오히려 지금의 자신이 대학생이던 당시보다 대학에서의 '광역학부제'를 반대하던 이유에 대해 더 잘 이해하게 되었다는 말을 덧붙였다. 그녀의 대학 시절, 당시 광역학부제는 이슈였다. 이를 시행하게 되면 전공 선택 때문에 학생들 간의 경쟁이 심화되고, 일부 비인기 기초 학문이 고사 위기에 처할 수 있다는 점 등의 문제 제기가 있었다. 뿐만 아니라 단과대 단위로 신입생을 모집하는 소학부제나 학과제가 아닌, 관련 학문을 통합해 대규모로 신입생을 모집하는 광역학부제 아래에서는 가까운 선후배, 동료 관계 등의 공동체 의식을 이루기가 어렵다. 그녀가 경험하기에 광역학부제 이전 시기에는 삶에 도움을 주는 '어른스러운 비빌 언덕'인 선배들이 있었고, 그 속에서 연대와 상호 학습이 가능했다. 그러나 현재 대학생들은 모두가 파편화된 개인이 되었다. 그래서 '진짜 잘난 애들', 즉 '서울대, 카이스트, 가끔 서강대, 연고대, 기본적으로 공부 잘하고 교수들이 밀어주고 네트워크 많고, 심지어 집안도 밀어주는' 그러한 소수 청년들을 제외하고 대다수 20대는 현실에 대한 무력감이 팽배한 실정이란 것이다.

윤재훈과 이명선은 협동조합이라는 형식을 통해 역능 발휘가 가능한 현장을 직접 만들고자 한다. 이는 임금노동 관계에서 벗어나 자신과 일이 맺는 '활동'의 관계, 공동체 내에서 동료들이 맺는 관계, 또한 시간 배치 등과 같은 노동조건의 모습으로 드러난다.

'정당한 노동'에 대해 판단할 때에 노동을 둘러싼 이러한 다양한 '관계'들을 중심으로 생각해볼 수 있다. 나는 윤재훈과 그의 공동체에서 이뤄지는 노동의 원리에 대해 이야기하던 중, 재능 기부가 '노동 착취'가 되는 지점에 대해서도 대화를 이어가게 되었다. 그가 활동하는 협동조합카페는 상당 부분이 조합원들의 재능 기부를 통해 돌아가는 공간이다. 하지만 최근 몇 년 사이, 재능 기부가 노동 착취로 악용되는 사례에 대한 사회적인 비판의 목소리가 커졌다. 재능 기부라는 이름을 이용해 노동에 대한 정당한 대가를 지불하지 않는 행위를 '선의'와 '좋은 일'이라는 허울로 포장하는 부당함이 자주 일어났기 때문이다. 선의를 핑계 삼아 사회적 약자에게 '좋은 일'을 강요하는 일은 명백한 '노동 착취'다.

아마도 재능 기부 혹은 노동 착취를 판단하는 기준은 먼저 양자 간 권력 관계에서 기인할 것이다. 그리고 또 하나의 축으로는 노동의 '대가'가 정당하게 주어지는가의 문제로 볼 수 있다. 정당한 노동, 가치를 갖는 노동이란 우리가 앞서 살펴본 것처럼, 자본주의 사회에서 그 사람이 충분한 보상을 (화폐로) 받고 있느냐로 판단하는 방법이 어찌 보면 가장 합리적이며 또한 '정당'해 보인다.

그렇다면 '돈으로 환산되지 않는 일'의 가치를 설명하는 언어의 문법은 어떻게 만들어질 수 있을까? 그러면서 내 생각은 돈이 지급되지 않는 일, 화폐가치로 환원되지 않는 무수한 일들에게로 옮겨 갔다. 외부로부터 얼마만큼 돈이 주어지는가와 상관없이 정당하고 또한 소중한 노동들이 있다. '그림자 노동'이라고 불리는 돌봄 노동 등은 화폐가치와 무관하게 중요하며, 때로 우리 생활의 핵심을 구성하는 노동이다. 반드시 자본주의적 생산성을 통해서 그 중요성과 가치가 판단되는 것은 아니며, 우리의 가치판단의 최종 심급이 늘 자본, 돈인 것은 아니다.

윤재훈의 경우 이 재능 기부와 노동 착취의 문제를 '관계'와 '호혜'의 관점에서 바라보고 있었다. 권력 차이가 있는 강압적 관계가 아닌, '도움'과 '기꺼이 함'이란 서로의 관계를 통해 이뤄진 일에는 '착취'라는 말이 붙지 않는다고 말이다. 이는 '호혜'와 '나눔'이라는 협동과 관계의 관점에서 이해되어야 한다. 그에게 노동은 그의 삶을 움직이는 전반적인 활동, 관점 등과 긴밀히 연관되어 있다. 그가 60만 원의 돈을 기본소득으로 생각할 수 있는 이유, 그리고 무엇보다 적은 돈으로 생계를 유지할 수 있는 배경, 내부에서 '적게 벌면서 과잉 노동은 하지 않고 즐겁게 일하자'는 생각이 공유될 수 있는 것 등은 모두 기본적으로 그의 일과 생활이 협동조합이라는 공동체에 기반하고 있기에, 즉 자신의 노동과 생계를 다른 구성원과 나눌 수 있기 때문이다. 노동과 임금에 대한, 급진적이거나 어쩌면 다수에게는 공감을 얻기 어려울 수도 있는 그의 인식 전환은 그가 공동체 안에 위치하기에 가능한 것이다.

도시에서의 삶을 성찰하며, 지역으로 다음 삶을 찾아간 박래연과 이영민은 각각 농사짓기와 시골의 게스트하우스 운영이라는 일을 택했다. 표면상으로는 귀농/귀촌이라는 물리적 이동으로, 기본적으로는 '혼자' 삶을 개척하고 있는 것처럼 보이지만 이들에게도 관계성의 측면이 드러난다. 내가 특히 이영민과의 대화에서 발견하고 주목했던 것은, 그가 실제로 게스트하우스 운영을 단순한 '개인 사업'으로, 그리고 귀촌 생활을 생활 규모의 축소나 생활비 경감의 차원으로만 생각하고 있지 않다는 점이었다. 그는 이를 '관계를 맺는 방식' 변화의 연장선 위에서 설계하고 있었다.

내 주변 사람들, 넓게는 영롱 씨같이 어쨌거나 조금이라도 아는 사람들도 이런 공간이 있다는 걸 알고, 와서 쉬다 가는 그런 공간이 있으면 좋겠어요. 서울에 있으면 또 그런 거 있잖아요. 좋은 사람들이지만 1년에 한두 번 만나면 할 수 있는 게 뭐예요. 저녁에 만나서 밥 먹고, 술 한잔 차 한잔 마시고 헤어지고, 이거밖에……. 이게 되게 그렇거든요. 차라리 1년에 한 번을 만나더라도, 내가 거기 있으면 1년에 한 번쯤은 좋아하는 사람들을 불러서 하룻밤 자면서 여유 있게 대하고, 대화도 좀 더 진득하게 해볼 수 있고. 그런 공간이 생기는 거니까 의미가 있는 거 같기도 해요. 개인적인 인생도 풍성해질 수 있을 거란 생각도 들어요. 오히려 섬이 되는 게 아니라. (중략) (서울에서의 만남은) 소모적이에요, 뭔가. 바쁜 중에 시간을 내 후딱 만나면서 '어떻게 지내니?', '어떻게 지내요' 안부 묻고, 그러다가 한참 지난 후 가끔씩 본다거나. 그러니까 (지방으로) 내려가면 관계도 더 좋아질 것 같아요. 그리고 친구들끼리 여기로 여행을 오면 더 좋죠. (웃음)

이영민

그에게 서울에서의 일회적이고 간헐적인 만남은 양적으로뿐 아니라 질적으로도 소모적이게 느껴졌다. 반가운 만남마저도 풍성하게 채워지기보다 찰나적이고 허무하게 끝난다. 만나서 할 수 있는 일은 술이나 차, 식사 등 소비의 연속이며 그 속에서도 여유는 허용되지 않는다.

그러한 '도시적'인 관계 맺기에 아쉬움을 느껴온 그에게, 통영에 게스트하우스를 여는 것은 풍부한 관계를 맺을 장소성을 확보하는 일이다. '장소place'라는 단어는 특별하고 구체적인 공간, 그리고 그 공간을 점유하고 있는 것들을 언급할 때 사용될 수 있다. 특별하고도 현실적인 장소에서의 경험을 통해, 하나의 물리적인 공간이 개개인에게 통합성과 '의미'를 갖는 공간이 될 수 있기 때문이다.[74] 이영민은 게스트하우스라는 '장소'를 통해 피상적이고 텅 빈 안부 인사가 아닌 더 깊은 대화와, 시간·돈에 쫓기지 않는 여유로 상대에 대한 이해를 넓히는 시공간을 확보할 수 있기를 기대한다. 물리적 이동으로 '섬'처럼 고립되는 것이 아니라, 오히려 자신을 둘러싼 관계를 잘 가꾸고 주고받을 수 있는 사람들과의 커뮤니티, 일종의 허브hub를 만들어낼 수 있다는 것이다. 그런데 한편으로 그는 자신의 선택을 '지극히 개인적인 결정'으로 냉소하기도 했다.

개인적으로는 어떻게 보면 회피를 한 거죠. 편안하게 생활해보려고. 전, 제가 (시골로) 내려가는 것 자체가 사회에 영향을 준다거나 그렇게 생각 안 해요. 지극히 개인적인 삶이죠. 잘되면 다른 사람 삶을 바꿀 수도 있지만, 제가 잘된다고 해도 결국은 상업적으로 하나의 사업 아이템이 되는 거예요. 근본적으론 한계를 많이 느껴요, 자본주의 안에서. '이제 나도 사업가처럼 되는 건가?' 이런 생각이 오히려 많이 들죠. 이건……, (자본주의에) 포섭되는 경우가 대부분이라 생각해요. 저는 그걸 경계하는 편이에요.

이영민

최근 몇 년 사이 한국 사회에서의 귀촌·귀농 열풍과 관련된 변화는 덩달아 조명되는 게스트하우스, 집 짓기 등을 하나의 사업 아이템으로 만들어버렸다. 그는 자신 역시 이 조류에 몸을 실어 회피했다는 자기 혐의를 갖고 있음을 토로했다. 제주도 등지에서 최근 급증하는 게스트하우스와 펜션, 카페 등이 다양성의 가치를 갖기도 하지만 한편으론 문화의 겉모습을 한, 하나의 '잘 팔리는' 상업 아이템으로 전락해버리기도 했다. 그런 점에서 자신의 발상 역시 그와 그리 먼 생각은 아니라고 보기 때문이다.

게스트하우스가 잘되면 하나의 성공적인 사업 아이템이 될 것이고, 못되면 그저 흔한 '실패' 사례 중 하나가 될 것이다. 때문에 그는 자신의 선택이 현재 언론에서 조명하는 것과 같은 '대안적 사례'가 될 수 없으리라 말했다. 또한 '펜션 부자'라는 표현을 사용한 책의 제목을 언급하며 그는 현대사회에서 모든 것들이 자본으로 포섭되고, 대안적인 선택마저 돈벌이 수단으로 전락하고 마는 현실을 재차 강조했다. 자신의 선택 역시 그와 멀리 있지 않기에 '개인적 욕망'에 기댄 회피일 뿐이라는 것이다.

사회를 변화시켜온 동력은 결국 '조직적'인 운동이며, 때문에 개인적 선택과 각개전투적 '대안'이라는 말에 희망을 걸지 않는 이영민의 태도는, 대학 시절 반자본주의 조직 운동의 이력을 가진 그의 기본자세와 연관되는 듯했다. 한창 주목받는 귀촌 바람의 상업적 변질을 목격하면서, 이는 지극히 자본주의에 영합한 선택이며 그래서 평범한 사람들에게는 불가능한 선택지라고 그는 생각한다. 그렇기에 자신의 선택도 전혀 다른 세계 속에 있는 것은 아니라는, 체념적이고도 냉소적인 태도를 갖게 되는 것이다. 여전히 '돈을 번다'는 의미에서 그렇기도 하지만, 그의 이러한 생각은 기본적으로 귀촌이나 귀농 등이 시골로 '새로운 유토피아'를 찾아 떠난 사람들로 가시화되는 것에 대한 거부감으로도 해석된다. 사실 그에게 이는 그저 '도피'로도 보이기 때문이다.

이영민의 문제의식은 이러한 개별적인 선택이 '개인에게는 대안적 시도일 수 있지만 사회적 차원에서 역시 대안적일 수 있는가'를 묻는, 근본적 차원의 질문을 환기시킨다. 혼자 여유를 추구하고 반자본주의를 지향하며 '슬로 라이프'를 산다고 할지라도 결국 혼자만의 '좋은 삶'이기에 그것이 진정한 대안이라고 말할 수 있겠느냐는, 그 역시 스스로에 대해 묻는 비판적 반문인 것이다. 실제로 그의 질문은 지금 시대에 만연한 모순을 짚어내고 있다. '조금은 다르게' 살고자 하지만, 그것이 지금과 같은 사회 속에서 몇 퍼센트의 '해답'일 수 있는가?

자본주의 혹은 신자유주의 사회의 모순에서 벗어난 탈주의 삶을 살고자 하지만, 실제로 이로부터 완전히 비껴날 '출구'는 찾을 수 없다. 사방은 국지적·세계적인 소비, 착취, 경쟁의 거미줄로 얽혀 있다. 우리가 하는 거의 모든 행위는 화폐가 필요한 소비와 자본의 자장 안에 속해 있고, 이로부터 온전히 자유로운 탈출구는 없다. 이를 무력화하고자 하는 많은 시도들은 오히려 자본과 기업에 의해 전유될 위험이 더 커졌다. 사회적 기업과 같은, 언뜻 보기에 전형적인 제3섹터의 대안적 활동으로 보이는 영역에도 대기업이 진출하고 있고, 도시-농촌을 잇는 '사회적' 실험은 '컨설팅'의 명목으로 또 다른 기업이 장악했으며, 이영민의 말대로 피로한 도시인들의 귀촌은 하나의 '대박 아이템'이 되었다. 하지만 실상이 그렇다고 해서 이 모든 시도가 허무하고 불필요한 것일까? 나는 오히려 이영민과의 대화 속에서 꼭 그런 것은 아니라는 생각을 했다. 물론 우리가 과감히 결정할 수 있는 자율적 선택지는 분명 훨씬 축소된 듯하고, 어떤 행위든 자본주의의 틀에 갇혀 있는 듯도 하다. 그럼에도 '완전히' 포섭되지 않기 위한 대책은 여전히 시도 가능한 것이다. 일례로 그가 현재 구상하고 있는 이 게스트하우스라는 '사업'은, 그가 염려하는 것처럼 온전히 자본을 얻기 위한 순수 '사업'은 될 수 없으리라.

그에게는 홍대 인디판 근처에서 오랫동안 관계를 구축해온 지인들과 네트워크가 있었다. 그는 통영으로 공간 이동을 하지만 서울에서, 더 구체적으로는 '홍대 음악신scene'을 중심으로 한 이들의 도움이 계속 이어질 것으로 예상한다. 통영에 내려가서도 이 '인맥'이 게스트하우스를 중심으로 기획되는 여러 활동 등으로 함께하게 되리라 기대할 수 있다. 친구들과 관계를 계속 이어가고 또한 그 폭을 더 넓힐 수 있는 이 삶의 터전은, 그렇기에 혼자 만들어가는 것이 아니다.

그가 믿고 있는바, 역사적으로 한국 사회를 바꿔온 것은 '조직적 운동의 힘', '투쟁의 힘'이었다. 그는 자신의 선택을 자족적인 선택이라고 평가절하하지만, 많은 '조직적 운동'의 성공은 상부로부터의 조직화나 명령 아래에서 이뤄졌기 때문은 아니었다. 그보다는 아래로부터 이뤄지는, 더 많은 공동의 가능성을 믿는 연대와 협력한 사람들의 힘 덕분이었다.

그렇기에 귀농/귀촌이라는 트렌디한 이동 자체가 한계를 가진다면, 그 이동이 개인의 자족적·소비적 '라이프 스타일'에 그칠 때일 것이다. 하지만 이영민의 서사 속에서 내가 흥미롭게 발견할 수 있던 차이는, 그가 다른 이들과의 '공유지'로서 얻을 수 있는 만족에 대해 이야기하고 있다는 점이었다.

제주도의 박래연에게서는 '도시에서 온 젊은 사람'이라는 이질성이 지니는 한계를 넘어 지역공동체의 일원으로 자리매김하고자 하는 서사가 발견된다. 그녀의 집에 머물 때, 그녀 덕에 나 역시 처음으로 히치하이킹을 해봤는데, 그녀는 이것으로 돈을 절약할 수 있을 뿐만 아니라 '기름이 흘러가는 것'을 공유하고, 이를 기회로 이웃들과의 관계 속에 스며들 수 있어서도 좋다고 했다. 그녀의 세계관은 '순환'이라고 했다. 농사에서도, 삶의 관계에서도 '고이지 않고 순환하는' 것. 그러한 그녀의 생활은 동네 어른들의 도움과 그에 대한 '의존'으로 가능했다.

이게 지속 가능한가, 너무나 많은 주위의 도움이 있어서 이만큼 살긴 하지만 이런 원조나 배려가 끊기면 사실 자립이 안 되는 구조라서. 이렇게 외지에 와서 살려는 사람을 많이 도와주고 배려하면 일정 기간 안에는 스스로 서는 노력이 필요한 거 아닌가, 그게 안 되면……. 그건 좀 문제가 있는 거 같아서.　　　　　　　　　　　　　　　　　　**박래연**

　지금 살고 있는 집과 밭은 동네 어르신들 덕분에 거의 돈을 들이지 않고 빌렸다. 때문에 벌이가 충분하지 않아도 그럭저럭 먹고사는 생활은 가능하다. 농사를 통한 수입이 아직 안정되어 있거나 충분하지는 못해도 특별히 부족하지 않게 생활이 가능한 이유는, 전적으로 도시에서 온 젊은이를 염려하는 동네 주민들의 돌봄과 도움 덕분이다. 여성농민회와 지역 생협을 통해서도 도움을 얻을 수 있었다. 맨땅에서부터 시작한 3년 차 귀농살이는 그러한 주변의 도움 덕분이다. 그렇지만 점점 시간이 지나면서 이것이 '지속 가능'할지 좌절감이 들기도 한다. 이렇게 자립과 의존 사이에 걸친 상태의 지속은 그녀에게 고민을 일으키는 지점이기도 하다. 그러나 동시에 주변 지역 관계망의 도움은 그녀가 앞으로 홀로 자립해갈 수 있는 과정의 기반을 제공하고 있다. 또한 새롭게 만난 동네 친구들과의 상부상조, 그리고 그들과 함께 꾸리는 동네 장터에서의 지역민들과의 교류는 혼자이면서도 '함께'인 삶을 풍성하게 채우고 있다.

　누군가에 '의지'하는 삶이 가능한 이유는, 이렇듯 이들이 갖고 있던 혹은 새롭게 가꾸고 있는 관계망이 가장 결정적인 조건이 된다. 박래연의 제주도 어르신들과 이웃 친구들, 그리고 '빈집'에서 소박한 풍요를 익힐 수 있게 해준 동료들, 이영민의 20대부터 함께 인디신 언저리에서 굴러온 사람들……. 이렇게 그들이 새로운 터전을 가꿔가는 삶은 타자와의 만남 '사이'에서 이뤄져온 것임을 알 수 있다.

이명선에게 이는 준거집단이라는 그녀의 오래된 지인들을 통해 나타났다. 직장에서 나와도 불안하지 않고 계속해서 새로운 탈출구를 상상할 수 있었던 것은 그가 맺어온 사회적 관계들 덕분이었다. 이명선에게 오래된 준거집단이 미래를 계획할 기반이 되어줬다면, 윤재훈에게는 종교 공동체를 통해 확장한 관계망이 공동체 논의를 키우는 관계 기반이 되어줬다. 로버트 퍼트넘Robert D. Putnam에 따르면 이를 '사회적 자본'으로 볼 수 있다. 사회적 자본이란 사회적 네트워크가 중요한 가치를 가진다는 생각 아래, 개인과 개인 사이의 연계나 이로부터 발생하는 사회적 네트워크와 호혜성, 신뢰의 규범 등을 포괄하는 개념이다.[75] 한 사람이 다른 사람과 접촉하고, 그 사람이 또 다른 사람들과 접촉하는 식으로 계속 확대하면 '사회적 자본'이 축적된다. 이렇게 해서 형성된 사회적 자본은 먼저 개인의 사회적 욕구를 충족시킬 수 있고, 또한 공동체 전체의 생활 조건을 실질적으로 향상시킬 수 있는 사회적 잠재력을 갖는다.[76]

윤재훈은 아내를 포함한 친구들과의 공동주거 생활을 시작으로, 종교 공동체를 근간으로 사회적 관계망을 점차 확대재생산했다. 그는 직장 생활 3년 차에 사회적인 성격을 강하게 띤 한 종교 단체를 알게 되었다. 이 단체를 통해 불교의 세계관을 공부하고 자원봉사 활동을 병행했던 것은, 이제까지의 노동과 삶에 대해서 고민하고 퇴사를 결정하는 데 가장 중요한 계기가 되었다. 그는 그 자원봉사 활동 기간이 마치 '산속에 들어간 느낌'이었다고 했다. 그렇게 '수행'에 몰입하고 난 후, 어떤 태도나 자세로 살아가야 하는지에 대해서 입장 정리가 되었다. 이것은 종교적인 경험임과 동시에 정신적으로 자신을 돌아보는 통찰력을 얻을 수 있던 시간처럼 보인다. 세상과 개인, 사회에 대한 시각과 자세가 변화하면서 돈 버는 문제 등등에 대한 생각으로까지 뻗어나갔다.

그는 '자유'에 대해 이런 이야기를 했다. 보통은 하고 싶은 일을 마음껏 할 수 있는 생활을 자유로운 삶이라고 말한다. 그러나 '하기 싫은 일을 기꺼이 할 수 있는 마음 상태' 역시 자유인데, 회사에 다니던 자신에게는 전자의 자유만 있고 후자의 자유는 없다는 생각이 들었다. 그러면서 동시에 자신이 추구했던 것이 결국은 돈을 많이 버는 '안정적인 삶'이었다면 '돈을 안 벌어도 안정적으로 살 수 있는 것 아닌가?'라는 생각에 이르렀고, 그 시도를 해봐야겠다는 결론에 도달했다.

그는 그렇게 2011년, 결혼과 거의 동시에 신혼을 몇몇 친구들과 함께 시작했다. 방 3개짜리 집에서 협동조합의 출발점이 된 공동주거를 시작한 것이다. 이렇게 출발해서 청년 세대의 사회적 어려움을 마을 공동체, 그리고 협동조합의 형식으로 풀어보게 되었다.

이처럼 그에게는 종교 공동체의 여러 사회운동에 자원봉사자로 활동해왔던 시간과 이때 형성한 관계망이 지금의 협동조합 활동과 그 지속을 가능하게 한 자원으로 기능했다. 흔히 종교적 공동체는 배타적인 특성을 갖기 쉽다고 여겨지지만, 그에게 종교 공동체의 의미는 종교적 행위라기보다는 그 세계관을 사회에 적용하는 커뮤니티 활동에 방점이 찍혀 있었다. 종교를 습득하고 신앙생활을 하는 것 자체보다 이를 활동에 활용하는 쪽에 더 가까웠다. 그가 이로부터 가장 많이 깨달은 것은 사람들과의 관계 형성의 방법론, 그리고 이를 통해 자신을 되돌아보는 '태도'였다.

옛날엔 암에 걸려서 이를 치료하는 데 3,000만 원이 필요하니까 그 돈을 빨리 모아야겠다. 이런 방식이었다면, 지금은 힘을 합쳐서 아픈 사람을 도와주자예요. 그럼 내가 3,000만 원을 모으지 않아도 보험을 만들어서 우리가 한 100~200만 원씩만 있어도 30명만 모으면 한 사람을 도울 수 있다. 이렇게 방식을 전환하는 거죠. **윤재훈**

그가 민간 기업의 보험을 2년 전에 해지한 후 공동체 의료 두레를 구상하고 있다는 것은 사회적 자본의 면에서 보면 상징적이다. 자신의 미래를 돈에 내맡길 수밖에 없는 현대사회의 상징인 민간 보험을, 공동체라는 사회적 자본/관계 안으로 다시금 쟁취해 오는 것으로 해석할 수 있기 때문이다. 암보험, 상해보험 등으로 한 달에 14만 원 정도를 지출했던 그는 '돈을 더 넣을수록 더 손해'인 매몰비용, 보험을 해지했다. 해지할 때 보험금의 50퍼센트만 돌려받으면서 그 '무서움'에 대해 다시 알게 되었고, '우리가 이걸 직접 만들어야겠다'고 생각했다.

공동체 구성원들과 함께 준비 중인, 신뢰와 협동에 기반을 둔 의료 두레는 기본적으로 호혜적 관계로 이뤄진다. 민간 보험처럼 병의 종류에 따라 보험금을 지급하는 것이 아니라 부담이 적은 병에 대해서는 보험액을 적게, 부담이 큰 경우에는 많이 지급하자고 공동체원들과 상의해 결정했다. 일반 보험에 비해 매력이 있어야 하는데 너무 공동체성만 강요하는 것 아니냐는 의문, 사후적 대처보다 예방에 더 방점을 두어야 한다는 지적, 보험금이 '펑크' 날 가능성에 대한 염려 등 다양한 의견과 토론이 오갔다. 충분히 검토해볼 만한 내용들이었다. 가장 근본적인 문제였던 '돈이 펑크 날 위험'에 대해서는 30년 정도 장기적으로 보면서, 규모가 커지면 보험 금액이 적립되어 안정성이 높아질 것이라고 판단하고 이를 구체화하는 중이다. 실제로 그는 자신의 공동체를 서로에 대한 '안전망', '복지망'이라고 표현했다. 이를 단지 추상적이고 감상적인 표현으로만 여기는 것이 아니라 구성원들이 실질적으로 다양한 도움을 받을 수 있는 방법으로 체계화하고 있었는데, 의료 두레도 그러한 노력의 일환이다.

과거의 사회적 경험 역시 삶의 전환을 상상하는 데 큰 밑천 역할을 했다. 이명선은 대학 때 총여학생회 활동을 하는 등 사회적 활동에 꾸준히 관심을 가져온 편이었다. 이는 자연스럽게 그의 학생 시절의 시대 경험과 만난다. 운동권의 '끝물'이긴 하지만 여전히 운동적인 기운이 학내에 있던 1990년대를 지나온 이들이 갖는 정서는 운동 영역에 발을 깊이 담그지 않더라도 어느 정도는 '익숙'했다. 그들이 공유한 공기는 직장 생활 속에서 갖는 구조와 시스템에 대한 의심과 경각심, 이에 따라 자율성의 영역을 확보하고자 하는 움직임으로 연결될 수 있었다.

한편 이것은 앞서 살펴본 사회적 자본과도 이어지는데, '경험'과 그 속에서 만난 '사람'들은 자연스럽게 연결될 수밖에 없기 때문이다. 경험 밑천, 준거집단, 영감을 받고 도움을 받을 수 있는 실질적 롤모델의 관계 등은 사회적 자본과의 선후 관계를 명확히 따지기 어려울 정도로 뒤섞여 있다.

박래연은 가까운 귀농한 한 선배를 롤모델로 보고 있었으며, 도시에서 '돈 없이 사는' 삶을 실험하는 그룹 활동을 해왔기에, 경험적 지식역시 풍부한 편이었다. 때문에 비교적 쉽게 귀농을 결정할 수 있었고, 제주도로 귀농한 것 역시 귀농에 관심을 가진 또 다른 친구를 통해서였다. 이러한 서사로부터, 이들은 사회의 지배적·주류적 관점이 아닌 다른 관점을 통한 미래 기획을 상상할 수 있었고, 생활 반경을 확장한 선택지를 가질 수 있었다. 이러한 경험적 밑천은 강력하거나 느슨하거나, 전체 참여자들에게서 공통적으로 발견되는 조건이다.

그런데 여기서 주목할 만한 지점은 협동조합이나 귀촌·귀농 등 관계성을 기반으로 삶을 전환하는 유형에서 특히 과거 경험과의 연계 지점이 명확히 드러난다는 점이다. 관계적 자아로서의 경험에 익숙한 참여자들은 협동적 활동을 추구하는 경향이 확연히 드러났다. 협동조합등으로 공동체를 조직해 적극적으로 안전망을 구축하는 데 타인과의만남을 통한 사회적 자본은 결정적이고도 필수적인 전제 조건이었다. 요컨대 이들은 경험 속에서 사람들을 만나왔고, 그러한 타인과의 관계를 통해 가능했던 경험을 통과해왔다.

1990년대는 '우리'는 낡은 것이 되고 '나'가 떠오른 시대였다. 그럼에도 그 안에서 타인으로부터 북돋움을 받고, 누군가를 믿고 의지하며, 함께 뭔가를 도모하는 역사를 경험한 참여자들에게는, 직장을 그만두고 '다른 삶이 무엇인가' 생각할 때 이 역사가 다시 소환되어 자리하고있다. 참여자들이 내게 들려준 이야기들, 윤재훈의 대학 시절 생활도서관 활동이나 종교 공동체에서의 다년간 자원봉사 활동, 그리고 이를 통한 협동조합 시작의 서사, 이명선의 총여학생회 활동과 '동료·선배'의 중요성……. 이는 내 식으로 표현해보면 '이끌고', '이끌림을 받아본' 이들이 갖는 관계적 애착과 순환적 경험이다. 박래연에게 '빈집' 사람들과 함께 놀며 활동한 경험은 자연스럽게 귀농의 준비 단계가 되었고, 이영민의 게스트하우스 운영은 주변 사람들이 '개입'하고 이들에 기대어 있기에 그의 걱정처럼 단순한 자영업자의 사업이 될 수는 없을 것이다. 관계 속에서 쌓은 경험적 지식은 그들 현재의 인식론적·경험적 전환의 기초가 되고 있었다.

그렇지만 한편으로 관계성과 공동체의 강조는 위험한 지점을 동시에 포함하기도 한다. 사회와 공동체를 말하면서 자칫하면 '우리끼리'의 사회/공동체로 변주될 수 있으며, 이때 빠질 수 있는 '취향의 공동체화' 함정에 대한 긴장을 불러일으키기 때문이다. '사회'로 향하기를 지향하지만 결국은 비슷한 무리끼리 모여 '우리 공동체'에서만 안위를 찾고 그 경계를 깨고 나가지 않게 되는 일은, 위태로우면서 한편으로는 우리 사회 속에서 낯설지 않은 움직임이다.

일본의 젊은 사회학자 후루이치 노리토시는 일본 젊은이들이 '절망의 나라'에서도 행복하다고 느끼는 가장 중요한 행복의 조건은 '동료(친구)'의 존재라고 분석하고 있다. 그런데 이때의 '동료'의 중요성은 위와 같은 맥락에서 아슬아슬하게 읽힌다.[*] '바깥' 세계에 아무리 빈곤 문제가 부상하고 세대 간 격차가 사회문제로 떠오른다고 하더라도, "'지금 여기'에서 '동료'들과 더불어 살아가는" 젊은이들에겐 하등의 영향을 미치지 못한다는 것이다. '사회'라고 하는 커다란 세계에 불만을 느끼기는 하지만, 자신이 머무는 작은 공동체에서는 만족을 느낀다. 자신들의 '작은 세계'에 머무는 이들은 '세계'와 '사회', '공공성'이라 불러온 개념 범주에 대한 인식의 협소화, 아니 위태로운 재인식화를 함의하는 것 같아 보인다.

나는 작년, 청년 활동가들에 대한 연구[77]에서 이러한 견해를 밝힌 적이 있다. 현재 한국의 청년 세대는 기성세대의 사회·국가·체제 등 거대 개념에 대한 문제 제기나 대의명분보다 일상의 지속 가능성, 지역공동체에서의 활동, 조직에서의 민주주의, 함께 일하는 동료와의 관계성 등 좀 더 미시적이고 구체적인 것을 자신의 '현장'으로 갖게 된 이들이라고 말이다. 나는 그중에서도 특히 동료들과의 관계성이 활동/노동의 즐거움과 만족에 결정적 요소임을 강조했다. 그렇게 생각해온 내게, 이 사회학자의 일본 젊은이 분석은 결코 흘려들을 수 없는 것이었다.

일본과 한국은 비슷하고도 다른 문화와 역사를 갖고 있어서 평면적으로 비교하기는 힘들다. 그러나 일본이 한국의 10년 후라고들 흔히 이야기하는 것처럼, 한국 역시 이런 부분이 곧 나타날지도 (혹은 이미 일어나고 있는지도) 모를 일이다. 게다가 한국 청년의 '일본화' 속도는 예전

---

*   "요즘 젊은이들이 품고 있는 생각은 바로 가까운 사람들과의 관계 및 작은 행복을 소중히 여기는 가치관이다. '오늘보다 내일이 더 나아질 것이다'라는 생각은 하지 않는다. 일본 경제의 회생 따위는 바라지도 않는다. 혁명 역시 그리 원하지 않는다."
                                                              — 후루이치 노리토시, 이언숙 옮김,
                                          《절망의 나라의 행복한 젊은이들》, 민음사, 2014, 34쪽.

보다 점점 더 빨라지고 있고, 한편에서는 히키코모리화, 무중력화 등으로 이미 현실화되고 있다. 동시에 '취향의 공동체화' 역시 여러 영역에서 진행 중이다. 나는 그동안—이 책의 참여자들을 포함해—저마다의 현장에서 모임을 만들며 거대 조직과 담론에 기대지 않고도 가능한 '작은 공동체'로부터의 변화를 믿는 이들을 주목해왔다. 그렇지만 이들 역시 이러한 위험과 정반대편에 있다기보다는, 오히려 그런 경계는 항시 공존할 수 있음을 염두에 두어야 할 거라는 생각이 든다.

'소셜social'이라는, 근본적으로는 공적이고 사회적인 것을 함의하는 개념마저 새로운 소비/라이프 스타일에 전유되는 경우가 생겨났듯, 한쪽에서는 '사회적인 것'을 호명하지만 한쪽에서는 끊임없이 다른 소통의 목소리가 차단되는 '단속斷續사회화'[78]가 진행 중이다. 토론과 논쟁이 되어야 할 '차이'는 대다수의 공동체에서는 '취향'으로 표백된다. 그렇지만 다른 목소리와 불편한 소음 없이 불화가 깔끔하게 도려내진 공동체는, 사실상 공동체라고 부르기는 어려울 것이다. 팬클럽과 부흥회, 동아리가 아닌 사회적 공동체라면 대화와 신뢰에 기반을 둔 용기가 요구된다. 이질성을 인내하고, '나와 다름'을 향해 열려 있는 용기 말이다. 내 이야기를 들어주는 존재는, 말을 거는 대화 상대이기도 하다. 그리고 그 대화는 '다른 의견'이라는 불편함을 무화시키지 않는 공동체에서 이뤄지는 언어다.

'전환'의 조건이자
한계

직장이 괴로운 모든 직장인들이 이 책에 나오는 참여자들과 같은 선택을 하는 것은 아니다. 누구든 한 번은 사표 던지기를 꿈꾸지만 누구나 실행할 수 있는 행동이 아니라는 점은, 때문에 그들이 갖추고 있을 어떠한 조건들에 대한 가정을 하게 한다. 이 책에 참여한 이들의 선택을 살펴보면 노동과 삶의 전환을 가능하게 한 조건들이 있었다.

서사들 속에서 발견된 이동의 조건은 앞서 살펴본 관계망이라는 사회적 자본, 여러 활동과 지식으로부터 형성된 경험적 밑천만이 아니다. 이를 포함해 고소득 전문직이었던 경우는 직장 생활을 통해 축적한 경제 자본, 그리고 생계 부양자의 여부와 가족 지원, 파트너 등의 변수 등이 함께 작동했다.

회사라는 정해진 체제에서 이탈해 나오는 삶의 전환에 가족이라는 변수는 적극적으로 개입한다. 좀 더 부연 설명을 하자면, 이는 그 개인이 경제적으로 부양해야 할 부모나 가족 구성원의 여부, 또한 반대로 자신을 경제적·생활적으로 지원해줄 수 있는 가족의 유무, 그리고 결혼(또는 약혼)을 통해 관계 맺고 있는 파트너의 유형 등이 폭넓게 포함된다. 결혼을 하지 않은 경우에도 이들에게 부양하고 책임져야 할 가족의 여부는 퇴사에 중요한 변수다.

김종현의 직장 생활이 10년 넘게 이어진 데에는 직장인의 관성과 희망 외에도 가장으로서의 역할이 중요하게 작용했다. 대학 시절 사고

사로 형을 잃은 후, 그는 가장으로서의 책임감을 매우 강하게 지니고 있었다. 장남이자 가장으로서 집안에 경제적인 지원을 해야 하는 입장이었다. 그랬던 그가 '드디어' 회사에서 나온 것은 주택 대출금을 다 상환한 시점이었다. 그럼에도 퇴사 후 프리랜서 편집 일을 병행한 이유는 한 달에 100만 원이라는 적지 않은 비용을 생활비로 부모님께 드려야 했기 때문이다. 반면 대부분의 비혼 상태의 참여자들은 '다행히'도 부양할 가족이 있거나 생계를 책임져야 하는 상황은 아니었다.

만약에 가족 중 누가 큰 병에 걸려서 지속적으로 병원비가 들어가야 했다거나 그랬으면, 이렇게 모른 척하고 사는 건 어려웠겠죠. (저한테는) 딸린 식구도 없고…….
이경일

저는 싱글이니까. [앞으로 쭉이요?] 웬만하면 그러고 싶은 생각이 있죠. 적게 쓰면, 결혼을 안 하고 육아를 안 하면, 한 달에 100만 원 정도? 아니면 70~90만 원 정도? 아껴 써서 오래 가보자는 생각이에요.
이명선

대부분의 비혼 참여자들은 비교적 '가벼운 몸'을 갖고 있고, 경제적으로 특별히 가정에 지원을 해야 하는 상황에 놓여 있진 않다. 자신한 몸 부양할 수 있고 그렇게 해서 더 '행복하게' 살 수 있다면 괜찮은 상황이라고 생각했기에, 비교적 자유롭게 체제를 떠나올 수 있었다. 또한 그러한 자신의 상황이 결혼을 하거나 부양가족이 있는 사람들의 선택지와 결정적 차이점을 낳고 있음 역시 스스로 인식하고 있다. 김윤진이 강조했다시피 실제로 많은 직장인이 회사를 그만두지 않는 이유는 그가 자신의 삶에 대한 자각과 고민이 없어서라기보다는 '지속해야만 하는', 다시 말해 그만둘 수 없는 환경적 요인이 결정적일 수밖에 없는 것이다.

한편 이동진은 내가 만난 이들 중 유일하게 자녀가 있는 경우였기에, 다른 참여자들과 비교했을 때 좀 다른 결의 서사를 찾아볼 수 있었다. 그에게 사회생활을 위한 가사 노동의 분담이나 회사를 그만두고 '덜 벌어도' 가능한 생활은 부모님의 도움이 컸다. '저출산 문제'를 반복해 부르짖는 정부에서는 출산기계라도 만들 기세지만, 한편으로 여성과 육아·복지에 대한 후진적 인식은 여전히 이어지고 있다. 때문에 사회적 재생산과 사회복지와 관련해 충분한 사회적 기반이 이뤄져 있지 않은 한국에서, 부부가 육아와 사회생활을 병행할 경우 직계가족으로부터 받는 도움의 비중은 현실적으로 매우 크다. 그나마 엄격한 경제 논리로 환산되지 않을 수 있는 가족에 의존할 수밖에 없는 것이다.

이동진 부부는 다른 젊은 부부들처럼 결혼과 동시에 분가하지 않고, 대신 부모님 집에서 함께 살며 결혼 생활을 시작했다. 2~3대가 모여 사는 삶에 대한 아내의 호기심과 선호도 있었지만, 결혼 후 부부 모두 학교에서 공부를 시작할 계획이었으므로 부모님의 도움이 필요하겠다는 이유가 무엇보다 컸다.

삶의 방식을 최대한 조율하는 거죠. 집을 대출받아 살 방법도 있었는데 그렇게 하지 않고 그냥 부모님 댁에 있고, (작업실 개념의) 원룸을 마련한다든지……. 대부분은 집을 얻기 위해서 대출을 받고, 다달이 이자를 갚고 살거든요. 그런데 보장된 직장이 없으면 대출을 감당하기가 힘드니까요. 공부를 하겠다고 생각하니까 그걸 안 하게 되고, 할 수 있는 최대한의 자금 수준 안에서 삶의 방식을 조율하며 살게 되는 거죠. 부모님 원조를 안 받았더라면, 둘이 살면서 애를 좀 늦게 가지고 돈을 모아서 했겠죠.

이동진

이동진은 다른 사람들처럼 무리해서 집을 구하는 것보다는 가능한 수준에서 생활을 조정하고자 했다. 주중의 가사 노동과 육아 노동은 부모님이 상당 부분 맡아주시며, 부부 사이에서는 아내가 더 많은 가사 노동을 하는 편이다. 부모님께 생활비와 용돈을 매달 드리기는 하지만, 부모님의 지원과 도움이 아니었다면 육아·가사와 학업을 이어갈 수 있는 지금과 같은 삶의 재구성은 불가능했을 것이다.

이동진 부부가 학생이라는 점은 조금 다른 지점이겠지만, 이런 이야기는 한국 사회에서 이들 가족에게만 해당되는 특별한 경우는 아니다. 지금과 같은 구조 속에서 육아·가사와 노동을 포함한 사회생활을 병행하기는 결코 쉽지 않기 때문이다. '일-가정 양립'이라는 표현이 보여주듯이, 현재 노동 세계와 생활 세계는 양분되어 나타난다. 일과 가정은 일치될 수 없는 각자의 영역이며, 또한 서로에게 호의적이지 않다. 많은 직장인들은 이미 일과 삶의 균형에 대해 '불가능'하다고 생각하고 있다. 일하는 부부 모두가 출산·육아에 대한 두려움을 갖고 있으며, 심지어 '일터로 도망치기까지' 하는 여성들에게 가정은 휴식의 장소라기보다 2, 3교대의 노동 현장으로 느껴진다. 결혼한 남성들의 경우 가사나 돌봄을 부차적인 것으로 합리화시키고, 경제적 의무를 아버지다움/남편다움과 등치시키기도 한다.[79] 때문에 부모가 도와주지 않는 경우에 맞벌이 부부 중 여성 쪽이 결국 퇴직하게 되는 것으로 부부 갈등을 (표면상) 종결시키는 사례는 여전히 많다. 이동진의 경우 부모님이라는 완충 존재가 있기에 이 갈등은 첨예하게 발생하지 않는 것 같다.

그런데 그는 직장을 그만둠으로써 노동사회로부터는 빠져나왔지만, 가사 노동을 분담한다거나 가족과 더 많은 시간을 보내는 문제, 즉 생활 밀착 측면에서 볼 때의 변화에 대해서는 거의 언급하지 않았다. 현재를 학생이라는 '과정적인' 신분 그리고 아직 자녀가 생긴 지 1년이 채 되지 않은 상황에서 오는 일종의 유예기간 혹은 준비 기간으로 볼 수도 있겠지만, 부부 사이에서의 돌봄 노동 역시 평등하게 분배되지 않았다. 삶의 전환이 돌봄 영역이나 가정에서의 역할에 대한 변화까지 수반한 것 같아 보이지는 않는다. 때문에 그가 말하는 삶의 전환이란 또 다른 의미에서 '남성의 사회생활'을 말하는 것 같기도 했다.

그가 회사를 그만두고 대학원에 다니면서 다음 경로를 모색할 수 있게끔 한 데에는 부모님의 지원뿐 아니라 파트너(아내)의 존재가 결정적인 것도 사실이다. 자신과 지향을 같이하는 아내 역시 현재 대학원 과정 중에 있기도 하고 결혼 전부터 이러한 계획을 함께 공유해왔기에, 앞으로의 방향에 대해 서로 지지를 받고 동행할 수 있었다. '평범한 가정'과 남편상을 원하는 아내였다면 그의 퇴직 계획은 쉽게 이루기 힘들었을 것이다.

　한편 결혼 상태에 있지 않은 참여자들의 경우, 혼자 혹은 원가족 family-of-origin과 함께 살고 있었다. 때문에 생활 속에서 이와 같은 돌봄·재생산 노동의 조정 같은 이슈가 두드러지지는 않는다. 비혼인 참여자들의 퇴직은 가족들의 지원과 설득 속에서 조정되는 과정이기보다는 자신이 혼자 고민하고 내린 선택이다. 대신에 이들은 지금의 선택이 앞으로 자신에게 펼쳐질 결혼 등의 삶에 어떤 식으로든 '커다란' 영향을 미치리라는 생각은 하게 되었다.

> 이제 결혼을 한다고 하면, 특히 중상층 생활을 누리고 싶은 분하고는 힘든 거잖아요. 선택의 폭이 좁아진 거죠. 현실적으로 생각했을 때, 제가 지금 이런 상황인데 하여간 상대편한테 그걸 설명했을 때……, 그런 면은 되게 현실적인 부분인 거 같아요. 그건 내가 익숙해진 부분이랑은 다른 거 같고. (중략) 자기가 그렇게 생각을 안 해도, 부인이 그렇게 생각하고 여전히 그 트랙에 맞게 살려면, 다른 탈출구가 없다고 생각하는 거겠죠.　　　　　　　　　　　　　　　　　　　　　　**이준익**

> (결혼 생각을) 20대 후반엔 했었는데, 그 이후로는 '아, 결혼하고 싶다' 이런 건 별로 없고, 해도 그만 안 해도 그만이에요. (결혼)했을 때 잘할 자신이 없어서인 것 같기도 하고 지금 내 생활을 포기해야 할 것 같은? 그런 거에 대한 아쉬움, 미련? 그러고 싶지 않은 거? 얻는 것보다 잃는 게 더 많을 거 같은. 이런 식으로 농사짓고 살 수도 없을 테고요.　　**박래연**

(결혼) 그건 모르겠어요, 운명에 맡겨야 될 거 같아요. (웃음) 구체적인 계획은 없어요. 결혼은 정말 사고인 거 같고, 그래야지 할 수 있는 거 같아요. 그렇지 않고는, 하기엔 너무 큰 도박이잖아요. 해도 후회 안 해도 후회, 이러니까. 사고가 아닌 이상은 하기 어려울 거 같아요. (중략) 우리 회사에 골드미스들 진짜 많아요. 여자들이 자기보다 시답잖은 남자 만나기엔 아닌 거예요, 굳이. 여러 가지 이유로 결혼을 못 하는 시기죠. 다른 파트너 관계가 필요한 건데……. '삼포 (세대)' 이런 건 더 아래 세대 얘긴 거 같고, 우리는 포기란 뉘앙스와는 달라요. 포기는 좀 더 슬프죠.

이명선

여성 참여자에게서는 결혼이라는 제도와 형식 자체에 대한 회의가 강하게 드러났다. 이는 앞서 살펴본 바와 같이, 여전히 여성의 일과 사회생활, 자율적 선택과 행위를 억압하는 제도와 문화에 대한 거부감의 표현일 것이다. 이명선의 '너무 큰 도박'이라는 표현은, 어느 정도 지식과 취향 등의 문화 자본과 기본적인 경제력을 소유하고 있는 '달라진' 여성들이 결혼을 쉽사리 선택하기 어려워하는 현재 상황을 잘 보여 준다.

'N포 세대', 즉 20대 젊은 세대들이 연애·결혼·출산 등을 경제적인 이유로 '포기'할 수밖에 없다면, 그보다 조금 더 상황이 낫고 한 단계 윗대에 속한 여성들에게 결혼하지 않는 것은 포기가 아닌 '선택'이다. '시답잖은 남자'란 반드시 경제력만을 뜻하는 게 아니라, 가사 노동이나 파트너 관계에 대한 인식 등 더 다양한 '능력'의 부재를 의미하는데,

여전히 그 아래를 밑도는 남성들과 굳이 결혼을 해야겠느냐는 것이다. 때문에 결혼이란 제도적 관계와는 다른 방식의 파트너십에 대한 상상이 필요하다는 것이다. 결혼을 하면 여성이 필히 더 잃을 것이 많다는 것을 본능적으로 알기 때문에, 결혼이란 자신이 가진 많은 것을 걸어야 하는 너무 큰 도박이 된다.

게다가 돈 벌고 여가를 즐기는 '평범한 직장인'으로 살기를 거부한 경우, 파트너십에서의 현실적 차이는 더더욱 크게 느껴질 것이다. 이들은 결혼 제도 속으로 들어가면 이제껏 고수해오던 '나만의 삶'을 계속 지속할 수 없을 것이라는 생각으로, 결혼 자체에 대해 유보적이거나 부정적인 태도를 갖고 있다. 결혼으로부터 오는 의무와 역할들, 그리고 부양하고 챙겨야 할 것 등은 자유를 얽매는 것으로 느껴지게 된다.

여성의 경우 이렇듯 결혼 제도에 대한 두려움과 거부감이 더 크게 드러나지만, 젠더와 상관없이 비혼 상태의 참여자들은 결혼 제도가 결국 '비슷한 조건'의 사람들 사이에 이뤄지는 의식이라는 인식을 모두 공유하고 있다. 때문에 '회사를 그만두는', 즉 체제를 갈아타는 식의 전환이 이후의 결혼을 포함한 삶 전반에 영향을 주리라는 사실을 잘 알고 있었다.

이준익은 퇴사 이후 비영리 부문으로 넘어오면서 자신이 가장 크게 포기한 것은 '중산층 여성과의 결혼'이었다고 했다. 이는 전혀 다른 환경의 사람들 사이에서의 결혼은 거의 일어나지 않는 '사고accident'임을 다시 한 번 확인시킬 뿐 아니라, 결혼과 가족이라는 변수가 전환의 선택을 힘들게 하는 현실적 조건으로 작용한다는 점을 동시에 반영한다.

그가 몇 달간 결혼을 전제로 알아가던 한 여성과의 만남이 종결된 이야기는 이를 잘 설명해줬다. 컨설팅 기업에 다니던 당시의 이준익이 소개받은 여성은 미국에서 MBA 과정을 밟고 외국 은행에 다니고 있었다.

계속 강남에서 자란 사람이었어요. 은마 아파트. (웃음) 사람 자체가 괜찮더라고요. 그때는 그런 생각을 한 적이 있어요. 너무너무 좋고 그런 건 아니어도, 사귀어봐도 괜찮겠다 생각을 했어요. 그래서 "전 이럴 거예요. (나중에 회사를) 그만둘 거예요"라고 했어요. 그러니까 쇼크를 받죠. 무슨 소릴 하는 거야! (웃음) 그래도 지금은 이곳(NPO 조직)에 와 있지만 그때는 정말 뭐 어디 가서, 서울에 와서 어디에 도킹docking할지 모르는 거잖아요. (NPO) 조직 같은 거. 황당한 거죠. 그걸 설명하기도 힘들어요. 그런데 그런 생각도 했어요. 나는 하고 싶은 거 하고, 이 사람은 자기 살고 싶은 대로 살다가, 장기적으로는 이쪽으로 끌어들인다 하는 게 있는데 뭐 이렇게 걱정을 하냐, 나도 저축이 없는 것도 아니고, 그 친구도 살다가 어떤 시점이 왔을 때 전환이 가능하지 않을까 하는 게 있었어요. 그런데 결론적으로는 나중에 자기가 수용이 안 된다고……. **이준익**

결국 그는 자신의 '황당한 계획'을 받아들이기 어려웠던 그 여성과 헤어지게 되었다. 이 여성으로서는 자신의 세계관으로는 한 번도 생각해보지 않던 계획을 듣고서 감당하기가 어려웠을 것이다. 그렇듯 결혼과 가족은 이들로 하여금 자신의 선택을 '현실적인' 벽에 봉착하도록 하는 '관문'이 되기도 한다. 다시 말해, 회사를 그만두고 제2의 삶을 살겠다는 선택은 그야말로 철저히 현실적인 문제이며, 돈을 버는 방식과 소비하는 규모, 가정을 꾸리고 파트너십을 조정하는 등의 총체적 삶의 변화를 수반하는, 그리고 때로는 한계 짓는 행위일 수 있다는 것이다. 이는 그렇게 산다는 것을 생각해보지 않은 사람들에게는 '설명하기도 힘든' 일이 된다.

그러나 한편으로는 앞서 이동진처럼, 기혼자들의 경우 결혼(또는 연애) 관계를 통해 맺어진 파트너는 자신의 삶의 방향을 함께 이끌어가는 데 확실한 뒷받침의 역할, 같은 길을 가는 동반자가 되기도 했다. 그런데 참여자들이 받을 수 있던 파트너의 지원은, '설득'을 통한 것이 아니라 애초부터 지향이 비슷한 이와 만난 파트너십의 연장이었다.

완전히 독립하고 싶지만 전 독립적인 인간이 못 되고, 심적으로 남편한테 의지하는 스타일이에요. 그래서 나의 동반자, 솔메이트가 그 길을 같이 가겠다, 얘기 해주고 힘을 주니까. 나의 결단을 지지하고 함께해 줄 사람이 있으니까.

한정희

2011년도에는 어떻게 살까? ○○(아내)도 그때 이런 생각을 했었고, 어떻게 할까 고민하다가 (처음에는) 귀촌에 꽂혔어요. 시골에 가서 농사도 짓고 편안하게 살고 싶다 그런 마음이 강했던 거 같고, 생태적인 삶을 살고 싶었죠. ○○도 거기에 대한 공감이 있었고, 주위 친구들에게도 얘기했더니 다 그런 생각을 갖고 있는 거예요. 그래서 개네 중에 다섯 명

그리고 삶은 '다르게' 계속된다

정도랑 가보자, 해서 (공동주거) 모임을 하게 됐던 거죠.   **윤재훈**

전 서울에서 여자 친구가 같이 내려가자 하니까……, 안 내려가면 저도 내려가기 힘들었겠죠. (중략) 물론 힘들겠지만 하다못해 전단지라도 만들면 되겠다 했어요. 여자 친구가 디자인을 하고 제가 편집 일을 하니까 둘이 같이 하면 뭐든지 만들어낼 수 있어요. 책이든 포스터든. 영업을 뛰면 할 수 있지 않을까 생각을 했었어요.   **이영민**

이영민에게는 결혼을 약속한 여자 친구가, 한정희에게는 남편이 퇴사 이후 삶을 이끌어가는 데 든든한 조력자다. 한정희의 남편은 그녀와 출판사를 함께 운영하는 것은 아니지만 생활상의 전반적인 전환을 함께하고자, 본인이 할 수 있는 방식으로 그녀를 지원한다.

특히 윤재훈의 아내는 적극적인 조력자이자 협동조합 활동가로서의 위치를 갖는다. 오래 알아오던 선후배 사이였던 두 사람은 결혼 전부터 공동주거, 그리고 공동주거의 애초 목적이었던 귀촌을 비롯해 미래에 대한 상을 함께 그려오고 공부를 같이 해왔다. 아내 역시 협동조합을 유지하는 활동을 중점적으로 해왔고, 이를 위해 결혼 후 직장을 그만두고 현재 협동조합 활동에 집중하고 있다. 윤재훈 부부의 경우, 삶과 노동에서 두 사람이 가족이자 공동체 일원이자 동료로 결합되어 있기 때문에 특별히 이들의 사례를 좀 더 상세히 설명해두고 싶다. 먼저 이들은 결혼식부터도 다른 사람들과 달랐다. 당시 공동주거를 시작한 친구들과 함께 계획하고 총괄한 이 특별한 결혼식은 참석자도 결혼

당사자도 '함께 즐길 수 있는' 예식이었다. 웨딩홀이 아닌 넓은 강당에서 신부가 춤을 추며 등장했고, 주례사 대신 예비부부와 부모님들의 이야기가 채워졌다. 함께 결혼식을 기획·준비했던 친구들은 이를 '인적 네트워크, 복지에 의한 결혼'이라고 표현했다. 호화롭지 않아도 참석한 사람들이 즐길 수 있는 결혼식은 '누구나 원하는' 결혼식이지만, '누구에게나' 가능한 것이 아니다. 그럼에도 이들에겐 가능했던 까닭은 그들의 공동체라는 이름의 '복지' 덕분이었다. 또한 서로 다른 삶을 원하는 파트너를 만났더라면 불가능했을 결혼식이기도 했다. 이처럼 비슷한 가치관과 미래를 바라보는 파트너의 존재는 '새로운 삶'의 실행에 결정적 역할을 한다.

경제 자본의 조건의 경우는 좀 더 복잡하게 작용한다. 이준익, 김윤진 등 고액 연봉자들에게는 저축과 재테크를 통해 몇 년간 쌓아온 자산이 역설적으로 자본주의 극단의 노동 구조에서 내려오는 데 힘이 되었다. 한동안 돈에 대한 염려를 하지 않아도 될 정도의 몸과 마음의 유예기간을 둘 수 있기 때문이다. 이것은 다른 이들에 비해서 조금 더 편안하게 '제2의 직장'을 찾아 나설 수 있는 기본 경제력이 되어준다. 그럼에도 개개인의 소비 수준과 만족도는 지금까지의 벌이에 맞춰질 수밖에 없고, 이제까지 '그 정도'를 벌어온 사람들은 '그 정도'의 기대치와 욕구를 포기해야만 간극이 채워질 것이다.

한편 '즐거운 일이면 돈을 적게 받아도 된다'는 마음으로 일해왔던 열정노동 직종의 참여자들 대부분은, 돈을 버는 것뿐 아니라 돈을 모으고 늘리는 것에도 흥미와 특별한 능력이 없었다. 때문에 당연히 개인적으로 축적된 경제 자본을 거의 소유하지 않고 있다. 이들이 '가벼운 몸'을 갖고 있다고 말할 때, 이것은 제도와 관계에 따른 의무에 얽매이지 않은 '홀몸'의 의미도 있지만 동시에 물질적으로도 가진 것이 없는 상태를 의미한다.

> 얘기하다 보니까 가진 게 없어서 가능한 거 같기도 하고, 어떻게 보면 가진 게 있으니까 가능하기도 하거든요. 저도 5,000만 원 정도로 시작했는데, 물론 다 제가 모은 돈도 아니에요.
>
> **이영민**

이영민은 자신의 선택이 어쩌면 '가진 것이 없어서 가능한' 동시에 '가진 것이 있어서 가능한' 일이라고 생각한다. 그는 자신에게 특별한 능력도, 돈이 나올 경로도 없기에 서울에서의 삶과 관계들에서 미련 없이 빠져나올 수 있었다고 생각한다. 그러나 도움받을 가족이나 배우자(또는 연인)라는 방편도 없는 이들에 비해서는 '가진 것이 있는' 편에 속할 것이다. 때문에 그에게 귀촌은 가진 것이 없어서도 가능한, 있어서도 가능한 모순적인 선택이 된다.

《없는 것이 많아서 자유로운》[80]이라는 책을 언급하며, 박래연은 그 제목처럼 '없는 것이 많아서' 자유롭기도 하지만 한편으로 조금은 더 '가져야' 자유로울 수 있지 않을까 생각하기도 했다. 가진 것이 너무 없으면 시간과 생활의 여유를 축소하고, 필요를 위한 화폐 만들기에 더욱 신경 써야 하므로 삶의 자율성을 제한하는 요소가 되기 때문이다.

이렇게 다소 복잡하지만 하나의 분명한 점은, 경제적 기반이 있는

—고소득 전문 직종에 종사했던—참여자들보다는 물적 토대와 '상관없이' 살아온, 돈을 크게 신경 쓰지 않고 살아온 참여자들이 주로 협동조합이나 귀촌 등 협력적 자아를 필요로 하는 경로로 흘러간다는 점이었다. 이것은 표면상으로 해석하기에는, 경제적 여유가 없기에 타인과의 '협력'이 필요하다는 의미 같게도 보인다.

그러나 좀 더 그 서사를 파고들면 그렇게 단순하게 설명될 수 있는 것은 아니다. 풍족한 경제적 여유가 없었기에, 오히려 소유와 소비가 아닌 관계와 비소비적 방식의 풍요의 경험치를 더 쌓을 수 있던 것으로도 보이기 때문이다. 그러한 의미에서 이 조건은 다시금 앞의 경험적 밑천, 사회적 자본과 결부된다. 요컨대, 결국 각각의 조건과 배경들이 독립적인 변수로 적용되는 게 아니라, 각 조건들 서로가 상호적이고 긴밀히 만난 결과 삶의 전환에 영향을 준 것이다.

또한 전체 참여자들 중 대다수가 비혼 상태인 것은 눈에 띄는 사항이다. 회사에서보다 어떤 의미에서는 더 안정성이 낮은 외부로, 이전보다 낮은 보수로의 전환을 감행할 수 있던 것은 이들이 비혼이면서 자녀 계획을 갖지 않기 때문인 것도 큰 요인이 된다. 내가 자녀를 갖지 않은 기혼자들에게 자녀 계획에 대해 질문했을 때 그들이 "일단 내 한 몸 건사해야지", "왜 아이를 가져야 하는지 묻는 게 더 맞지 않나?" 등의 부정적인 반응을 보인 것은 '얽매이지 않은' 삶에 대한 욕구의 반영이기도 하지만, 단순히 이들이 '이기적인 개인'임을 의미하는 것이 아니다. 그렇다기보다는 한국 사회의 육아·자녀 교육에 대한 사적 부담이 크다는 뜻까지 함축하는 것으로 받아들여진다. 또한 이른바 '대안적' 삶을 일단

택하기는 했지만, 대안적인 육아와 양육에는 또 다른 종류의 인프라가 필요하다는 해석도 가능할 것이다. 최근에는 이러한 개인의 라이프 스타일 선택을 뛰어넘는 정치적 기획을, 마을이나 지역 커뮤니티를 터전으로 하는 공동체에서 찾으려는 시도들이 있다.

젊은 부부를 중심으로 한 가족 단위 귀농·귀촌 인구 역시 늘어나고 있긴 하지만, 이러한 대안적인 삶의 형태를 사회적 재생산의 관점에서 검토하기에 이 책과 내 설명으로는 불충분하다. 그러나 미미하게나마 덧붙이자면, 윤재훈과의 대화에서 그가 공동주거 공동체원의 곧 태어날 아이를 '우리의 아이'로 의미화하고 있다는 것을 발견할 수 있었다. 그와 나눈, 그 미래의 아이를 둘러싼 자연스러운 대화는 이들이 갖고 있는, 아직은 실현되지 않은 사회적 재생산의 가능성의 밑절미를 보여주는 것 같다.

내려선 이후에는, 땅 멀미

내가 참여자들을 만난 시점은 그들이 회사를 그만두고서 이전과는 다르게 살고 싶다는 결심으로 한창 이동을 꾀하고 있던 중이었다. 이후 이들은 공부를 다시 하기 위해 대학원에 입학하거나 NPO, 협동조합, 1인 출판사 등 새로운 노동 현장으로 들어가기도 했다. 하지만 그 이동은 잘 읽히는 책의 책장을 훌훌 넘기듯, 그렇게 한 번에 말끔하게 이뤄지지는 않았을 것이다. 그 과정에서 이들은 어떤 혼란과 긴장과 불안을 경험했을까? 내달리는 롤러코스터 위에서 속도와 위치를 채 파악할 수도 없이 휩쓸리던 '나'는 그저 무수한 승객 중 한 명이었다. 그렇게 달리던 열차에서 내려선 이후 이들의 '환승'은 어떻게 시작되었을까? 이 환승이란 지하철 1호선에서 2호선으로 갈아타는 게 아니라, 그 탈것의 종류를 바꾸는 것에 더 가깝겠다. 그들은 장시간의 시달림 이후 땅으로 내려와, 새로운 환경에 익숙해지기 위해 잠시 땅 멀미에 시달렸을 것이다. 혼돈과 '멈칫멈칫'의 불확실함들, '여기가 맞나?'라는 의심의 순간들, 육지 생활과 익숙해져야 하는 협상의 단계가 '전환'에 선행한다.

먼저 이들은 자신을 둘러싼 구조와 환경이 변화함에 따라, 내면에서의 충돌을 느낄 뿐 아니라 실제로 부딪쳐야 하는 현실 조건들을 적극적으로 재조정해야 했다. 나와의 인터뷰를 이어갈 시기, 참여자들은 퇴사 후 평균 1~3년 정도의 시간이 지났을 뿐이었으며 가장 오래된 경우는 4년(김윤진)이었다. 이는 그들 대부분이 직장인으로 지내온 기간보다 더 짧은 시간이다. 이 적응은 조금 더 어렵거나, 이전보다 더 오랜 시간을 요하는 일이 될지도 모른다. 완전한 이쪽도 완전한 저쪽도 아닌 상태에서 경험하는 현재의 모습은 확정적이거나 명확하지 않다. 때문에 나는 참여자들이 선 위치를 '중간 지대'라고 명명하려고 한다. 중간 지대에서 그들은 이전의 노동 세계와는 다른 곳으로 진입하기 위한 재사회화를 시작해야 했다. 그 과정은 시간과 공간을 이전과 다르게 활용하는 기지의 발휘를 요청하기도 했으며, 스스로 '노동'의 개념과 인식을 재정립하는 개념화 과정을 포함하는 것이기도 했다.

중간
지대에서

한정희는 직장과의 '이별'이 이뤄지던 시점을 독특하게

'연애'에 비유해서 설명했다.

> 연애랑 똑같았어요. 연애하면 그렇잖아요. 내가 먼저 헤어지자고 하면 얘가 '아니야, 더 만나보자' 그러다가 좀 지나면 얘가 '이제 안 되겠어, 헤어져' 그러면 내가 '아니야' 그러다가 어느 순간 툭, 둘 다 놓게 되잖아요. 한 사람만 해서는 불완전한 이별이고, 이별을 하려면 서로 놓아야 하잖아요. 이런 전환도 그런 거 같았어요, 저한테는. 제가 막 못 하겠다 하면 회사가 날 잡고, 회사가 뭔가 상황이 안 좋으면 내가 '아닌데, 좀 더 다녀야겠는데? 월급도 받아야 하고, 다른 직장 구할 때까진……' 이런 식인 거죠. 그러다가 어느 상황이 되면 툭, 세팅이 딱 되는 거예요.
>
> 한정희

분명히—특히 한정희에게는—직장을 떠나는 일은 사랑했던 연인과의 이별 같은 면이 있어 보인다. 미련과 마음의 다잡기, 다툼과 화해의 반복 끝에 맞이했던 이별의 과정에 대한 그녀의 비유는 한때 열애기와도 같았던 회사 생활을 잘 느껴지게 했다. 한정희처럼 연애 같은 회사 생활을 했다기보다는 직장에서의 시간이 마지못한 계약 관계에 가까웠던 참여자들에게도 이러한 망설임과 머뭇거림의 시간은—결코 로맨틱하지는 않지만—분명 치러야 할 의식 같은 것이었다.

그만둔다는 결정을 했다가 철회하기도 하고, 매달 나오는 월급을 뒤로하고 돌아서는 발걸음이 무겁기도 하며, 다음 장章은 어떨지 확신할 수도 없었다. 이러한 머뭇거림의 번복, 그 진자 운동은 부단히 반복

된다. 그 사이 이들은 '버틸 수 있을' 시간과 돈을 계산하고, 이 결정에 대한 의문을 갖기도 하고, 이 시기를 의심해보기도 하는 등 고민의 기간을 거쳤다.

걱정이 됐죠. 그때 월세가 30만 원 정도, 집안 유지비까지 하면 50만 원. 적금 들어가는 거나 보험 들어가는 거 대강 계산해보니까 아무리 적어도 100만 원은 있어야겠더라고요. 그게 되나 계산해보니까 1년 정도는 버틸 수 있겠다, 퇴직금도 있고 저축해둔 돈이 있으니까 1년 정도는 그냥 놀면서 생각해보자, 그리고 틈틈이 아르바이트를 하면 1년이라는 시간이 늘어날 테니까, 해보자 싶었죠. 되게 단순한 논리지만 실제로는 결정하기가 너무 어려운 거잖아요. 그래서 3개월 동안 고민을 했죠. 충동적인 거냐, 이걸 피하려고 잘못된 수를 두는 거냐, 아니면 이 시점이 정말 맞는 거냐. 3개월 정도 고민하고 내린 결론은 지금이다, 더 늦으면 이 고민은 늘 반복될 테고 지금 하는 게 낫다, 였죠.   윤재훈

여러 참여자들은 그만두고 싶다는 말을 마치 버릇처럼 하면서, 그리고 그 헤어짐의 결정과 철회를 반복하면서도 끝내 이별하지 못하는 많은 직장인들에 대한 이야기를 들려줬다.

저보다 훨씬 고액 연봉자들이 부럽단 얘기도 많이 하셨어요. "아, 좋겠다. 나도 사실 여기서 볼 거 다 봐서 다른 거 하고 싶은데, 딱히 뭘 해야 할지 모르겠어. 그래서 그냥 버티고 있어, 애도 있고 그러니까. 잘해

봐, 젊으니까. 뭔들 못 하겠어." (중략) 본인도 일하면서 느끼죠, 이 시스템이 뭘 하는 건지. 그런데 시스템 바깥에 나가는 거에 대해서 두렵기도 하고. 평소 제3섹터 같은 데에서 봉사활동 해오던 분들은 그나마 문턱을 낮춰 갈 수 있는데, 성공중심주의, 경쟁지상주의였던 분들은 멘붕이 오는 거예요. 그러니까 이건 아닌 거 같은데, 다른 데에서는 내가 뭘 할 수 있을지 모르니까 계속 이걸 하면서…….   **김윤진**

자신보다 훨씬 높은 연봉과 경력을 가진 헤드헌터들도 회사를 그만두고 싶어 하지만 이후에 특별히 어떻게 해야 할지 몰라서 자리를 지키는 경우가 대부분임을, 김윤진은 "너는 그래도 스스로 브레이크를 걸수 있어서 부럽다"라는 선배들의 반응에서 보았다.

참여자들은 20대 시절의 교내 활동을 비롯한 다양한 경험과 문화 자본을 갖고 있는 사람들이다. 이것은 이들의 전환을 이해하는 데 매우 중요한 끈이 되어준다. 소극적으로는 관련 분야의 책을 접하는 식으로 담론을 간접 습득했거나, 적극적인 경우 사회 활동과 다양한 네트워킹을 통해서 자신의 길에 대한 스스로의 해석과 자각을 학습해왔던 이들로 볼 수 있기 때문이다.

운동권, 거의 말미도 아닌 말미에 선배들 영향을 받아서 사회과학서를 공부했는데, 〔그래도 ○○대학은 운동권이 강한 편 아니었어요?〕 강한 편이긴 했어요. 저도 1학년 때, 학교 가고 있는데 친구들이 같이 가자고 해서 철거민촌에 갔다가 스크럼 짜고……, 4·30(노동절 관련 대학생 집회)

때 전경들한테 맞을 뻔했어요. 다행히 우리 줄까진 화가 미치지 않았죠. 1, 2학년 때 활동 기억들이 제 정서 밑바닥에 깔려 있거든요. 뭔가 불의에 맞서 싸우는 게 필요하다고 생각하지만, 막상 지속할 수 있나 싶고. 내가 크게 동의되지 않는 상황에서 하는 게 맞나? 아무튼 그런 질문들을 한가득 안고 대학 생활을 보냈던 거 같아요.　　　　　　　　　　윤재훈

윤재훈은 대학 시절 생활도서관 활동이 현재 자신이 꾸리는 협동조합의 직접적 기반이 되어줬다고 회상한다. 일종의 자치기구인 생활도서관 활동은 당시 전반적으로 지루한 대학 생활에서, 그가 그나마 가장 열심히 참여한 일이었다. 당시의 사회과학 공부와 활동을 통해 사회활동에 대한 기본적 정서가 길러진 것 같다고 그는 생각한다. 1학년 때 처음으로 함께 읽었던 헬레나 노르베리 호지Helena Norberg-Hodge의 《오래된 미래》는 그의 기억 속에 매우 강렬하게 남았다. 생태, 귀촌, 사회운동에 대한 관점과 고민도 이때 활동과 고민들로부터 기인했다.

그 외에도 적극적인 활동을 해온 참여자들—대학 졸업이 늦을 정도로 학생운동을 열심히 했거나(김종현) 총여학생회 활동을 한 경우(이명선), 사회과학 학회에서 공부했지만 학생운동 내의 권력 다툼에서 환멸을 느껴 문화 쪽으로 기운 사례(한정희), 대학생 정치 모임(이영민), 대안적 커뮤니티에서의 활동과 거주(박래연, 이경일) 등—은 다양한 활동 경력과 기반을 갖고 있다.

위와 같은 궤적들에서 보면 이들에게 노동 인식과 성찰적 언어를 제공하고, 또한 삶의 전환을 실행 가능하도록 이끈 것에는 이전의 경험

으로부터 얻은 신념과 가치가 주요 기틀이 되었음을 알 수 있다. 1990
년대는 '학생운동'이라 부를 수 있는 활동은 거의 막바지에 이르렀지
만, '신사회운동'에 대한 관심이 형성된 시기이기도 했다. 1987년 민주
화 이후 부각되기 시작한 노동운동, 민중운동 이외의 환경·여성·지역
운동 등 다양한 비계급·시민운동을 이해하려는 맥락에서 신사회운동
과 대안 운동 등이 주목받기 시작한 것이다.[81] 참여자들 역시 1990년대,
2000년대 초반에 학교를 다니면서 이러한 분위기에서 사회화되고, 일
정 부분 친숙해진 영향을 받은 것으로 보인다.

그러나 반대로 이제까지 성과 중심, 경쟁 중심적인 삶의 길로만 달
려온 이들의 경우 그 길이 아닌 길에 대해서는 생각해볼 틈이 없었을
것이다. 특정 목적을 이루기 위해 학교를 다니고, 회사를 택한 사람들
은 그 외의 다른 어떠한 길과 일이 가능할지 '감'과 상상력을 가져본 적
도, 그럴 필요도 없었다. 그런 사람들에게는 실제로 회사를 그만둔다는
것은 어마어마한 모험이고, 위험을 떠맡아야만 하는 부담이다. 때문에
김종현은 자신의 '회사 탈출'에 대한, 남은 동료들의 다층적인 감정 상
태를 '누구나 가슴에 간직한 사표 하나'로 설명했다.

대안 없음이란 생각이 들어. 많은 경우 (그만두고 싶어 하는 마음은) 진심이
라 생각하지만, 그게 대안이 없을 때 실현될 가능성이 없는……. 회사
원들은 누구나 가슴에 사표 하나 넣고 다닌다고 하지만, 대안의 부재가
많은 경우 확인이 되기 때문에 꿈으로 끝나고. 그런 것들이 쌓이면 쌓일
수록 체념이 되고, 체념하게 될수록 회사에 순응하게 되고, 그리고 돈이

나 다른 것으로서의 보상을 많이 찾게 되지. **김종현**

    그의 홀연한 퇴사에 동료들은 부러움을 느끼기도 했지만 행동화하지는 못한다. 실제로 많은 이들에게 사표를 던지는 '멋진 순간'은 한순간뿐이다. 회사를 그만둔 후 회사보다 더한 정글에서의 '대안 없음'은 또 다른 불확실성과 초조함을 생성시킬 뿐이며, 뛰쳐나와 무사하리라는 믿음도 없다. 그렇기에 그 사표는 여전히 던져지지 못한 채 '단지 꿈꿀' 뿐인 채로, 양복 주머니 속에 고이 머물게 된다. 회사를 그만두고 나왔지만 참여자들 역시 이 '더한 정글'을 모르지 않기에, 쉽게 말할 수가 없다.

    아무한테나 쉽게 얘길 못 하겠어요. 귀촌하자고, 왜 그렇게 일하고 있냐고, 이 숨 막힌 도시를 떠나자고 얘기할 수 없어요. 이거 아니면 다른 대안 없는 사람들이 많기 때문에. 연봉이 높다고 해서 다 좋을까? 그건 아니거든요. (중략) 1년에 4,000~5,000 받는다 쳐도 서울에 집 한 채 살 수 있나요? 못 사거든요. 10년 열심히 일해서 알뜰히 모아야 하나 살 수 있을까 말까죠. 그런 사람들조차도 지금의 직장 말고는 대안이 없는 거예요. 그리고 삶의 가치관이 다르고 관심이 다르니까요. 나 같은 사람들이 여유가 있고 옳다, 그건 절대 아니잖아요. 도시에 살면서도 행복한 사람들 많아요. 오히려 서울에 계속 살고 싶다는 사람들이 더 많을걸요. 《서울을 떠나는 사람들》 그 책을 보면 대부분 좋은 이야기들이에요. 다 고민 많이 했고 자신에게 솔직하고 용감한 사람들인데……, 한편으로는 그걸 너무 미화하는 경향도 느껴져요. 자기 스스로한테 하고 싶은 말인지 모르겠지만요. 한마디로 난 이렇게 와서 행복해, 라고 자신에게 주문을 거는 거죠. 불안한 것도 있으니까요. 생각만큼 안 되는 것도 많을 거예요.

이영민

이영민은 그즈음 도시를 떠나 지역에 터를 잡은 사람들에 대한 책 이야기를 했다. 그가 보기에 책 내용 대부분은 '좋은 이야기'들이었다. 마치 서울과 직장을 떠나면 다 행복할 것처럼 이상화한다는 느낌이었는데, 그것이 불안과 현실을 가릴 수도 있겠다는 생각을 했다. 실제로 그의 말이 맞다. 젊은 연예인들의 귀농 행렬에 더해, 많은 도시 인구가 자연 속 전원 생활과 소박한 생활을 꿈꾸며 시골로 떠나고 있다. 그런데 결국 시골에 섞여 들어 정착하지 못한 채 도시로 되돌아오는 '역귀농' 사례는 결코 적지 않다. 일본의 한 작가는 47년 동안 시골에 살며 그의 경험에서 우러난 실질적 조언을 담은 《시골은 그런 것이 아니다》라는 책을 내기도 했다.[82] 실제로 시골은 '그런 것'이 아니다.

그리고 다른 맥락에서, 앞서 이경일이 지적했듯이 이영민이 볼 때도 현실적으로 도시에 발목이 잡혀야만 살 수 있는 사람들이 대부분이다. 그렇기에 '떠나라'는 이야기를 쉽게 할 수가 없다. 도시나 지역이나 사실 힘겹게 살아가는 것은 마찬가지다. 각자 다른 사정이 있을 뿐, 더 좋은 선택이라고 섣불리 말할 수는 없다. 도시인들은 삶을 영위하느라 힘에 겹지만, 그들에겐 아마 그 길이 아니면 다른 대안이 없을 것이다. 김윤진과 김종현이 말한, 가슴에 사표를 접어둔 회사원들의 '대안 없음'에 대한 언급이 함께 떠오른다.

그런데 김윤진이나 이영민과의 대화 속에서는 같이 일했고 여전히 회사 내에서 열심히 버티며 살아가는 동료들을 이해하고 안타까워하는 정서가 느껴지는 반면, 김종현을 비롯하여 이동진은 그들을 다소 냉소적으로 객관화·상대화하는 반응을 보였다.

> 진짜 싫으면, 진짜 그만두죠. 매인 몸이면 묵묵히 일을 하지, 말이 많은 사람은 뭔가 여유가 있는 사람 아닐까요? 사람들이 그만두지 못하는 이유는 막연한 두려움? 다른 데 갈 곳을 생각하기 귀찮으니까? 그 사람들은 어디 가야 할지 모르는 상태에서 정상에 올라가, 절벽 끝에서 소리 지르는 것일 수도 있어요. (중략) 오히려 더 여유롭거나 다른 생각 많이 드는 사람들이 '언제 그만둬야지' (하며) 안달이고 싫은 소리 많이 하지, 궁한 사람들은 그런 얘기 안 해요.
>
> **이동진**

직장 내에 '남은' 사람들에 대해 얘기하는 참여자들의 일련의 서사에서는 크게 두 가지 방식을 발견할 수 있었다. 같은 상황에 있어봐서 그 심정을 매우 잘 이해할 수 있으므로 그들의 입장을 '대변'하거나, 혹은 그들과 자신을 비교함으로써 자신의 결정을 상대화시키는 것이 또 하나다.

김윤진은 인터뷰 중 한국 사회가 가진 보수성의 답답함에 대해 자주 토로했다. 헤드헌터 일을 그만두고 귀국하면서 가장 마음에 걸렸던 것은 사실 일이나 보수가 아니었다. 돈 많이 주는 전문 직종을 왜 그만

됐고, 연봉 차이를 어떻게 극복할 것이며, 결혼은 언제 할 것이냐 등등 사람들의 지나친 관심으로 '삶이 피곤해지겠다'는 생각이 우선이었다. 일본, 유럽에서라면 크게 관심받지도 않을 자신의 선택이 우리나라에서는 과대평가되며 사회현상으로까지 확대해석되고, 혹은 반대로 가십거리로 '문제화'되는 것에 대해서 다소 불편함도 느꼈다. 유럽 같은 나라에서는 개인의 직업 전환이 크게 특이한 일도 아니며 주목받을 만한 이슈도 아닌 데 반해, 유독 한국에서는 자신에 대해 '호기심 어린' 시선으로 주목하는 사람들이 부담스러웠다. 그녀는 자신의 선택이 별반 특별한 것이 아니라고 했다. 상황과 조건이 되는 사람들이 할 수 있는 여러 수많은 선택 중 하나란 것이다. 다시 말해, 회사에 남아 있는 사람들이 성찰이 없어서라거나 회사와 일의 문제점을 느끼지 못해서가 아니다. 그들에게는 '그만두지 못하는', 즉 가족 부양이건 이후의 비전을 세우지 못해서건 그 나름의 '합당한' 이유가 있다.

반면 이동진은 사람들의 '그만두고 싶다'는 버릇 같은 넋두리를 '여유 있는 자들의 엄살'로 보았다. '정말로 그만둘 수 없는' 이유 때문이라기보다는 정상에 올라서서 어디를 더 올라야 할지 모르는 이들의 매너리즘에 빠진 속성이라는 것이다. 정말 삶의 방식을 바꾸고 싶다면 내면의 이러한 매너리즘을 극복하고 미래와 비전을 진취적으로 선택하면 된다는 말이다. 그에게 회사 생활은 '싫었던' 경험이라기보다 그 장단점을 파악할 수 있던 실리적 과정이었다. 때문에 그로부터 잃는 것이 얻는 것보다 많다고 판단되면 '다른 (합리적) 선택'을 해야지, 그 생활을 지속해서는 안 된다고 생각했다. 그렇기에 그가 자신의 결정을 긍정적으로 의미화하는 것일 수도 있다. 그런데 내게 이러한 이동진의 논평은 '정작 실행할 생각은 없으면서 불만만 가득한' 타인에 대한 비난으로만 읽히지는 않는다. 한편으로 이것은 그 자신에게 필요한, 사후적 해석과 정리의 과정이기도 한 것이다.

참여자들이 다양하게 암시했듯이 노동과 삶의 이동에 있어서 실제로 결정적인 요소가 되는 것은 경제활동과 돈벌이 문제, 이른바 '먹고사니즘' 문제다. 회사를 나선 후의 생계를 어떻게 꾸려갈 것이며, 앞으로의 경제활동을 어떻게 재조정할 것인지는 선결 조건으로 떠오른다.

> 큰돈이 필요하진 않잖아요, 사람이 살아가는 데. 오히려 제가 월급 많이 주는 직장에 들어가는 것보다 더 중요한 거란 생각이 들어요. 내가 날 책임질 수 있다는 거. (중략) 남편도 예전에는 아티스트, 순수 자기 사진을 찍던 사람이니까. 그런데 이제는 우리가 생활을 일궈야 하니까 약간 상업적인 사진들도 찍어주죠. 옛날엔 그런 일을 하지 않았어요. 상업적인 일이고, 하기 싫고, 자기 감성을 해치고 싶지 않으니까. 그런데 많은 시간이 흐르면서 이 일이 부끄럽거나 싫어 죽겠는 일이 아닌 거죠. 우리의 삶을 위해서 할 수 있는 일, 해야 하는 일이고. 내가 온전히 이 생 책임지겠다, 무슨 일이 생겨도 괜찮다, 오케이. 예전처럼 돈을 벌지 못하더라도, 예전처럼 화려하게 살지 못하더라도 내 생을 책임지고 가겠다는 결단인 거잖아요.
>
> 한정희

'내가 날 책임진다'는 것이 월급을 많이 주는 직장에서 일하는 것보다 더 중요한 일이라는 한정희의 말은 그녀의 선택이 다만 노동수단의 변화가 아닌 삶에 대한 태도와 철학에 기반을 둔 선택임을 보여준다. 말하자면 자신의 성숙도와 책임감, 그리고 '어떤 삶을 택하느냐'라는 적극적 자유와 관련된 것이다.

그녀는 잡지사를 그만둔 후에 최소한의 생계를 위해서 외부에서 청탁받은 글을 쓰고, 이러한 삶의 방향을 함께 가는 남편 역시 상업 사진을 찍기 시작했다. 사진작가인 남편에게 건강식품을 먹음직스럽게 보이도록 하는 광고 사진을 찍는 일은, 시간이 흐르면서 이제 더 이상 예술가로서의 자존심에 위배되거나 부끄러운 일이 아니게 되었다. 자신의 삶을 유지하기 위해서 기꺼이 할 수 있는, 해야 하는, 즐길 수 있고 그 결과물에 기뻐할 수도 있는 일이 되었다. 그녀는 "남편도 저도 약간 성숙해지는 거 같아요. 어른이 되는 거죠"라고 덧붙였다. 회사라는 틀에서 정해진 글을 쓰던 이전과는 다르게, 이제 스스로 다음 단계로 가기 위해서는 '내 생을 내가 책임져야 한다는 것'이 선행되어야 한다. 때문에 그녀는 이를 '결단'이고 '꽤 철학적인 선택'이라고 표현했다.

김종현과 이영민은 퇴사 후에도 이전에 회사에서 해온 출판 편집 일을 외주로 받아 생활했다. 노동 공간, 계약 관계와 받는 임금은 달라졌지만 여전히 자신이 회사에서 해오던 일의 연장선 위에서 벌이를 하고 있는 것이다. 게다가 김종현은 대안학교 교사가 되고 나서 말하겠다는 생각으로, 같이 살고 있는 부모님께 자신의 퇴사 사실을 알리지 않았다. 때문에 여전히 장남으로서 생활비를 이전과 다름없이 벌어야 했기에, 한 달에 최소 200만 원 정도의 고정 수입이 필요했다.

집에 100만 원 정도 드리고. 그 전엔 좀 더 드렸는데, 큰 부담(집 대출금)이 몇 년 전에 떨어져 나갔거든. 그래서 좀 더 줄었지. 200만 원에서 250만 원 정도면 내 생활비랑 집에 생활비를 보탤 수 있겠다……. 프리랜서의 가장 큰 불안은, 일이 지속적인 적이 거의 없거든. 언제 한번은 일이 없을 때가 있어. 출판은 더 심해서 그런 기간이 좀 있어. 그 불안정성을 계속 안고 갈 수밖에 없는 거지. **김종현**

그만두고 바로 '어, 현실이 이렇구나!' 느끼고 일을 시작했죠. 일 좀 달라고. (웃음) 그만두고 똑같이 그 회사에 있는 것처럼 일을 받아서 한 거예요. 집에서. **이영민**

한정희의 1인 출판사 경우까지 일종의 프리랜서로 포함시키면 총 3명의 참여자들이 프리랜서로 이후의 생계를 꾸려나가거나 그렇게 하려고 계획하는 셈이다. 현대의 산업구조는 1, 2차 산업의 생산·가공 산업, 그리고 3차 산업을 서비스 산업으로 포괄적으로 규정하던 것을 넘어, 서비스업이 더욱 세분화되어 4차 산업(정보·의료·교육 등의 서비스업), 5차 산업(오락 및 레저 산업) 등으로 고도화되고 있다. 이러한 산업구조의 변화 역시 참여자들의 퇴직과 이후 선택에 일정 부분 영향을 미쳤다. 인터넷 등 정보통신 산업의 급격한 발달로 이제는 따로 사무실을 갖지 않고도 업무 처리를 할 수 있게 되었고, 누군가와 실제로 대면하지 않고도 일을 지속하는 것은 어렵지 않다. 위의 세 참여자는 공통적으로 출판·잡지계에 종사했는데, 책을 만드는 일은 회사에 정식으로 고용되지 않고도 충분히 할 수 있기에 퇴사 후에도 프리랜서로 생계가 가능하리라는, 일종의 '계산'이 있었단 뜻이기도 하다.

그러나 김종현과 이영민은 프리랜서 편집자로서의 불안함에 대해 공통적으로 토로했다. 외주로 받는 일이 지속적이고 장기적으로 주어지는 것이 아니며 불안정하다는 것이 프리랜서의 결정적인 단점이다. 또한 이어지는 출판계의 불황으로 이 일의 미래는 갈수록 불투명해져 가고 있다. 이영민은 퇴사 후 얼마 안 되어 프리랜서로 일하기 시작한 처음에는 이 생활이 좋았다. 시간 활용도 자유롭고, 출퇴근과 직장에 부대끼지 않아도 되니 '내 세상이다, 100만 원씩만 벌더라도 평생 프리로 살아야겠다!' 싶었다. 그러나 하다 보니 이것도 유쾌하지는 않았다. 가장 큰 이유는 미래의 불확실성이었고, 일과 생활이 섞이는 것은 삶의 리듬을 찾는 것을 어렵게 했다. 또 한 가지 어려움은 오히려 출판사에서 일할 때보다 더 일에 대한 자율성과 주체성이 떨어진다는 것이었다. 더구나 아주 유능하게 알려지지 않은 이상, 주는 대로 받아야 하는 것이 프리랜서의 숙명이다. 한마디로 의미는 의미대로 없고 돈은 돈대로 못 버는 것이 프리랜서 생활이라고 그는 말한다.

이들이 생계를 위한 외주 일을 부수적으로 이어가야 했던 반면, 이준익 등은 경제적 사정이 훨씬 나은 편이었다. 과거의 그는 재테크와 자산 증식에 관심을 갖고 있었다. 금융계에 가까이 있었던 만큼 얻을 수 있는 고급 정보도 많았을 것이고, 그러한 투자 행위가 일반적인 문화였으리라는 점도 예상 가능하다. 금융위기를 경험하고 대안적 담론을 실천하는 비영리단체에서 일하게 되면서 이러한 투자·금융 '문화'

와 멀어진 것은 확실하지만, '물가가 오르니 그만큼은 좀 따라갔으면 좋겠다'는 생각을 여전히 갖고 있었다. 이는 앞으로 자신의 경제생활이 어떻게 될지 모르는 데에서 오는 불확실성에 기인하는 것이다. 미래에 대한 불안과 '수익을 확보하기 위한 뭔가가 있어야 되지 않겠냐'는 생각은 완전히 사라지지는 않았다. 그가 현재 일하고 있는 조직에서는 연말까지만 계약되어 있던 상태라, 그 자신도 앞으로 무엇을 하며 지낼지를 계속해서 모색하고 있었다. 10년 넘게 매달 고정적인 고액의 연봉을 받던 전문직 종사자에서, 10분의 1 수준의 월급을 받는 활동가로의 커다란 변화가 있었고 또한 그마저도 장기적으로는 명확하지 않다. 이러한 상황에서 재테크를 여전히 포기하지 못하는 것은 관성과 불안의 측면에서 그에게는 당연한 일일지 모르겠다. 과거의 익숙하던 생활과 전혀 다른 문화 속에서 갈피를 잡고자 하는, 중간적 상태에서 충분히 일어날 수 있는 갈등이다.

한편 오랫동안 '전문가'로 살아오다가 이제는 완전히 새로운 조직의 '신입'이 된다는 것 역시 그가 쉽게 받아들일 수 있는 변화는 아니었다. 그는 이전에 가졌던 자신의 IT 컨설턴트로서의 전문성이 무화되면서 사회적 지위가 취약해짐을 느꼈다.

여기(NPO 조직)에서도 파트타임으로 그런 일(이전에 해온 컨설턴트로서의 일)을 할 수 있다고 생각한 건 단순히 경제적인 이유만은 아니었어요. 거기(IT 컨설팅업계)선 그래도 제가 일정 부분 전문가잖아요. 10년 이상 그 일을 해왔던 IT 전문가요. 여기선 제가 아무런 경력이 없는 거죠. 그러니까 되게 존중받지 못한다는 생각이 드는 거예요. (중략) 나이가 아주 젊으면 이제부터 배운다 하겠는데, 40대 초반에……. 실제로는 사회에서 안정된 포지션에서 뭔가 존중과 권위가 있는 건데, 여기선 완전 까져버린 거니까 황당한 거죠. **이준익**

전혀 다른 문화와 지식, 소통 방식이 통용되는 공간으로의 이동에서 그는 '삶이 초기화'되고 이제까지 공들여 쌓아온 자신의 존재가 무시되는 것 같은 느낌을 받았다. 이는 재사회화의 초기 과정에서 수반되는 '허물어짐'이라고 표현할 수 있을 것이다. 이전의 세계와 거의 정반대의 세계로 넘어오면서 그는 규칙과 문화, 지식, 소통 방식 등에서 전혀 새로운 감각을 익혀야 했다. 괴로웠을지언정 10여 년 간 충실히 쌓아온 경력에 대한 '존중과 권위'가 상실되는 느낌은 견디기 어려운 경험이었다. 그렇기에 자존감과 사회적 위치의 확인을 위해, 자신의 전문 영역(IT 컨설팅)의 일을 병행할 수도 있겠다는 생각을 한 것이다. 이러한 맥락에서 그는 '이쪽(비영리 영역)'과 '저쪽(자본주의적 영역)' 세계에 반씩 발을 걸치고 있는 다른 사람들의 경우를 소개하며, 자신 역시 그러한 선택을 '전환을 시작할 수 있는 과정'으로서 이해할 수 있다고 공감을 표했다.

게다가 현재의 비영리단체 안에서 온전히 잘 섞이고 있지 못하다는 느낌 역시 그가 갖는 하나의 어려움이었다. 얼마 전 그의 과거 이력을 아는 한 동료는 그에게 "본인은 다운시프트를 했다고 생각하세요? 난 더 다운시프트할 것도 없어"라고 농담을 섞어 이야기했다. 당황스러움을 느꼈던 그는 "제가 수입으로 보면 확실히 다운시프트되었어요"라는 대답밖에는 할 수 없었다고 했다. 우리의 대화 속에서 이 에피소드는 아주 짧게 언급되었지만 나는 그 상황의 긴장감을 느낄 수 있었다. 다른 동료들과 물적·경험적 기반이 매우 다른 '이질적인 존재'이자 계속 제3섹터, 비영리 부문에서 지내온 다른 동료들에게 '경제적 위화감을 느끼게' 만드는 위치로 자리매김되는 것은 그에게도 위협적인 일이었다. 그의 '새로운 출발'에 또 다른 장애물이 될 수도 있기 때문이다.

이준익과의 위의 대화는 특히 사회적으로 확고한 위치와 전문가의 입지를 갖고 있던 사람들이 이를 버리고 사회운동 조직이나 불확실한 '실업'의 상황에 들어갔을 때, 그 사이 '낙차'로 인해 불안과 위치의 상실감을 더 많이 느낄 수도 있음을 보여준다. '누구나 말하면 다 아는' 대기업 연구원으로 일하던 이동진에게도 확실했던 소속과 지위를 포기하면서 상실감과 내적인 동요가 찾아왔다. 그의 이야기를 들어보자.

> 회사 다닐 때 사람들이 절 부르길 편해했어요. S기업 다니는 애라고 아이덴티티가 정해져 있으니까. 신기한 게 제가 'ㅅ'대를 나왔고 석사도 했고 S기업에 갔으니까 다양한 아이덴티티로 부를 수 있었는데, 사람들이 제일 편하게 불렀던 게 S기업 사원. 'ㅅ'대 다닌다 하면 뭘 하고, 석사 과정이다 하면 석사 후 뭘 할 건지 설명해야 하는데, S기업 다닌다 하면 뭐, 그걸로 그냥 더 설명하지 않아도 되는 거예요. (중략) 소속감에 대한 갈구가 항상 있는 거 같아요. 제가 회사를 나오니까 진짜 허무하더라고요. 어디에 소속돼 있으면 좀 편할 텐데, 대학원생도 아니고 직장인도

아니고 이도 저도 아니니까 공허하다고 할까요. 정말 가만히 있으면 나는 아무것도 아닌 느낌이 있었어요.

이동진

삶을 어떻게 조직하는지는 개개인마다 다르다. 흔히 사람들이 '공대생', 'ㅅ대학생', 'S기업 다닌 사람' 등으로 자신을 호명함으로써 삶을 단일하게 규정해버리는 것은 그에게 불편한 일이었다. 그럼에도 그동안 S기업 사원이라는 명칭은 그를 사회에서 쉽게 승인될 수 있게 했다. 결혼 전 예비 장인어른이나 장모님에게도, 명절 때 근황을 묻는 친척들에게도, 오랜만에 만난 친구들에게도 S기업 사원이라는 말이면 더 보태지 않아도 좋았다. 그가 있던 자리가 이렇게 편리하면서 사회적으로 선호되는 위치였기에, 스스로 박차고 나왔음에도 불구하고 퇴사 직후의 공허함이 컸다. S기업 사원이라는 이름표가 사라진 것도 있었지만, 이도 저도 아닌 상태가 무엇보다 힘들었다.

그의 "사람은 돈벌이를 계속해야 하는 것 같다"라는 말은 돈의 문제가 아닌 '사람 구실'에 대한 그의 첨언이었다. 사회인으로서의 구실(돈벌이)을 하지 않은 채로는 3,000원짜리 밥을 먹는 것조차 아깝게 느껴졌고, '돈을 벌지도 못하는데, 쓰고 있구나' 싶었다. 돈을 버는 일은 단순한 돈의 문제로 그치는 게 아니라, 삶을 조율하고 자존감을 느끼는 데 더 결정적이었던 것이다.

그의 이러한 말은 자본이 만들어내는 감정 구조와 관련된 하나의 중요한 주제를 던져준다. 자본주의는 오랜 시간에 걸쳐 개인의 더 많은 욕망을 세밀하게, 꾸준히 구성해왔다. 그리고 '일하지(돈 벌지) 않는 자,

먹지도 말라'는 명제를 통해서 사람들의 자존감마저 철저히 자본 중심적으로 길들여왔다. S기업을 나와서 잠시 실업자라는 중간 상태에 머물던 시기는, 그에게 몇천 원짜리 밥을 사 먹는 것마저 사치로 생각되게 만들었고, 자신을 그럴 주제도 못 되는 상태로 경시하게끔 했다. 개인의 인간성마저 자본의 기준에 의해서 구성되는 것이다.

최근 스위스에서 국가의 기본 소득 보장 의무 조항을 헌법에 신설하자는 발의안이 제출되어 곧 국민투표에 부쳐질 것이라는 소식이 들려왔다. 우리 사회 시민 영역 곳곳에서도 기본 소득에 대한 관심과 제안이 나오고 있는 것 역시, 이러한 인간성의 자본주의적 구성의 맥락에서 이해 가능하다. 노동의 종류, 그에 따른 소득 여부와 무관하게 모든 이의 최소한의 '생존권'이 보장된다면, 이에 대해 개인이 치러야 할 감정적 비용은 훨씬 줄어들 것이다. 기본 소득을 통해 돈벌이의 압박에서 조금이나마 벗어날 수 있다면, 즉 최소한의 먹고사는 문제가 해결된다면 사람들의 '먹고살기'에 대한 자기 경멸은 조금이나마 경감될 것이다. 사람들이 실업자와 노숙인에 대해 상정하는 '수치심', 취업 전선을 넘지 못한 많은 청년들이 느끼는 패배 의식에 가까운 '잉여 의식', 바우만이 "쓰레기가 되는 삶"이라고 칭한 영원히 폐기 처분되어 버릴지도 모른다는 공포. 이것들은 모두 돈을 벌지 못하는 상태에서, 즉 돈이 되지 못하는 나는 사회에서 '쓸모가 없는' 존재라는 좌절감으로부터 연유한다. 최근 몇 년간 계속해 들려오는, 신변·생활고를 비관한 많은 자살 뉴스들은 이러한 감정과 깊이 연결되어 있다. 그 배경에는 취약한 사회적 안전망과 복지, 한번 나락에 떨어지면 재기가 불가능한 사회구조뿐 아니라 인간의 '용도'와 역할을 자본 입장의 '생산적 주체'와 직결하고 있는 사회적 관념이 있다.

그렇게, 회사가 불안해서 미련 없이 회사를 그만두고 나온 이들에게도 불안감은 여전히 그림자처럼 쫓아왔다. 직장에서의 불안, 자신의 일에 대한 단절과 자각, 사라진 믿음과 흥미 등이 바깥으로 튕겨 나오게 만들었으나 밖의 세상도 완전하지는 않다. 완전히 새로운 삶은 '아직' 오지 않고, 치러야 할 불안의 값은 여전히 상환되지 않았다. 그 중간에서, 감당해야 할 다른 종류들의 불안이 새로이 더해지기도 했다.

이대로 잘 지낸단 생각이 들다가도 어느 순간엔 내가 이렇게 지내는 게 괜찮은가? 지금 이렇게 사는 게 나중에도 괜찮을까? 이런 거에 대한 확신이 있다가도 없다가도 하니까. 내가 지금 약간, 허세나 겉멋이 들어서 이렇게 사나? 내 욕망을 좇아서 산다곤 하는데 너무 허공에 떠서 사는 건가? 갑자기 확 불안해질 때가 있어요. 금전적인 건 거의 준비 안 하고, 지금을 잘 사는 게 미래를 준비하는 게 아닐까라는 생각을……. 인생이 지루할 틈은 없는데, 뭔가 앞이 내다보이면 그만큼 안정감이 있지만 지루해질 거 같은데, 또 한편으론 불안하기도 해요. 점점 벗어난 삶을 살게 되니까. 제 자체가 안정된 삶에 대한 미련이 아예 없는 거 같진 않고, 왔다 갔다 하는 거죠. **박래연**

박래연 역시 자신의 욕망과 가치관에 따라 선택했고 그렇게 사는 현재가 만족스러우면서도, 문득 미래에 대한 불안감이 생겨난다고 했다. 오래 농사를 지어온 동네 어르신들이 타박을 주기도 하지만 화학비료 등 어떠한 인공적인 것도 사용하지 않는, 자연과 땅에 맡기는 농사 방식을 그녀는 고집하고 있다. 그러한 자신의 행위 자체의 진정성을 믿기는 하지만, 이것이 비현실적·비효율적이고 생계에는 맞지 않는 고집이 아닐지, '내가 생계란 걸 너무 우습게 보나?' 하는 자기 의문도 드는 것이 사실이다. 생애 주기에 맞춰, 혹은 사회적으로 요구되는 평범한 시간성과 방식을 따라 살지 않는 자신의 주관이 허세나 겉멋은 아닌지 자문도 해본다.

회사 다니면서 모아둔 자금이 조금 있긴 하지만, 그녀가 집중하는 농사는 잉여금을 남길 수 있는 일은 아니다. '현재를 잘 사는 것이 미래를 잘 준비하는 일'이라 위로하지만, 서울에서 긴 직장 생활로 어느 정도 경제적 자금을 축적해서 내려온 동네 친구들을 볼 때면 오히려 더 자유로워 보일 때가 있다. 그들이 자신만큼 일에 시간을 많이 투자하지 않아도 되고 외식이나 여행을 떠나며 여유를 즐기는 데 관대한 것을 볼 때면, 가끔씩 이질감이 느껴지며 '결국 돈이 시간인가?'도 싶다. 경제적으로 여유가 있어서 오히려 시간에 덜 얽매일 수 있단 생각이 들기 때문이다.

30대 중반에 퇴사한 김종현도 다른 맥락에서 사회적 요구와의 불합치성을 경험하게 되었다. 퇴사 이후 대안학교 교사 채용의 장벽을 자신의 나이에서 부딪칠 때마다, '두 번째 삶을 시작하기엔 이미 늦어버린 게 아닌가' 하는 불안한 감정이 든다고 했다. 자신의 물리적 나이가 외부에서 바라보는 사회적 기준에서 이미 쇠퇴해 있는 듯한 생각이 그를 괴롭히는 것이다. 불안과 안정은 반드시 서로 반대편에 위치한 관계는 아니었다. 불안정한 직장을 나왔지만, 가끔은 불안을 자초한 상황이 되기도 했다. 그러면 이전에 자신이 결별하고 온 환멸의 면면이 다시금 연상되는 순간과 마주치기도 한다.

이러한 참여자들의 다양한 대답은 불안과 안정이 공존하는 중간 지대에 속한 이들이 경험하는 내면적·사회적 갈등과 흔들림을 느끼게 한다. 중간적 상태의 존재는 양쪽 어디에도 속하지 않으면서, 동시에 양쪽 둘 다에 속한다. 전환은 이전 상태와의 단절과 '결단'으로부터 이뤄지는 것이지만 완벽히 차단된 채로 새로운 장을 시작하는, 서로 전혀 다른 사건인 것은 아니다.

허탈함과 절망을 동시에 느끼게 하는 '자본의 외부는 없다'라는 말, 이 문장처럼 현재의 노동과 삶의 상당 부분은 이미 자본주의 구조에 포박된 형태다. 때문에 완벽한 '새로운 대안'으로의 변환은 사실상 불가능하다. 참여자들의 '다른 삶(과 노동)' 이동으로의 '거듭나기' 과정[83]은 단시간의 완전하고 깨끗한 단절에 기반을 두지 않을 것이기 때문이다. 구조 안에서 '타협'일 수밖에 없는 한 시점에서, '현재'는 삶에 대한 해석력과 일종의 '상태'로 구성된다. 과거와의 단절과 새로운 삶의 시작은 노동사회와 탈노동사회, 희망과 불안 사이에 겹쳐져 있다. 이 과정은 그 중간의 장벽과 한계, 상실과 재구성, 감정적 기복을 반복하며 이뤄질 '사이'의 시간을 포함한다.

짐을 줄이고, 생활을
다시 여미고

임금노동 중심의 사회는 사회경제적 이윤 축적을 위한 온갖 상품을 생산·판매하며, 이를 소비하는 데에 또한 많은 사회적 에너지를 집중시키게 만든다. 노동하는 이들에게 주어진 '자유'를 소비 영역에서의 자유로 실현하도록 했고, 이로 인해 노동자들은 자본주의 시스템 속에 더 묶여 무한 소비의 굴레에 빠지게 된다.[84]

옷, 신발, 많이 샀어요. 밥 먹고 회사 앞 상가를 한 바퀴 빙 돌아보는 거예요. 저거 예쁘다, 그러면서 사는 거죠. 내가 받은 스트레스를 서비스를 받거나 뭘 삼으로써 해소하는 게 분명히 있는데, 자괴감을 많이 느꼈어요. '아, 나 또 샀네!' 이러면서. (웃음) 그게 건강한 해소 방법이 아니라서. 비싸고 맛없는데도 돈 벌어서 옷 사고 그런 쓰레기 음식 먹고, 그러면서 시간은 없고……, 이게 너무 바보 같다는 거죠.　　**이명선**

회사 다닐 때 홍대 쪽에 살았는데, 사람이 너무 지치니까 보상 심리로 가끔 일이 일찍 끝나는 날엔 집에 들어가면서 옷을 막 많이 사고 그랬어요. '아, 돈 벌면서 쓸 시간도 없는데, 내가 이렇게 소비를 해야 돈이 돌고 돌지' 이런 생각까지 하면서.　　**박래연**

강제되는 노동으로 여유가 절대적으로 부족한 상황, 이때의 공허함을 채워줄 가장 효과적이고 편리한 방법은 쇼핑이다. 삶의 불만족도가 높고 행복 지수가 낮은 사람일수록 과소비 욕구 역시 높다는 경향은 이미 알려진 대로다.* 상품과 서비스를 소비함으로써 자신이 스스로 확증할 수 없는 노동의 값을 증명받고자 하는 것이다. 하지만 허무하게도 이는 다시 공허함과 자괴감으로 이어지는 고리에 얽히게 된다.

현대사회에서 소비란 만능신이다. 먹고, 입고, 갖고, 놀고, 여러 방법으로 사람의 욕구와 욕망을 만족시킬 수 있는 전능한 행위가 된 것이다. 이렇듯이 욕망과 그 만족을 '연결해주는' 것은 대부분 돈이기에, 바우만은 소비자가 된다는 것은 소비될 예정인 대부분의 물건에 돈을 낸다는 뜻임을 지적했다.[85] 또한 그는 소비한다는 것은 곧 '없애버린다'는 것이라고도 말한다. 과연 소비된 물건은 의식 속에서 사라지거나, 실제로 '다 쓰여서' 사라진다. 오늘날의 '소비자 사회'라는 표현은 사회 구성원을 형성하는 방식이 무엇보다도 '소비자'로서의 기능임을 강조하는 것이다. 이러한 사회가 구성원들에게 내세우는 규범은 소비자 노릇을 잘해내는 '능력'과 소비에 대한 적극적 자발성이다.

참여자들 역시 '쇼핑 요법'으로부터 자신(의 노동)을 확인받고 그 의미를 찾을 수 있던, 소비자 사회 속 여느 사람들과 다르지 않았다. 그랬던 이들에게 벌어진 '신변'의 변화는 경제·소비생활 패턴, 그리고

---

* 쇼핑은 '쇼핑 요법(shopping therapy)'이라고 불리기도 하는데, 이는 "불쾌하거나 우울한 경험을 달래기 위한 보호물이라는 뜻"을 가진 표현이다. '필요'를 인위적으로 만들어내면 노동 윤리에 대한 노동자들의 충성심이 보장되기 때문이다(로버트 스키델스키 Robert Skidelsky·에드워드 스키델스키 Edward Skidelsky, 2013).

경제관념을 바꾸게 하는 것으로 이어졌다. 먼저, 매달 나오던 월급 대신 소비 규모를 줄이며 소비 주체로서의 욕망의 축소법을 익히기 시작했다.

> 점차적으로 줄이고 있어요. 일단 신용카드를 없앴고, 많이 줄인 거 같아요. 쇼핑 안 하고 책 같은 거 다 팔고. 옷도 너무 많고 책도 너무 많아서, 짐들을 계속 줄이는 일을 하고 있어요. 더덕더덕 많이 붙이고 살아서. (웃음)
>
> 이명선

> 돈을 포기하는 거죠, 소비를 많이 줄였고. 혼자 자취하면서는 프리랜서 하면서도 소비 줄이기가 힘들어요. 어쨌거나 뭘 먹으려고 해도 그때그때 편의점에서 사 먹어야 하고, 아무래도 돈이 들 수밖에 없고. 도시에 산다는 거, 서울에 산다는 거 자체가. 누구를 만나려 해도 최소한 만 원은 있어야 하잖아요. 오늘도 저 만나면서 돈을 쓰게 되잖아요. 그런데 만약 다른 데 있었으면 훨씬 더 돈을 아낄 수 있는 거죠. 생활비 줄이는 면도 생각하고 있어요. 많이 줄 거 같아요. 일단 나가서 사 먹는 게 없으니까, 그리고 둘이 같이 먹으니까. 지역에서 재료 사서 냉장고에 넣어놓고 그때그때 해서.
>
> 이영민

'소유'와 '소비'를 통해 실현되던 자본주의적 욕망을, 더 인간적이며 존재론적인 자기 가치의 실현 욕망[86]으로 바꾸기 위한 작업을 수행하는 것이다. 이영민은 통영으로 내려가게 되면 그 공간 이동으로 인해 둘의 생활에도 큰 변화가 가능할 것으로 예상하고 있다. 아마도 도시만큼 외식이 보편적이고 손쉬운 조건이 아닐 것이므로 근거리의 시장에서 사 온 재료를 이용해 대부분의 식사는 집에서 직접 해결하게 될 것이다.

> 그냥 내가 가진 돈을 쓰는 재미보다는, 그걸 없다고 생각하고 살았을 때 할 수 있는 것들? 만날 수 있는 관계들? 그런 게 되게 좋았던 거 같아요. 돈으로 할 수 있는 건 어떻게 보면 너무 쉽기도 하고. **박래연**

특히 박래연의 경우에는 화폐로 매개하지 않는 생활에 대한 좀 더 적극적인 실천 경험을 갖고 있었다. 관계·활동·행위를 통해 이룰 수 있던 것들이 좋은 경험이었다고 말한 그녀는, 회사를 그만두고 시민 단체에 다닐 때 한 차례, 또 시민 단체 활동을 그만두고 공동체 생활을 할 때 한 차례 더 소비 개념이 바뀌었다고 했다. 그리고 그때의 생활 패턴이 지금까지 이어지고 있다. 그녀는 돈으로 사는 방법이 아닌, 사람들 속에서 관계와 기술, 여러 활동들을 통해 재미를 도모하는 법을 알고 있었다. 덜 소비하고 싶기에 덜 쓰게 되기도 했고, 덜 벌기 때문에도 소비를 줄여야 했다. 그 선후 관계가 명확하진 않지만, 이는 확실히 그녀의 삶을 다르게 이끌었다. 자본주의 화폐경제에서의 자립 측면에서도 의의를 갖지만, 소비를 통해서가 아닌 생산과 창작으로 더욱 풍족해지는 정신적·관계적 삶을 영위할 수 있다는 점에서도 내게 인상 깊은 이야기였다.

사실 생활 반경이 (공동체) 카페를 중심으로 있으니까 먹는 거 마시는 게 해결이 되잖아요. (중략) 지금까지 돈 벌면서 사는 동안에 지금처럼 마음이 편한 때가 없었어요. (웃음) 별로 고민할 거리가 없어요. 지출할 돈이 굉장히 단순하거든요.

윤재훈

윤재훈은 소비를 통해서가 아닌 '생산'으로 어느 정도 필요의 충족이 가능했다. 실제로 그의 한 달 지출 목록은 매우 간단하다. 매달 들어가는 공동 집세*로 10만 원, 차비와 휴대전화 요금으로 10만 원이 나간다. 그리고 약 40만 원 정도는 저축을 하는데, 이는 현재 살고 있는 공동주거지를 구할 때 윤재훈 부부가 신혼부부 전세자금의 혜택으로 대출받은 것에 대한 비용이다. 대출금의 이자는 구성원들이 같이 부담하지만, 원금은 '우리가 저축하는 셈 치고 부담하자'고 생각했다. 그리고 그 외의 필요한 기타 비용은 종종 대외 활동을 통해 생기는 과외 수입으로 충당하지만, 이마저도 별로 들지 않는다.

결코 큰돈이 아닌 카페 월급으로 부족하지 않은 생활이 가능한 이유는 공동주거를 비롯한 공동체를 통해서 지출이 상당 부분 메워지기 때문이다. 여럿이 함께 살기 때문에 먹을거리도 오히려 풍족해졌다. 그리고 또 하나의 '기본 소득' 기획으로서, 공동체 내에서 사용 가능한 대

---

* 주거비는 함께 사는 공동주거 구성원들의 수입에 따라 차등적으로 낸다. 보통은 그 개인의 수입에서 10퍼센트를 집세로 내지만 윤재훈은 그보다 조금 더 내고 있는 셈이다.

안화폐를 카페 주인에게 지급하는 시도도 해보고 있다. 동의와 참여가 가능한 작은 규모의 커뮤니티, 지역 수준에서 차차 실험해보는 시도가 중요하다고 보고, 이를 자신의 공동체 내에서 실험해보는 것이다.

위와 같은 소비/지출에 대한 내용뿐 아니라 돈이나 경제라는 거시적인 주제를 바라보고 대하는 참여자들의 관점과 태도에서도 역시 일정한 변화가 발견되었다.

> 솔직히 한 달 전까지만 해도 계속 그런 생각이 많이 들었어요. 정말 그렇게(재테크)라도 해야 하는 거 아냐? 도시에서 생활하면서, 더구나 지금 같은 경우엔 마이너스가 될 수밖에 없기 때문에. 지금은 그냥 뭐 괜찮지 않을까 (웃음) 생각하고 자유로워진 느낌이 있어요. [어떻게요?] 조금씩 그런 공포감에서 벗어나는 거 아니겠어요? 익숙해지는 것도 있는 거고. 이렇게 쭉 생활을 해보면 정말 그렇게까지 필요하진 않겠다, 생각이 드는 거죠. [그리고 그만둘 마음의 준비를 하면서 불안이 경감된 것도 있으시죠?] 그렇죠. 그래도 시간이 지나면서 조금씩 조금씩 진전되는 거지, 하루아침에 그러기는 힘든 거 같아요. **이준익**

이준익은 적어도 몇 년간은 전혀 돈 걱정을 하지 않아도 될 정도로, 참여자들 사이에서는 넉넉한 자산을 소유하고 있는 경우였다. 하지만 그런 그에게도 역시 부는 '상대적인' 문제이기에, 얼마 전까지만 해도 재테크로 '본전'이라도 찾고 싶은 생각과 더불어, '투잡two job'으로 조금이라도 더 벌어야 하지 않을까 고민했다. 오랜 기간 다달이 많은 액수의 돈을 지급받던 생활에서 확연히 수입이 줄어들다 보니 그런 생각이 드는 것이다.

그러나 과거에는 가진 돈을 더 '불리기' 위한 투자까지 했지만, 실제로 금융 문화와 경제 위기를 가까이에서 경험하면서는 시스템으로 존재하는 돈의 허무함에 대해 느끼기도 했다. 현재의 '돈'은 많은 경우 동전이나 지폐처럼 구체적인 물질이 아닌, 숫자와 전자 시스템 안에서만 있는 '믿음'으로 존재하고 있다. 이 '땔감으로도 쓸 수 없는' 돈이란, 오랜 기간 쌓아왔더라도 자칫 잘못해 하루아침에 사라질 수도 있는, 마치 신기루와 같은 것이다. 그러면서 그는 일본에서 우연히 만났던, 금융 산업에 종사하는 한 일본인 트레이더 이야기를 했다.

엘리트 코스를 밟은 그 일본인은 젊은 나이에 금융계에 진출하여 자신이 세운 목표액 '1억 엔'을 채우고 2008년 금융위기 직후 홀연히 퇴사했다. 그리고는 '당장 먹을 것이 없으면 이 돈이란 신기루 같은 것'이라는 자각을 하고, 농부·목공 등의 일을 하면서 산다고 한다. 그 목적은 '세상을 좋게 만드는 선善'을 이루겠다는 것은 아니었다. 오히려 그를 움직인 동기는 숫자로밖에 증명될 수 없는 금융 산업보다 실질적 '기술'이 투자 가치가 더 높고 안전하며, 장기적으로는 이를 통해 사회적 '힘power'을 가질 수 있다는 판단이었다. 이준익은 이것을 '이기적인 동기'로 표현했지만, 그 자신이 느낀 바대로 이 사례 역시 현대사회를 지배하는 시스템 속의 화폐와 이를 움직이는 노동의 공허함, 또한 한편으로는 그 허약함을 보여주는 하나의 예로 볼 수 있을 것이다. 이준익과 그가 전해준 이 일본인 트레이더의 사례는, 때로는 금융 시스템 가까이에 있는 사람들이 더 직접적으로 금융자본주의의 지속 불가능성을 체감하고 있다는 사실을 알려준다.

> 사람이 붕 떠 있는 느낌이 아니라 땅바닥에 착 닿아 있는 느낌이 있거든요. 저 같은 경우도 회사 다닐 때도 그랬고, 옛날에도 늘 발이 바닥에 닿아 있지 않는 느낌이었어요. 이걸 해도 내 자리가 아닌 거 같고, 뭔가 가슴은 답답하고 무겁고 그랬는데 공부를 하면서 내 그런 상태에 대해서 잘 봤죠. 그러고 났더니, 3년 정도 공부하고 났더니 발이 땅에 닿은 걸 나도 모르게 느꼈어요. (중략) 문득문득 그런 느낌이 들더라고요. 잘한 건가? 괜찮나? 1년 동안은 가끔은 그런 생각이 들었어요. 그런데 딱 1년이 지나고 나니까 그런 마음이 싹 가라앉았더군요. 되게 잘 그만둔 거 같아요, 그때. (웃음)
>
> 윤재훈

윤재훈은 회사를 다니던 당시에도 지금처럼 차분하고 성실하게 주어진 임무와 역할을 수행하는 '착실한 직장인'이었던 것 같다. 그럼에도 그의 마음속에는 항상 답답하고 무거운 느낌이 있었다. 그는 두려움, 결정의 폐기와 재기 속에서 고민했고 '내가 잘한 일인가?' 되묻기도 여러 번이었지만, 지금은 그때의 결정을 매우 잘한 것으로 생각하고 있다. '들여다봄'의 성찰적 시간 속에서 자기 자신과 주변이 많이 정리되었다. 이전에 그의 발이 '바닥에 닿지 않았다'고 느꼈던 것은 그가 도구적으로 회사에 다니며 재미와 미래가 없다고 느꼈던 때문만은 아닐 것이다. 앞으로의 더 긴 시간과 공간을 담보할 수 없고, 언젠가 다른 곳으로 뜰 준비를 하는 '간이역'으로 직장을 여겼던 이유 때문으로도 보인다.

참여자들이 지금 새롭게 준비 중인 일의 선택에는 시간의 배분과 그 배치에 대한 주도권 역시 포함된다. 김종현은 회사 생활에서는 어쩔 수 없이 끌려갈 수밖에 없는 상황들이 벌어졌지만, 퇴사 이후 내 삶을 내 의지대로 할 수 있는 삶의 결정권이 커졌다는 것이 가장 커다란 변화라고 했다. 그는 프리랜서로 삶의 불안정성이 높아진 것도 사실이지만, 동시에 자신이 내세운 것을 관철하려는 의지 역시 커졌다고 생각한다. 이들에 따르면 "두려움과 기대는 함께 가는 것"(이영민), "불안정하다는 것과 자유롭다는 것은 같이 가는 것"(박래연)이다.

시간 리듬의 재배치는 한편으로 생산성과 관계되지 않는 다른 '잉여의 시간'을 허락해주기도 한다. 박래연의 말을 빌리자면, '쓸데없는 짓'을 할 시간이 늘어나는 것이다.

자기가 자신의 노동을 조절할 수 있고 시간을 마음대로 쓸 수 있는 거? 일을 하든 놀든, 모든 것들이. 그리고 좀 여백이 많은 삶? 너무 빡빡하면 사실 그렇게 자유로울 순 없으니까요. 약간은 빈 듯한, 가진 게 적어야 자유로울 수도 있고……. (중략) 장사도 잘 안 되고, 뭔가 다른 것도 하고 좀 더 재밌는 게 없을까 하며 여기 가까운 게스트하우스 친구들, 사람들을 모아서 이런 거 해보자, 그런 얘기가 나왔어요. 애초에 게스트하우스가 너무 장사가 잘되고 바빴으면…… (못 했겠죠.) 제주도에선 이런 거 '자파리짓'이라고 하거든요. 뭔가 쓸데없는 일. **박래연**

도시에서의 삶처럼 빡빡한, 여백이 없는 삶과 비교했을 때 그녀의 지금 삶에는 빈 공간들이 늘어났다. 기본적으로 거의 매일 밭에서, 혹은 집 마당에서 무말랭이를 만들거나 산에서 고사리를 캐는 등의 일을 하지만, 비가 오거나 장이 서는 날에는 하루가 조금 달라진다. 비가 오면 집에서 바느질이나 그사이 못 했던 집안일을 하고, 동네 친구들을 불러 같이 밥을 만들어 먹거나, 놀러 가기도 한다. 혹은 동네 친구가 운영하는 근처 게스트하우스의 손님을 위한 간이식당을 부엌에 준비한다. 식당에 찾아가려면 버스를 타고 읍내에 나가야 하는 동네 여건상, 그러기가 여의치 않은—주로 혼자 여행하는 여성—손님을 위해 그날그날의 재료로 밥을 만들어 판다. 가격은 자신이 직접 책정한다. '공식적으로' 정해진 시간표가 사라진 그녀의 하루에 다른 규칙들이 들어섰다. 이 하루들은 느슨하고 여유를 허락하는 규칙을 통해, 그날그날 그녀를 경유해 직접 결정되고 조정된다. 그리고 생겨난 여백에는 '자파리짓'이 채워진다.

　그녀가 살고 있는 동네에는 뭍에서 제주도로 내려온 비슷한 나이대의 친구들이 몇몇 있다. 그녀는 게스트하우스를 운영하거나, 잼을 만들어 팔거나, 글을 쓰며 사는 친구들과 장이 서는 날에 함께 작은 벼룩시장을 열고 있다. 수확한 작물이나 바느질해서 만든 소품들을 내다 팔았고, 친구들도 자신이 팔 수 있는 작은 것들을 가져왔다. 박래연은 이를 제주도 방언으로 '쓸데없는 일'을 의미하는 '자파리짓'이라고 했다. 삶이 너무 바쁘고, 장사가 잘되고, 정신없이 살았으면 쓸데없는 일의 모색은 불가능했다. 그 일은 특별히 돈을 벌기 위한 일이라기보다는

'재미'와 '관계'를 위한 일에 가깝다. 이러한 마음 자세로 시작했던 친구들과의 벼룩시장은 알음알음 입소문을 타서, 지금은 인터넷과 잡지들에서도 소개가 될 만큼 알려졌다.

버트런드 러셀Bertrand Russell은 경쾌하게 놀듯이 살아가는 능력으로 이뤄지는 삶의 방식은 '효율성이 숭배되는' 현대사회의 분위기 속에서 금지되어버렸다고 말한다.[87] 도시 주민들에게서 '쾌락'이란, 영화를 보고 운동경기를 관람하고 라디오를 듣는 등 대개가 수동적이고 관조적인 행위로 충족된다. 그 이유는 그들의 능동적 에너지가 완전히 노동에만 쓰이고 있기 때문이다. 사람들이 여유롭게 사용할 수 있는 시간이 많아진다면, 능동적인 역할과 여가로부터의 즐거움을 되찾을 수 있는 기회는 더욱 많아질 것이다.

타율노동에 묶인 육체라는 말은 회사와 공장에서만 유효한 표현은 아니다. 한 사람이 지닌 능동적이고 적극적인 에너지는 노동에서만 발휘되고, 소진되고 방전된 이들에게 여가와 휴식에서까지 쓸 에너지가 남아 있지 않다. 때문에 이 소진된 사람들의 틈새는 소비를 통한 편리한 여가 생활이 채우고 있다. 주중의 노동으로 지친 이들에게 주말은 소비가 특히 집중적으로 이뤄지는 시간이다. 대형 마트에 가서 일주일치 장을 보고 외식을 하는 식의 생활은 식사 준비, 아이와의 놀이 등의 난감함을 줄여주는 '가족 여가'로 의미화되기도 한다.[88] 그렇게 생각하면 돈으로나마 살 수 있는 이러한 여가거리들이 현대인들에게는 매우 고마운 존재가 되기까지 하는 것이다.

이렇게 생각하면 편해요. 여유가 없다면 장사가 잘된다는 거예요. 여유가 많다면 장사가 안 되는 걸 테고. (중략) 전 게스트하우스가 잘되면, 아니 잘된다기보다 유지하게 되면 더 자유롭게 책을 만들어볼 수 있을 거 같긴 해요. 그건 나중에 하고 싶은 책들인데, 예를 들어 통영 마을마다 사는 사람들의 이야기, 그런 것도 잘만 풀어낸다면……. **이영민**

시간에 쫓기지 않을 정도의 여백이 생기면 즐거움과 내적 충만함을 위한 또 다른 모색의 시간이 생겨난다. 그렇기에 당장 그만둬야 할 정도의 커다란 위협이 아니라면 그 편도 그럭저럭 괜찮을 것이라고, 이영민 역시 생각하고 있다. 유지할 정도의 운영이 가능하면서 동시에 시간적 여유가 허락된다면, 그는 지역에서 할 수 있는 다른 일도 궁리하고 있었다. 통영에 사는 사람들의 이야기를 책으로 만드는 일은 어떨까도 싶다. 디자이너인 파트너와 함께 '어떻게든지' 책을 한 권 만들 수는 있을 것이기 때문이다. 물론 이러한 기획들은 게스트하우스가 실패하지 않고 유지 가능하다는 전제에서이긴 하지만, 돈 벌기가 아닌 다른 목적을 위한 노동이라는 측면에서 그에게는 특별한 상상이기도 하다. 그는 자신의 인생에서 늘 심심했으며 그랬기에 친구들과 '재밌는 것'을 찾아다니던 20대 때가 가장 행복했다고 회상한다. 소속되지 않는 자발적 프리터의 삶을 꿈꿨고, 심심하던 그때를 그리워하는 이영민은 통영에서의 새로운 생활의 시작이 그러한 삶을 가능하게 해주리라 기대하는 것 같았다.

이들의 결정은 겉으로 보이는 행동을 통해 실천되는 것뿐 아니라,

내면의 철학적 차원과 결합된 것이기도 하다. 앞으로 원하는 삶의 모습, 미래상에 대한 질문을 했을 때 이준익은 '통합성', '항상성'과 '의식'이라는 단어를 떠올렸다. 한정희와 장현아는 '해방감', '자유로움', '깨지다' 등의 표현을 사용했다.

> 뭔가 재밌고 행복하다고 느끼고, 남 내지 자연에게 피해를 안 주고, 그러면서 주변에서 돌아가는 것에 대해 의식awareness을 가질 수 있는 것. (중략) 좀 더 통합성이나 깊이는 있어야겠다, 생각해요. 제가 이제까지 사고가 통합적이었던 거 같지 않거든요. 항상성을 유지할 만한 철학은 없었던 거 같아요.
>
> **이준익**

> 스스로 그걸(그만두는 선택을) 하고 나왔단 것에 대한 해방감, 그리고 자기를 토닥거려주고 싶은 마음이 있을 거예요. 그게 긍정적 기억으로 자리 잡을 수 있지 않을까…… (중략) 내가 여러 선택을 하는 데 있어서 굉장히 자유롭다는 거죠. 솔직히 즐기고 있어요. 정말 온전히 모든 것을 내가 선택할 수 있는 최초의 시기를 갖게 된 거잖아요. 출근하고 싶으면 하는 거고 안 하고 싶으면 안 하고, 내가 추진하고 있는 책을 더 열심히 하려 공부하고 싶으면 하는 거고 내버려둘 수도 있고. 일단 저는 스스로에서 자유로워졌다는 생각이 들어요. 옛날엔 절 놓아주지 못하는 거예요. 내가 하는 걸 가만두지 못했어요. 스스로 자유를 구속한 거죠.
>
> **한정희**

그 전까지는 적정선에서 하고 싶은 대로 했던 거죠, 그 선을 못 넘어봤던 거예요. 엄마 아빠는 크게 터치하지 않았지만 내 선은 늘 학교, 학원, 이랬던 거죠. 그 이상의 선을 알려준 사람이 없었고, 문제의식이 없었고요. 생각해보니 가장 큰 장점은 문제의식을 갖게 된 거…… (웃음) 이제 정리가 되네요. (중략) 이제까지 자유롭게 살아왔다고 생각했는데, 정해진 틀 안에서만……. 국기에 대한 경례, 이런 걸 한 번도 의심한 적이 없었거든요. 그런데 그게 세뇌당한 상태에서 문제의식 없이 살았던 거구나, 그때 많이 깨지게 된 거 같아요. 그러면서 생각은 깨어 있는데, 현실은 이러니까 돌파해야겠다는 생각을 하고선 (그만두게 되었죠.)　**장현아**

이준익에게 재미와 행복감을 느낄 수 있고, '의식'을 갖고, 해를 입히지 않는 삶의 모습은 '사회적인 것'을 포함하는 바람이다. 단순히 개인적인 욕구나 바람에서 그치는 것이 아니라, 주위를 살피며 그 주변에 대해 깨어 있는 것은 더 넓게 삶을 포괄하는 일이다. '항상성', 일관적으로 행동하고 사고할 수 있는 때는 스스로가 가장 중요하게 여기는 가치가 분명하며 이를 삶으로서 실천할 수 있을 때일 것이다. 그런데 그는 이제까지 '텍스트와 삶을 어떻게 연결할 것인가'에 대한 고민이 부족했었기 때문에 지금 자신이 흔들리고 있는 것 같다고 말하기도 했다.

한정희는 자신이 겪는 지금의 해방감을 자신뿐 아니라 회사에서 스스로 빠져나온 다른 사람들 역시 가질 것이라고 말했다. 해고 등 타의에 의해서가 아닌 스스로의 선택으로 그만둔 사람 중에 '아주 부정적인 감정으로 갈아타는 사람'은 없을 것이라고 말이다. 그녀는 이러한 선택을 그 사람을 오롯이 담고 있는 '철학적인 선택'으로 보기 때문이다. 그녀에게 어떤 조직 안에 '자신을 던지는 것', 즉 수많은 선택 중 하필이면 '그' 일과 직업과 직장을 선택한다는 것은 '엄청난 결정'이기에, 그만둔다는 것 역시 그러하다. 때문에 그녀는 이러한 '철학적 결단'에 대한 만족감과 기대를 동시에 갖고 있었다. 그녀의 서사 속에서는 회사로의 진입과 일, 퇴사 등에서 '자신의 선택'이 갖는 의미가 매우 중요했다는 것이 일관적으로 드러난다. 장현아에게도 퇴사란 자신이 '자유롭다'고 믿어왔던 틀 밖으로의 '탈출'로서, 직장 생활을 통해 스스로 간파한 현실을 직시하고 스스로의 방식으로 이를 '돌파'하며 깨고자 했던 적극적인 행위였다.

다시, 노동을
생각하다

자본주의 사회가 성립되면서 '지루함을 참아내는 능력'은 노동자에게 요구되는 가장 중요한 덕목을 차지하게 되었다.[89] '노동자 됨', '노동자다움'은 선험적으로 주어지는 것이 아니라 사회적 차원에서 규정되는 것이다. 현대사회에서는 엘리트 노동자들의 고임금 일자리조차 세분화된 정신적 분업과 관계되며—이명선은 이에 관해 "되게 공장처럼 일해요. 다른 회사도 다 그럴 거 같긴 해요. 전혀 창의적이지 않은데……"라고 회고했다—이는 단순한 육체적 분업과 마찬가지로 '죽은', 거의 의미가 없는 분업이다. 노동자들 대부분은 육체적 고통과 정신적 단조로움 속에 제한되고, 소수만이 기술과 지식, 전문성을 독점 지배하며 이를 통해 부를 쌓는다.[90]

'신분에서 계약으로'라는 말은 인류의 신분 해방을 뜻하는 동시에, 사람 사이의 관계가 철저히 시장 논리로 구성되고 유지되는 사회의 도래를 의미했다. 이른바 사회적·제도적으로 고용되는 노동계약 사회다. 노동계약 속에서 사람에 대한 관점은 보통의 상품을 사고파는 것과 다를 바가 없어진다.[91] 앤디 메리필드Andy Merrifield는 우리가 우리 스스로와 맺는 관계, 세계 속에서 타인과 맺는 관계를 통합적인 방식으로 전유하는 '감각'을 강조한다. 그에 의하면, 실질적인 자유를 위해서는 노동 분업을 중립·사회화하고, 주기적으로 과업을 바꾸며, 각자의 활동을 다양하게 하고, 이를 통한 정체성을 가질 수 있어야 한다. 자유 시간 혹은 타율노동의 축소를 통해 단일한 활동 자체의 강도와 흐름을 해방시키는 것이다.

현대의 노동 자체에 대한 생각, 그리고 일과 내가 맺는 관계 혹은 그 속에서 사람들과 맺는 관계는 참여자들의 퇴사에 중요한 배경으로 작용했다. 이들에게서는 퇴직 후 노동환경을 새롭게 구축해가는 과정에서 '노동' 관념에 변화가 일어남을 발견할 수 있었다. 계약관계의 피고용인이라는 종속적 자리에서 벗어나, 보다 적극적으로 자신의 노동을 구성하고 시간을 다시 짜게 된 것이다. 참여자들은 과거의 시간을 나름대로 해석하고 복기하는 과정 속에서 노동 관념을 새롭게 구체화시키고 있었다. 먼저 '자율권', 주체성의 측면에서 생각이 시작된다.

주체성, 내가 얼마나 주인 의식을 갖고 할 수 있느냐. (중략) 월급을 받고 남이 시키는 일을 하고, 이런 게 되게 비주체적인 삶이고 자존감이 떨어지는 삶이다, 라고 생각했죠. 남이 시키니까 억지로 어떻게든 해서 보고 하고, 퇴근 시간 기다렸다 가고, 아침에 시간 맞춰서 꼬박꼬박 출근해야 되고, 이런 게 속박으로 받아들여졌던 거죠. 윤재훈

앞으로는 조직이나 그런 것보다 1인 기업이 많아질 것이다, 자기 자신의 일을 가꾸는 것이 중요할 것이다, 어느 조직에 있더라도 전 그런 다짐과 마음가짐을 갖고 일하는 게 중요하다고 생각해요. 〈미생〉이 조직 문화와 조직의 일에서 자기 삶의 굉장히 많은 원천을 얻어내고 있지만, 사장 마음에 안 들면 바로 잘릴 수 있잖아요. 자기가 헌신한다고 조직도 나에게 헌신하는 건 아니죠. 우리가 계약서를 쓰고 들어가는 거지, 그런 식으로 마음을 갖고 생각하는 게……. 그게 원래 자본주의에서 기업이 갖고 있는 속성인 것 같고요. 이동진

조직에서의 경험은, 전 필요한 거 같아요. 일이 재밌으면 전 계속 (회사 생활을) 할 수 있었을 거예요. 그런데 주체가 본인이 아니기 때문에……. 내가 하고 싶은 일만 한다면 계속 다닐 수 있죠. 사실 ○○○(협동조합 모임) 같은 것도 회사라면 회사니까요. 우리가 계속 하고 싶은 일을 할 수 있으면 되는데, 회사라는 조직은 그렇지 않으니까요. 그래서 젊은 사람들이 창업을 많이 하나 봐요. 똑똑한 거죠. 다시 작은 규모로 갈 수밖에 없는 거 같아요. 이명선

노동자들은 대부분 해고되지 않기 위해서 '눈치를 봐야' 하는 수동적이고 소극적인 위치에 놓일 수밖에 없다. 조직에 많은 기여와 희생을 하고 만족을 얻더라도, 자칫 잘못해 고용주 눈 밖에 나기라도 하면 내 자리는 장담할 수 없다. 이러한 불평등하고 또한 주체성이 떨어지는 구조에서 탈피하기 위해 노동자들은 1인 기업, 창업 등으로 눈을 돌리기도 한다.

하지만 그러한 1인 사업이나 창업들 역시 이제는 좋은 대안이 되어주지 못한다. 포털 사이트에서 '자영업'을 검색했더니, '자영업자의 몰락'이 연관 검색어로 떴다. 모든 직장인의 퇴직 후 사업은 '기승전-치킨집'으로 이어진다는 말은 농담만은 아니다. 그렇게 베이비붐 세대들은 은퇴 후 생계 수단을 치킨집, 커피전문점 등의 창업으로 모색하지만 치킨집 5곳 중 4곳은 창업 후 10년 이내 문을 닫거나 휴업하며[92] 파산을 겪은 50대 자영업자가 2명 중 1명꼴이다. 음식점 등의 생계형 창업뿐 아니라 자신의 기술을 갖고서 창업하는 과학·기술형 창업도 5년 뒤까지 살아남을 확률은 33퍼센트에 불과하며, 한국에서 청년들이 창업에 도전하는 것은 "남은 인생을 걸어야 할 만큼 위험천만한 일"임이 조언된다. 한 번만 실패해도 그 후유증을 극복하고 다시 도전하기가 매우 어렵기 때문이다.* 이렇게 창업의 악조건 속에서도, 젊은 층은 여전히

---

*   실제로 아래의 방송 기사에 따르면, 창업과 관련해 한 특허법 교수는 "지금 한국에서 청년에게 창업을 권하는 것은 펴질지 안 펴질지 모르는 낙하산을 메고 벼랑에서 뛰어내리라고 등을 떠미는 것과 같다"라고 경고했다(한국서 창업은 왜 위험한 도박이 되었나?, KBS, 2015년 1월 22일).

'자기 일'이라는 창업에 의미와 기대를 두고 있다.

물론 젊은 층이 갖는 창업에 대한 상은 커피전문점과 치킨·호프집의 창업과는 다른 더 다양한 맥락이 있을 것이다. 협동조합이나 사회적 기업 등의 형태도 여기에 속한다. 이명선은 이에 대해 주체성과 주인 의식을 갖기 어려운 자본주의 사회와 기업의 맥락을 지적한다. 자신이 주체일 수 없는 직장에서의 타율성과, 협동조합원이나 창업주로서의 주체성이 여기서 비교된다. 그녀가 보기에 한국의 창업 열풍은, 기업에 고용된 방식으로는 주체성과 안정성 모두 담보할 수 없는 현실에서 개개인의 '자신의 일'과 관련된 욕구가 반영된 결과다. 열패감과 무력감이 쌓이고 한편에서는 회사에 고용된다고 하더라도 미래를 보장받을 수 없는 사회 속에서 청년들이 찾게 되는 새로운 노동 돌파구라는 것이다.

그녀는 "기업의 이윤 창출은 목적이 아닌 결과"라는 전 기업인이자 정치인인 안철수의 말*에 공감을 표했다. 그동안 흔히 기업은 이윤 추구를 위한 조직이므로, 그 목표 아래 많은 것들이 '당연히' 희생될 수밖에 없다는 생각은 일반화되었다. 기업 입장에서뿐 아니라 많은 피고용인들 역시 그런 생각을 내면화해왔다. 그런데 사실은 기업의 이윤은 노동자들이 생활을 지속할 수 있도록 하는 일종의 '수단'이라는 것이

---

* 안철수는 과거에 백신업체를 국내 최대 보안업체로 성장시키는 과정에서 "항상 염두에 둔 것은 기업이란 한 사람이 할 수 없는 의미 있는 일을 여러 사람이 함께 이뤄 간다는 것이었고, 이윤 창출은 비즈니스의 목적이 아니라 결과였다"라고 언급했다 (안철수 석좌교수 "이윤 창출은 비즈니스의 목적 아닌 결과", 파이낸셜 뉴스, 2008년 11월 12일).

다. 그러면서 이명선은 몇 년 전부터 언론을 통해 소개되면서 '직장인들 사이에서 센세이션을 일으켰던' J기업의 사례를 들었다. 이 기업은 사원들에 대한 복지와 사회 기여, 그리고 자유롭고 열린 기업 문화를 갖고 있어 '신의 직장'이라 불리는데, 그녀는 그곳에서 직원을 '공동체원'이라 칭하는 것이 굉장히 놀라웠다고 했다. J기업이 유명해지던 때는 그녀가 협동조합 등에 관심을 가질 즈음이라 '한국에도 이런 회사가 있어서 다행이다'라고 생각했다.

그런 고민을 하면서 최근 협동조합 준비 모임에서 읽는 책이라며, 《메이커스: 새로운 수요를 만드는 사람들》을 꺼내 보여줬다. 앞으로는 정보가 공유되고 온라인에 이어 오프라인까지 정보가 개방되므로 오픈 소스, 오픈 플랫폼, 오픈 하드웨어 등을 통해 누구나 '만드는 사람들'이 될 수 있고, 그러한 '만드는 사람들'이 중요해진다는 메시지를 담은 책이었다. 그녀가 협동조합으로 하고 싶은 일은 궁극적으로는 '만드는 사람들'이 많아지는 것이었다.

> 회사에서는 그냥 진짜 노동을 했다고 하면, 그러니까 나를 팔았다면 지금은 놀이를 하고 있는 거죠. 일례로 지난주가 휴가였는데 평상시처럼 카페 나와서 활동했거든요. 휴가라는 건 일을 빡세게 하기 때문에 그에 대한 보상으로 쉬자, 이런 개념이라면 지금 저한테는 그 휴가가 필요하지 않은 시기인 거 같아요.
>
> 윤재훈

윤재훈의 삶에 대한 태도와 생각의 전환은 삶을 '편안하게' 만들었을 뿐 아니라, 필요한 만큼만 일할 수 있는 자유로움을 줬으며, 자신의 노동에 대한 기쁨을 줬다. 일거리가 많아 바쁘고 고민거리들이 많아도 그것이 고통스러운 일로 생각되지 않고, 자신이 맡은 '과제'들로 여겨졌다. 그렇게 바쁘게 지내다가도 잠깐 짬이 날 때면, '재미가 없어' 심심하다는 생각마저 들었다. 그러면서 그는 자신이 이 일을 놀이 삼아 하고 있다는 것을 알게 되었다.

그에게 일이 삶을 짓밟히면서까지 견디는 불가피한 행위가 아니라 심지어 기쁨과 재미를 주는 존재가 된 데에는, 그가 가진 노동이란 개념이 변화한 것이 중요하게 작용했다. 그와의 대화 속에서 '나를 파는' 것은 '노동'으로, 지금의 협동조합원으로서의 카페 일은 '활동'으로 개념화되고 있었다. 다시 말해 이는 타율적 (임금)노동'과, 자율적이며 자활적인 '활동'으로 구분해볼 수 있다.

요리하기, 청소하기, 빨래하기 등은 단순히 노동력 재생산을 위한 평면적 필요노동이기만 한 것은 아니다. 이러한 자활自活적 활동들이 다만 내일의 노동을 위한 '부수적 노동'으로만 자리매김되는 것은 타율적 임금노동이 그 무엇보다도 압도적인 삶 속에서다. 그 각각의 행위 자체가 한 사람을 인간답게 유지시키는 유의미한 활동으로 존중될 수가 없는 것이다. 그러나 이 활동들이 한 사람의 생물학적 재생산뿐 아니라 정신적으로 풍요로운 생활에 기여하는 자활적 행위란 말에 우리는 동의할 수 있을 것이다. 먹을 것을 만들고 내 주변을 스스로 정리하는 행위들은 한 사람을 '사람답게' 만드는 핵심적이고 소중한 노동 중 하나이기 때문이다.

자본주의 사회에서 화폐가 순환하지 않는 생활은 사실상 불가능하다. 하지만 윤재훈 등이 시도하고 있는 것은 화폐 생산을 위한 타율노동의 범주를 최대한 자율적이고 자활의 성격을 띠는 노동의 범주와 일치시키는 것이었다. 곧 현 노동사회에서 개인의 삶의 영역이 타율노동으로 점철되고, 그 개인의 모든 의미와 욕구가 타율노동 아래 지배·축소됨을 막고자 하는 것이다.

이러한 개념을 통해 윤재훈의 '일/노동'을 이해한다면, 현재 카페 공동 주인으로서 음식을 만들고 모임을 기획하는 등 여러 구상을 하는 '활동'은 화폐 마련 노동인 동시에, 스스로의 생존·유지를 위한 바탕을 마련하는 자활적인 노동, 그리고 적극적인 자율의 성격을 띤다.* 또한 이는 재미를 주는 '놀이'와도 연결된다. 스스로 앞으로 하고 싶은 혹은 할 일을 결정·조직하며 구상하는 일은 놀이와 같은 즐거움이며 여가와 같은 것이기도 하다. 이는 일중독의 '일work'과는 다른 성격의 일일 것

---

* 정치생태학자이자 노동이론가인 앙드레 고르는 세 가지 차원의 노동을 개념화했다. 1)타율노동(Heteronomous work), 외부로부터 명명되고 사회적으로 요구되는, 경제적 이성에 기반을 둔 노동이다. 2)자활노동(Work-for-oneself), 필요노동이지만 타율노동이 아닌, 자기 유지를 위해 필수적인 생활 기반의 노동으로, 가사 노동 등이 여기에 속한다. 3)자율활동(Autonomous activity), 개인적인 욕구와 일치되며 자기 스스로 정한 노동이다. 이 중 가장 그 개인의 주체성과 자율성이 두드러질 수 있는 '자율활동'은, 자신의 가치와 의미를 실현시킬 수 있는 성격을 띠며 스스로에 의해서 기획되고 결정되며 실행되는, 적극적인 노동이다. 세 범주의 노동은 서로 엄격히 구분된다고 보기는 어렵다. 그러나 자활노동/자율활동은 타율노동과 구분되는데, 둘 사이를 가장 엄격하게 단절시키는 것은 자활노동/자율활동은 그 사람에 의해 스스로 정의·조직되는 성격을 지닌다는 점이다(Gorz, 1985: 62-63; 문순홍, 2001: 235; Little, 1996: 122-123).

이다.

　자활적이며 동시에 자율적인 성격이 섞인 노동의 모습은 박래연과의 대화에서도 드러난다. 그녀는 퇴사 후 '앞으로 내가 할 수 있는 일에 어떤 것이 있을지' 생각하면서, 바느질이나 만들기 등 손으로 하는 일에 흥미와 적성이 있다는 것을 떠올렸다. 그렇지만 그러한 일들은 '꼭 필요한 것이 아닌 잉여 같은 느낌'이 들었다. 스콧 니어링 부부의 《조화로운 삶》 등의 책을 보면서 자급자족하며 농사를 짓고 자연스럽게 죽는 일련의 과정들에서 영감을 얻기도 했었던 그녀는, 기호품이나 잉여 영역의 일이 아니라 사람의 생존에 꼭 필요한 품목이라는 점에서 농사일이 마음에 들었다. 또한 농부로 살면 하루의 날씨나 계절 변화를 온몸으로 느낄 수 있고, 맛있는 것을 직접 키워 먹는 뿌듯함도 얻을 수 있을 것 같았다. 그리고 이를 통해 사람들과 관계 맺고, 작물을 판매해 생활할 수 있는 삶에 매력이 느껴졌고, 그것이 '정직하게 땀 흘려' 먹고살 수 있는 삶의 모습 같았다. 농사는 직장 생활과 다르게 육체가 허락하는 한 계속해서 할 수 있는 일, 나이가 들면서 노하우가 생기는 것은 물론이며 '하면 할수록 더 알게 되는 일'로 느껴졌다. 회사에서처럼 내 에너지를 빼앗기고 결국은 소진되는 일이 아니라, 할수록 습득하는 것들이 생기며 그 일에 대해 더 잘 알게 되는 일이 농사라고 생각된 것이다.

　막상 살아보니까 여유롭기도 하지만 한편 시골 생활이라는 건 엄청 부지런해야 하는 거, 쉴 새 없이. 그렇지만 그게 자율활동이기 때문에 덜 하기 싫은 건 있어요. 도시에 있다 보면, 안 그런 일을 할 수도 있지만,

조직 생활을 하고 시켜서 하는 일이 많잖아요. 자의보단 타의가 많은데, 해야 되니까 하고. 농사에도 해야 돼서 하는 것도 있지만, 아무리 일을 많이 해도 이건 내가 하고 싶어서 하는 거고. (중략) 농사도 어떻게 보면 농사에 나를 맞추는 거고, 철마다 해야 되면 일을 더 많이 하기도 하고. 근데 어쨌거나 내 선택에서 한다는, 내가 하고 싶어서, 계획해서 한다는 자기 주도적인 거? 정말 여차하면, 하기 싫을 땐 안 할 수도 있는 거고. 농사 관련된 잡무가 많긴 하지만, 회사 생활에는 조직 생활이 가지는 부대적인 일들이 많은데 그런 거 안 하고, 그냥 하고 싶은 일들을 할 수 있고. **박래연**

받은 '돈값'을 해야 하고 철야와 야근 등 이미 정해진 일정과 상황에 따라가듯이 나를 맞춰야 하는 직장 생활. 농사는 이런 생활과 확연히 다른 일이다. 물론 농사일에도 철마다 해야 할 일과 시간을 지켜야 하는 고된 일들이 있다. 때에 맞춰 밭을 솎아주고, 돌봐주지 않으면 작물이 썩어버리거나 아무것도 수확할 수 없다. 그 어떤 일 못지않게 엄격한 시간 감각과 갖가지 규칙을 요하는 일이다. 하지만 그녀에게 농사는 계절과 날씨 같은 자연의 순환이라는 커다란 틀 속에서 직접 계획을 세우고 시간 배분을 하는, '자기 주도적'인 삶을 꾸릴 수 있는 것이었다. 회사에서 정해진 데드라인, 마감과 같은 인위적인 시간관념이 아닌 계절의 시간표에 따라 생활하는 것은 그녀의 삶을 한결 자연스럽게 해줬다. 조직 안에서 위계질서의 지배를 받지 않는 생활도 자유로움을 느끼게 했다. 농사에서 '해야만 하는' 갖가지 일들도 자신을 살리는, 하고 싶은 자활노동·자율활동이라는 점 덕에 견딜 수 있고, 또한 즐거울 수 있다.

　도시의 현대인들에게 농사일은 지루하고 고된 육체노동의 반복으로 보인다. 현대를 사는 사람들의 일 양상이 그 어느 때보다도 복잡하고 다양해졌기 때문인데, 어쩌면 이로 인한 재미와 즐거움의 종류도 과거에 비해 다채로워졌다고 생각하기 쉽다. 그런데 정말 그럴까? 오히려 우리들은 누구도 생각하지 못한 새로운 것, 어디서도 만들지 않았던 것을 기획하고, 누가 실현하지 못한 것을 이루며, 사회적 성취와 명예를 가져다줄 수 있는 그런 것들에서만 '재미'를 찾게 된 것은 아닐까? 그럼으로써 사람들의 삶은 정말 '다양'해졌을까? 어쩌면 우리는 이제 치열한 활동성이나 빠른 속도의 영역이 아닌 다른 종류의 재미에 대해서는 완전히 무지해져버린 것은 아닐까?

　위의 참여자들의 다양한 노동/일 개념과 관련하여, 아래 이경일의 생각은 함께 참고할 만하다. 그에게 있어 '일' 개념은 타율노동 그리고 자활노동/자율활동으로 분명하게 나눠져 있다.

　어차피 경제활동은 철저하게 경제활동으로만 보기 때문에, 그래서 아까 말한 ○○○(생협)도 저한테는 일이 아니었어요. 두물머리에서 환경 관련된 활동을 했는데, 그건 저한테는 '일'이에요. 일을 했죠, 돈은 못 벌었지만. 〔아, 철저히 그게 구분되어 있네요?〕 경제활동하고 일하고는 완전히 다르다고 생각해요. 이런 일들은 개인적으로 재밌고 의미 있는 일이고, 경제활동은 조만간 해야 돼요. **이경일**

그가 갖는 '일'에 대한 개념은 대부분의 사람들과 달랐다. 그가 말하는 '일'은 임금노동이 아닌, 빨래·요리·자전거 타기·산책·독서 등 화폐가 개입되지 않을 뿐, 그의 생존과 생활에 필요한 조건들에 시간을 투자하는 행위다.

그는 아무리 자신이 좋아하는 일을 하더라도 중간에 화폐가 개입되면 그 노동의 성질이 바뀌기에, 더 이상 즐거운 일이 아닌 '골치 아픈 것'이 된다고 말했다. 노동에 화폐가 왔다 갔다 하면 성격이 달라지기 때문이다. 그래서 친구에게 주문받은 탁자를 만들 때 내 임금을 얼마로 책정해야 하는가를 고민하는 것으로 골치 아프기보다 차라리 그 탁자를 선물로 주는 것이 마음 편하다고 한다. 자기가 살 집을 짓거나 밥을 만들어 먹으면 화폐가 오가지 않고, 스스로 한 일이기에 아쉬운 부분이 있더라도 별문제가 되지 않는다. 그런데 이에 화폐가 개입되는 순간 "내가 6,000원 주고 밥을 먹는데 밥이 이따위냐?" 등 그 노동에 대한 평가와 비난의 소리가 가능해진다는 것이다. 화폐경제 시스템 속에서, 슈퍼마켓에서 물건을 사는 일은 '깔끔'하다. 이미 정해진 가격이 있기 때문이다. 그러나 그에게 있어서 내가 내 노동을 평가하고 화폐로 책정해야 하는 것은 많은 고민과 '번거로움'을 동반하는 일이었다.

그에게 '타율노동(경제활동)'은 어쨌든 싫더라도, 화폐를 마련해 생활의 필요를 충족시키기 위해 해야 하는 것이다. 반면 요리·산책·빨래·청소 등의 '자활노동' 그리고 생태주의 활동을 하고, 4대강에 반대하는 투쟁에 참여하는 '일'은 자신의 삶의 의미와 가치 실현을 위해 기꺼이 즐겨 하는 '자율활동'이다. 이처럼 참여자들에게 있어서 자율활동 그리고 자활노동은 자신의 욕구와 의미 부여, 주체적이고 자발적인 활동, '놀이'로서의 즐거움, 자유로움 등을 포함한 행위다.

한정희는 조금 다른 측면에서 노동의 '자율성'을 찾고자 시도했다. 잡지사를 그만두고서 그녀가 다음 단계로 정한 것은 1인 출판사다. 이 과정에서도 D잡지사에 들어갔던 때와 비슷한 일종의 '협상'이 있었다. 퇴사 후 몇 년간 아프리카에 다녀온 여행기를 책으로 내기 위해 만난 출판사의 대표가 임프린트 출판사 운영을 제안했다. 공교롭게도 그 시기는 그녀가 다른 잡지사들의 기자직 '콜'을 받고 다시 잡지계로 돌아갈까 고민하던 끝에 거절한 때였다.

그녀는 그 제안을 통상적인 임프린트사와는 조금 다른 조건으로 역제안했다. 보통 임프린트사는 모회사에 소속된 자회사와 비슷한 개념으로서, 임프린트사 사장은 월급을 받고 일한다. 그렇지만 한정희는 이전처럼 피고용자로서, 월급과 이에 따른 이윤 압박을 함께 받는 식이 아니라 다만 자유롭게 일하고 싶었다. 그래서 자신이 원하는 책을 내며 프리랜서에 가까운 형식으로 자율성을 갖고 일할 수 있는 1인 출판사의 형태로 계약했다. 안정적인 수입보다는 더 많은 자유를 누릴 수 있는 삶을 택하고자 한 것이다.

그렇게 해서 체결한 계약의 내용은 이러했다. 회사마다 다르지만, 보통의 임프린트 출판사 사장은 월급을 받으면서 동시에 수익의 30퍼센트를 받는 식이라고 한다. 그런데 자신은 월급 없이 1인 출판사처럼 자유롭게 운영하는 대신 책의 수익이 나면 이것의 70퍼센트를 갖기로 한 것이다. 나와 만났을 때, 그녀는 그해 두 권의 책을 내는 것을 목표로 하고 있었다.

> 어차피 내가 원하는 건 경제적 부, 그런 게 아니니까. 그런데 내려놓는
> 데는 시간이 많이 걸릴 거 같아요. 누가 봐도 '돈 좀 벌겠는데' 이런 일
> 이 아니니까. 남편도 저도, 적게 벌고 소비를 최소한으로 줄이면서 좋아
> 하는 일을 하며 살아가겠다, 생각해요. **한정희**

현재 한정희는 경기도 인근에서 남편과 살고 있으며, 여행 중 섬에
서 생활하면서 직접 만드는 '기술'의 중요성을 깨닫게 되었다. 현지인
들이 자신의 집 뒷산에서 과일을 따 먹고, 농사를 지으며, 직접 집을 짓
고 사는 것을 보고 어딘가/누군가에 의해 생계를 유지하는 것이 아니라
스스로 생계를 책임지고, 재생산할 수 있는 '생활의 기술'이 필요하다
고 생각했다. 그래서 귀국 후에 남편은 목공 기술을, 그녀는 텃밭을 일
구거나 바리스타 기술을 배우려는 등의 계획을 갖고 있었다. 지금의 그
녀에게는 경제적 안정 대신 자율성과 주체성이 보장되는 일이 가장 중
요한 것 같아 보였다. 출판사를 통해 돈을 많이 벌지 못할 것을 대비해,
생계를 위한 기고 등 남편과 함께 프리랜서 일을 병행한다.

이렇듯 참여자들은 일반적으로 직장에 의존하며 주식투자 등으로
가진 돈을 최대한 부풀려야 하는 기존의 노동 세계와는 다르게 살고 있
다. 즉, '돈이 돈을 버는 경제'를 벗어나 자활적·자율적 성격이 짙은 노
동, 그리고 자신이 직접 '기술'을 습득하는 것을 통해 경제활동을 꾸려
나가고자 한다.

살펴본 바와 같이, 이명선과 윤재훈의 경우 협동조합이라는 공동체적인 형태를 자신의 현재에 적용하거나 미래에 투사하고 있다. 이를 통해 자신만을 위한 노동이 아니라 관계성을 지향하며, 나아가 타인과 함께할 수 있는 공통 지대로서의 '사회적인 것the social'을 만들어낼 행위로, 그 반경과 '협력 기술'을 확장해나가고 있다.

나는 이 대화들을 통해 절대적 노동의 양이나 강도가 아닌 자신에게 그 일이 갖는 의미나 태도가 결정적으로 노동의 성격을 특징짓는다는 사실을 알게 되었다. 이들은 공통적으로 주체성을 발휘하는 일이면서(주체적), 재미와 즐거움을 얻을 수 있으며(유희적), 가치·의미가 있는(사회적) 노동을 앞으로 자신이 바라는 노동의 모습으로 꼽는다.

사실 참여자들이 새롭게 시작한 활동가, 농부 등의 삶은 결코 노동의 절대량이 적지 않다. 먼저 농사일은 육체적인 중노동이다. 그리고 이준익과 김윤진이 언급한 대로 시민사회운동 진영은 열악한 노동환경을 가진 직업 중 하나로, 넉넉하지 않은 재원과 낮은 임금, 충분하지 않은 인원으로 인해 한 사람에게 많은 노동이 집중되기도 한다. 그렇기에 시간적 여유를 확보하고자 했던 이준익에게 이것은 질리게 결별하고 나온 과잉 노동과 다시금 만나게 되는 경험이었을지도 모른다. 그럼에도 이 노동이 그들에게 '다른 노동'이 될 수 있던 이유는 이전보다 가치 있는 일의 모습을 찾을 수 있었기 때문이다.

통상적 노동 세계에서는 자활노동, 자율활동, 타율노동(임금노동)은 모두 분절되어 있다. 자활노동과 자율활동은 타율노동 아래 잠식되어 그 위치를 점유하고 있기조차 어렵다. 타율노동을 위해 다른 것들은 무시되고 최소화하며 아웃소싱되어야 한다. 직장 생활과 취미 생활, 봉사활동, 가사 노동, 육아, 휴식 등 '파편화'되어 있는 활동들로 인해 개인의 삶은 그 통합성을 이루기가 힘들다. 참여자들이 갖는 노동에 대한 바람은 이 여러 행위들이 총체적으로 이뤄지는 모습과, 한 개인의 삶속에서 연속성을 지닐 수 있는 시간의 형상을 하고 있다.

'변주'와 '탈주' 사이

이제껏 나는 11명의 인물들의 삶을 역추적하며 직장-이탈 서사부터, 이후의 삶을 모색하는 월경越境에 이르기까지의 세밀화를 그려보고자 시도했다. 그들이 지닌 개성적·주체적 성향은 퇴사 과정에서 특히 부각되었다. 부모에게 손 벌리지 않겠다는 독립심과 홀로서기의 욕구, 사회적 성공과는 상관없이 나만의 길을 가겠다는 의지, 부모로부터의 허락이 아닌 '통보'(윤재훈)였던 결혼이나, 혼자 살게 되더라도 원하는 삶을 선택하기를 주저하지 않는(박래연) 등의 면면에서 엿보인 '자기 됨'에 대한 강렬한 열망을, 그들은 노동의 영역에서도 지켜갈 수 있기를 바랐다.

하지만 실제로 직장 생활에서 경험한 것은—'배신'이라고 표현한 한 참여자의 말처럼—그 의미와 자아실현을 결코 상호 공존시킬 수 없다는 사실이었다. 실제로 대기업과 글로벌 기업이든 잡지사와 복합문화공간이든 자본 논리에 따라서 고용된 노동자들이 일렬종대로 움직여야 하는 상황은 별반 다르지 않다. 두 유형의 노동 공간은 표면적으로 상당히 다른 가치들이 지배하는 공간으로 보이지만, 사실상 참여자들의 경험에 비춰 볼 때 비슷한 가치가 '조금 다른 방식으로' 발현되고 있는 것이다.

개인의 몰락과 강화

신자유주의적인 특성을 반영하는 노동 질서는, 1990년대의 청년기 경험을 '자존감'으로 지닌 이들의 직장 생활 속에서 어떻게 어긋남의 지점이 만들어지는지를 보여준다. 이윤이라는 절대 논리 아래 가치도 열정도 도구로 변환되기는 너무 쉽고, 이러한 전면적 통제 하에서 개인이 여러 불안을 잘 조율해 관리하기란 매우 어렵다. 때문에 노동에 대한 고민은 중점적으로 들어설 수밖에 없었다. 회사에서 이들의 '자기 됨'이란 잠시 숨죽여야 하는 것, 분리시켜야 하는 것, 무시되어야 하는 것이다. '나'는 없고, '삶'도 없고, 그렇게 노동만이 남았었다.

그 속에서 참여자들은 한 명 한 명의 자존심과 의견, 취향과 주장을 가진 개인으로서의 개성을 탈색시키고 조직이 정한 원칙대로 중간을 유지하며 적당히 일하다가 어느 정도 시기가 되면 알아서 대오에서 떨어져 나오는, 그런 수동적 일꾼이 되기를 요청받았다. 내 불만을 제기하거나 색다른 아이디어를 제안하는 식으로 '굳이 튀지' 않으면서 조직 내의 부분이 되어, 다른 누군가를 구하려고 노력하지도 않으면서 살아남을 방법을 강구하며 버티기. 그것이 이 시대 가장 현명한 직장인의 처세다. 이들이 가장 지키고 싶던, 각각의 '개인성'에게는 평준화 주문이 들어왔다.

그런데 한편으로 이러한 과정은 '개인 됨의 강화'로 이어지는 수순이기도 했다. 즉, 1인 기업적인 면에서의 '개인' 됨에 한해서는, 억압이 아닌 강조가 청해진다. 일터는 노동자들 간의 협력이 점점 어려워지는 환경으로 재편되고 있다. 이는 다만 노동 작업장 내에서의 변화만으로 볼 수 없다. 기업은, 공장은, 학교는 우리 사회의 축소판이다. 이 사회는 곳곳에 각자를 서로를 향한 '저격수'가 되도록 배치하고, 결과적으로는 좀 더 힘겨운 세상이 되는 데 각자의 개인성과 노동이 기여하도록 만들고 있다. 직장에서 널리 쓰이는 능력주의, 성과주의에서 승리하기 위해서는, 강력한 기업가적 주체로서의 1인으로 성장해야 한다. 그러한, 완전한 '개인'이 되어야만 한다.

"필자님. 죄송하지만 과연 당신이 지금 겪고 있는 일들이 사회가 잘못되고 부당해서일까요, 아니면 다른 이들만큼 노력을 안 했기 때문일까요. 무언가를 생산하기 위해 정말 힘들게 몸을 써서 노력하고, 또 남에게 서비스하기 위해 자신의 감정을 삭이고 일하는 사람 많이 있습니다. 그리고 필자님이 받는 대학의 시간당 강사료 5만 원은, 그 사람들이 낸

세금이 정부로 그리고 다시 대학으로 가서 필자님이 받게 된 겁니다. **세상이 부당하고 잘못될 수 있습니다. 하지만 그렇게 말하기 전에 우리는 자신을 돌아봐야 합니다."**[*]

위의 글은 2014년, 온라인 커뮤니티에 연재된 〈나는 지방대 시간강사다〉라는 글에 달린 댓글 중 하나다. 지방대학을 나온 시간강사가 한국 학계에 만연한 대학원생, 시간강사에 대한 부당한 대우와 착취 등 한국 사회의 구조적 문제를 풀어 쓴 이 연재물에 달린 댓글들 중에는 이러한 '자격론'이 적지 않았던 것이다. 고통받고 있다고 말하기 위해, 비판하기 위해, 이제는 그 '자격'부터 얻고 봐야 한다는 것인데, 나는 이 댓글이 매우 암시적이라고 느낀다.

혜택받은 소수가 아닌 '평범한' 다수가 갖는 '분노와 계급의식'을 둘러싼 프레임은 어느 순간부터 미묘하게 달라진 듯하다. 제로섬 게임판 위에서 이미 파이는 정해져 있다. 문제는 누가, 더 빨리, 효과적으로 차지하느냐다. 파이를 차지하기 위한 경쟁을 하려면, 구조를 탓하기 전에 너 자신을 먼저 돌아보라는 조언이 '정당하게' 선행한다. "노력하지 않은 자, 비판도 말라", "회사도 문제지만 노조도 문제"라고……. 어디서부터 잘못된 것일까? 신자유주의의 '사회화'는 상당 부분 성공한 듯하다. 징징대지 말고 묵묵히 네 일을 하라는, 일단 네 발등 불부터 끄고

---

[*] 잉여인간, 〈루저가 싸우기 위한 자격, "스펙이나 가지고 비판해라"〉, 웹진《ㅍㅍㅅㅅ》(2015년 1월 23일)에서 재인용(볼드체는 저자가 강조하는 부분).

보라는, 너 자신만이 너를 돌볼 뿐이라는.

구조 속에서 무력한 개개인이 느끼는 피해 의식과 분노는, 착취자들과 그들이 만든 구조를 향하는 것이 아니라, 자신보다도 더 '노력하지 않은 (것 같아 보이는)', '(사회에서 요구되는) 충분한 자격을 갖추지 않은' 이들에게로 향하고 있다. 그런데 이것은 기업이, 정부가, 지배자들이 사회적 약자들에게 하던 얘기가 아니었던가? '일하지 않는 자, 먹지도 말라'고, 복지국가가 되면 사람들은 나태해질 것이라고, 일단 스펙을 갖추라고, 행복해지기 위해서는 이기기 위해 너희끼리 먼저 짓밟으라고, 냉철하고 이성적인 적자생존 논리를 익히라고. 이제는 점점 그것이 이 시대 새로운 평등 지표로 다시 쓰이고 있는 것 같다. 그러면서 해법은 "바보야, 문제는 너야!"라는, 사회문제의 개인화로 기묘하게 귀결되고 있다. 취업이 안 되는 것도 덜 노력한 너의 탓, 결혼 못 하는 것도 이기적인 너의 탓. 이제 그런 문법을 평범한 시민들이 반복하고 있는 것이다.

누군가 '불평등하게' 많이 가져서는 안 된다는 피해 의식, '일단 피땀 나는 노력을 하라'는 자기계발의 준엄한 꾸짖음이 바로 신자유주의 재사회화의 결실인 내면화된 '공정거래 의식'으로 표출되고 있는 듯하다. 그런데 그 '공정성'이란 무엇인가? 이것이 문제인데, 이 공정함은 지금의 통치 체제가 가장 원하는 방식의 공정함이라는 점이다. 완벽히 '잘 팔릴 수' 있는 자기계발적 개인으로 자본화되어, 성과주의로 무장한 채 사회로 내던져지는 젊은 세대들이 구조에 저항한다는 것은 어려운 일이다. 그 구조 속에서 구조를 역행하는 다른 존재가 된다는 것은 매우 힘든 일이다.

지금 우리의 시대, 그렇게 개인 각각의 개성과 존엄성은 몰락하는 가운데 각 개인들의 '개인 됨'은 치열하게 강화되고 있다.

연결 속의
주체

그런 가운데 내가 만난 참여자들은 이런 모순적 삶으로부터 벗어나고자 시도한 사람들이었다. 그리고 회사에 의해서가 아닌, 스스로 회사에서 떨어져 나온 이탈자이자 구조로부터의 '적극적 낙오자'였다.[93] 이들은 회사의 의도를 잘 간파하며 판단하고 있다. 때문에 해고 등 그들에게 주어질 잠재적 위협을 인지하면서, 직장 생활을 삶의 지속 가능성 측면에서 비관적으로 보았던 것이다. 이는 노동자의 다양한 생존 방식 중 한 유형이라 볼 수 있을 텐데, 내가 주목한 것은 이들이 자신의 위치를 회사에서의 '생존자'가 아닌 외부로의 '이탈자 됨'으로 바꾸는 이동 고리였다. 날카롭고 객관화된 현실 판단, 무의미한 희망을 걸지 않는 냉소, 합리적이면서 윤리에 입각한 판단은 적극적인 행위와 만나 구조로부터의 이탈이라는 방식으로 나타났다. 그 공간을 떨쳐버리는 방식으로 자신이 가진 두려움에서 탈피하고자 한 것이다. 나는 이로부터 노동사회에서 맺는 파괴적 관계를 타파하기 위한 실마리를 발견할 수 있기를 기대했다.

직접 만나 살펴본 참여자들의 '전환 이후'는 똑같은 형식으로 이어지지 않았다. 다만 개인의 취향과 생활 방식의 변형만이 아닌, 삶 전반에 이르는 전환을 기약할 수 있는 근본적인 가능성을 타진하는데, 이에 대해 고민하는 것은 중요한 과정이었다.

참여자들은 오랫동안 관계를 맺어왔던 준거집단, 즉 문제의식에 공명하는 이들과의 꾸준한 만남과 대화를 통해 '우리 됨'을 모색하고 있었다. 그 서사 속에서는 나에 대해 이야기하면서도 타인이 등장했다. 그들이 발화하는 생활과 미래의 계획은 '나 혼자'만의 서사로 설명되지 않는다. '다른 사람과의 관계' 속에서 '나'가 등장하며, 밝혀진다. 도움을 주고받는 혹은 받게 될 관계, 지금 기획의 동기가 된 사람들. 회사를 그만두는 두려움을 멎게 한 것은 돈이나 미래에 대한 어떤 확실한 보장이 아니라, 사람이라는 다른 '보험*'이었다. 주체성을 '오롯한 개별로서의 나'가 아닌 관계성 속에서 발견할 수 있다는 것이다.[94] 즉, '만남' 속에서 주체가 된다. 자신 속에서 답을 찾는 것이 아니라, 타인과의 연결에서 다른 노동과 삶을 만든다.

1990년대 청년 세대의 특성과 경험을 강하게 반영하는 참여자들이 자신의 차별화·개별화에 대한 욕망과 더불어 사회적으로 '의미 있는 일'을 앞으로의 노동조건으로 꼽았다는 점은 주목할 만하다. 이들이 다만 '내 삶의 주인은 나'라는 강박적 주체의 세대인 것만이 아니라 좋은 삶, 가치 있는 삶은 자신의 노동 역시 그러한 방향을 향해 있을 때라

---

*   윤재훈, 박래연 등은 실제로 '사람들'이 자신의 '보험'이라고 표현했다.

고 말하고 있기 때문이다. 실제로 그들이 통과해온 다양한 활동·담론으로부터 형성된 가치관과 감수성은, 개인만을 위한 것이 아닌 사회적으로도 가치 있는 삶이란 무엇인지 생각해볼 수 있게끔 했다. 또한 그 스스로가 '좋은 방향'에 서고자 하는 성찰로 이끌어, 이윤 중심적 노동 위에서 내려서도록 했다. 이것은 참여자들의 세대가 갖는 매우 독특하고도 개성적인 장점으로 해석된다.

그러나 그 '개별성'과 '다른 삶'이란, 여전히 1인적 주체로 머물러 있을 때에 어떻게 공존할 수 있을까? 과연 그들이 떠나온 노동사회에서 얼마만큼이나 멀리 있는 것일까? 참여자들이 과거에 경험한 노동 세계는 지속성이나 관계성과는 거리가 먼 일시적 간이역으로서 자신과의 괴리감, 타인으로부터의 고립감이 지배했다. 이 현장에서 벗어나려 롤러코스터에서 뛰어내린 이들은 자기 자아와도 불화하지 않고 타인과도 연결될 수 있는, 그런 '다른 삶'을 향해 가고 있을까?

때문에 나는 '삶의 전환'을 생각할 때에 '함께' 도모하는 경험을 주요 골자로 하고 있는지가 '골방의 혁명'과 '밖으로의 탈주' 가능성을 나누는 중요한 기준이 되지 않을까 생각했다. 그 바깥으로 이동하더라도 여전히 '개별자임'을 유지하는 방식으로 제2의 삶을 만들어가고 있는 개인들과 비교할 때, 타인과의 협동을 앞으로의 주요 과제이자 자기 원칙으로 삼는 이들은 그 서사에서, 그리고 불안에 대한 인식에 있어서도 다른 양상이 발견되었다. 두려움을 나눌 사람의 여부, 돈을 덜 벌더라도 불안하지 않을 수 있을 여유는 구체적인 관계들을 만드는 이야기 속에서 더 분명히 드러난다.

여전히 사회에서 통용될, 자신이 소유한 자본들을 명민하게 조합한 끝에 결정하게 되는 개별 경로를, 그 형태와 방식은 다를지라도 과거 피고용자로서 느끼던 '각자의 주체'와는 다른 그런 '대안적 삶의 모습'이라고 할 수 있을까? 혹시 그것은 영리한 자기계발의 귀로, 또 다른 형태의 1인 기업가의 모습은 아닐까? '탈주'한다고 믿었지만, 역시 일시적인 단계로서의 정거장인 이곳은, 과거의 '변주'가 아닐까? 의식적으로 거부하며 살아왔지만 한편에서는 은밀히 신자유주의적 자아로 훈육되어 나 역시 지금 시대의 지배 담론에서 완전히 자유로울 수는 없는, 그런 딜레마 속에서 돌고 도는 것은 아닐까? 때문에 나는 '우리는 어떻게 골방의 빗장을 스스로 풀고, 밖으로 걸어 나갈 수 있을 것인가'에 대해 질문하게 되었다.

이러한 고민 중에 내가 적극적으로 참고하고자 한 것은 세넷의 '협동적 자아'의 개념이었다.[95] 흥미롭고 또한 희망적인 사실은 세넷은 '협력'을, 배우고 익힐 수 있는 '기술'이라 말한다는 점이다. 특별한 재능이 아니라, 배울 수 있는 것이다. 이것은 나의 '바깥'을 생각하고, 또한 타인의 이야기를 '듣는' 능력을 통해 길러진다. 협력이란 모든 것을 일원화하는 통합에 기초하지 않는다. 마치 다양한 악기와 소리들로 이뤄진 오케스트라 연주를 하듯, 대화는 자아를 깨뜨리는 듣기를 필요로 하는 과정이다.

이 책에서 '다른', '탈주', '대안' 등의 표현을 반복해 등장시키는 것에 대해 실은 내내 마음이 쓰인다. 과연 무엇이 '다름'이며 '탈주'인지, 정말 '다른 탈주'가 지금의 현실에서 가능한 것인가, 이따금씩 공허하게 느껴지고 내 언어에 대한 회의가 밀려들곤 했다. 이러한 표현들을 무의미하게 남용하다 끝나지 않으려면, 분명히 해둬야 할 것 같다. 분명 여전히 강한 자기 보존의 강박은 외부의 불안으로부터 우리들을 스스로 안에 가두고, 불안을 관리하며 자아를 보호하게 한다. 그럼에도 불구하고 '나'를 보호하기 위해서 강하게 유지되어온 '자기'를 깨뜨리고 밖으로 걸어 나갈 때, 타자의 경험이 내 닫힌 마음을 부수어 여는broken open 믿음[96]에 대해 생각할 때, 그때 '탈주'의 가능성을 말할 수 있지 않을까? 때문에 노동사회로부터의 탈주는 가능하면서도 불가능하다고 쓰는 것이 더 적절할 것 같다. 이 책, 그리고 이 책의 인물들은 그 경계에 놓여 있는 셈이다.

그러나 협력의 불가능을 개인적 차원의, '선택' 문제로 좁게 해석할 수는 없다. 그 기저에는 한국 사회의 구조적 문제가 강력하게 작동하고 있다. 근속 기간이 짧아진 현실에서 개인들은 이전보다 더 적극적으로 이 회사 다음의 자구책을 구축해야 하고, 구조 속의 위기는 이들을 이른바 '자유로운 개인'으로 만들어 결국 불안 속에 단속되도록 한다. 세넷은 스스로 자신의 불안감의 노예가 되어버린 사람들의 '개인주의'가 사회의 부재를 동시에 거론한다는 점을 환기시킨다. 현대의 질서와 원칙은 개인의 내면 밖에서 이뤄지는 사회적 의례儀禮와 공유의 가능성을 단절시켰다.

고도의 기술 발전으로 노동 현장은 극도로 분업화·개별화되었다. 동시에 내 노동으로부터 나온 결과물을 정작 노동자 자신은 확인할 수도 없는 소외의 시대가 이어진다. 회사는 노동자들 간의 만남을 막고,

노동자들은 비정규직·정규직으로 위치와 '신분'이 달라지고 있으며, 회사는 이 찢긴 '신분 차이'를 노골적으로 이용한다. 약자들은 강자에게 문제 제기를 해보기도 전에 또 다른 약자와 싸워야 한다. 불안을 무기로 협박하는 시대, '그' 혹은 '나'가 도태되리란 공포감 속에 생존한 자 역시 존재론적 불안정에 쫓기기는 마찬가지다. 자신 속으로 물러나며 움츠러들게 된 노동자들에게 '연대하는 삶'은 이제는 자신의 모든 삶과 미래를 걸겠다는 결단을 요구하는 일이 되어버렸다. 노동 현장에서 학습된 익숙함, 경쟁과 고립을 부추기는 사회화로 인해 점점 무엇인가를 '함께 한다는 것'이 힘들어지는 구조 속에서, 한마디로 우리는 협력을 '금지'당한다.

이제 '어떻게 살지' 고민의 처분권은 오롯이 개인만의 것이다. 내 생활이 녹록하지 않기에 타인에게 내 귀와 눈을 열어둘 여유가 없고, '먹고사니즘'이란 각자의 처절한 생존주의는 연대의 요청을 묵살하게끔 만들며, 함께 할 공적 공간은 점점 더 사라지고 있다. 그렇게 개인을 밀어붙인 끝에, 신자유주의는 급기야 모든 것을 개인의 자유에게 부과하는 데에 사람들이 암묵적으로 동의하게 된 결과를 이끌어냈다. 이를테면 이 사회는 각 개인 스스로가 고립을 자초하게끔 만들면서 결국 고립을 구조화해왔다.

이러한 고립의 구조화는 우리들로 하여금 세계는 고립무원, 세상은 만인에 대한 투쟁으로 이뤄진 거대한 전장이라고 믿게 만들었다. 그러나 '아직'일 뿐이다. 이러한 현대의 잔혹한 단순화 성향은 '사람은 함께 살아가는 사회적 동물'이라는 사실을 억지로 잊게 만들고 왜곡하도록 부추기지만, 이 능력을 완전히 지워버리지는 못한다. 우리에게는 현재의 절망적인 사회가 보여주는 것보다 아직 "더 깊이 협력할 능력"이 남아 있다.[97] 인간은 경제적 효율성에 따라 행동하는 '경제적 이성'의 존재이기만 한 것이 아니다. 사람들은 종종 매우 비경제적·비합리적 선택을 내리기도 한다. 이 역시 사람의 '능력'이며, 그것이 항상 비경제적·비합리적 선택이 되는 것만은 아니다.

나가며

프로이트는 누군가 질 높은 삶을 사는 비결이 무엇인지를 묻자
"사랑하고 일하라"고 대답한 것으로 유명하다.
이 조언에는 공동체가 빠져 있고, 사회적 팔다리는 절단되어 있다.
— 리처드 세넷[98]

직장인들을 '버티게' 해주는 각종 자기계발서, '나는 왜 상처받는가?'를 끊임없이 자신에게 물어보는 심리학 서적의 목록들, 그리고 지상에서는 이룰 수 없어 농성장이 되어버린 굴뚝과 탑, 희망을 찾을 수 없어 죽음을 택한 이들의 남은 신발 몇십 켤레, 아직은 구조조정되지 않은 살아남은 노동자들도 깊은 상흔을 겪는다는 생존자 증후군……. 이러한 조각들은 현재 한국 사회에서 노동/노동자의 위치를 잘 표시해주고 있다. 노동 공간은 의미와 존중이 구현되는 현장이기보다 소진과 피로, 죽음과 모욕의 현장에 가깝다.

두 자릿수의 청년 실업률을 기록하고 있는 현재. 심지어 이른바 '명문대' 졸업장조차 크게 효용을 갖지 못하는 노동시장에서 많은 청년들은 불행인지 다행인지 학벌이라는 상징자본조차 그 기능을 예전만큼

은 해내지 못하게 된 미취업의 균등화 현상 속에 있다. 그러나 곳곳의 고용된 삶 역시 안녕하지는 못하다. 고용 없는 성장의 시대라 일컬어지는 지금, 노동자들도 자신의 노동과 삶에서 주인이지 못한 채 서성이고 있기 때문이다. 저마다의 모습으로 최소한 행복의 하향 평준화, 때로는 고통의 균등화가 이뤄진다. 유연성이니 구조조정이니 하는 중립적 표현의 세련된 개혁은 우리 생활 깊숙이 들어앉아 있지만, 그 전장이 '사람의 삶'이었다는 점은 간과되어온 것 아닌가. 개인들에게, 이것은 곧 '저녁'도 없고 '나'도 없고 '관계'도 없는, 인간성의 파괴와 자신 속으로의 고립을 의미했다. 불행과 빈곤의 '평등화' 시대, 어떻게 삶으로써 이 무력함과 고립적 박탈감의 수레바퀴에서 벗어날 수 있을까.

인간에게 노동은 분명 시시포스Sisyphos가 고독하게 밀어 올리던 무겁고 고단한 바윗덩어리만은 아니었을 것이다. 노동은 개인이 얻을 수 있는 내적 충만함과 사회성, 만족감과 강하게 연동되어 있다. 사람들은 일로부터 자신과 사회, 다른 사람들과의 관계를 확인한다. 그러나 오늘날 노동에는 그러한 즐거움의 요소들이 점점 줄어들고 있다.

이 책은 노동사회 속 개인들이 박차고 나와 '다른' 세계로 걸어 들어가고자 하는 길목에서, 다시 말해 노동사회의 안과 밖 그 간극에서 쓰였다. 그렇다면 삶의 재생산과 행복이 가능해지려면 어디로 가야 할까? 어떤 길로 가면, '다른' 공동체와 만날 수 있을까? 다만 거처를 옮기고, 직장을 옮기는 것이면 충분할까? 그 실마리를, 나는 이 책에 등장하는 사람들과의 만남 속에서, 그리고 그들은 각자의 능력과 경쟁력이 아닌 협동과 만남 속에서 발견했다.

이 연구를 마무리 짓던 시기, 웹툰 〈미생〉을 '성장소설'로 해석한 한 논문을 읽게 되었다. 글의 저자는 노동의 무대에서 (남아) 어떻게든 의미를 찾고 싶어 하는, '그럼에도 불구하고' 노동의 진정성을 고민하는 이들*에게 관심을 기울이고 있었다. 그리고 회사 바깥으로 쫓겨난 등장인물들의 외견상 '실패'에도 불구하고 여전히 남아 있는 유일한 대안, '다른 공동체의 가능성'에 대해 아래와 같이 쓴다.

"어떤 가능성인가? 각자의 자발적이고 주체적인 리듬을 유지하면서도 그것을 공동의 협력 속에서 실현시킬 수 있는 공동체, 지금은 존재하지 않는 그런 '다른' 공동체의 가능성이다. 다시 말하건대, 그 공동체는 일 (노동)의 외부에서 자기 내면의 '진정한' 자아를 찾고 그에 '충실'할 것을 결단하는, 그런 종류의 '바깥'이 아니다. 그것은 '(내면의) 나'가 아니라 '(실재하는) 타인들'을 만날 수 있는 공동체, 나의 일상적 일(노동) 속에서 지금의 내가 아닌 또 다른 내가 '되어갈 수' 있게 하는 공동체, 타인들과 '협력'하는 법을 배우고 그 속에서 내가 '성장'할 수 있는 그런 공동체다. 〈미생〉의 작가 윤태호는 이도 저도 아닌 우리 시대의 '중간적 주체들'에게 묻고 있다. 21세기 한국에서 지금 이 순간, 그런 공동체의 '불가

---

* 내가 이 책의 참여자들을 노동사회와 바깥의 '사이 존재'로 본 반면, 이 글의 저자 김수환은 이렇게 바깥으로 튀어 나가지도, 완전히 포섭되지도 못한 채 살아가는 대다수를 '중간적 주체'로 상정하고 있다. 그러면서 〈미생〉에 쏟아진 대중들의 열광을 이러한 중간적 주체들이 갖는, 공동의 협력 속에 만들어지는 새로운 공동체적 관계의 '열망'으로 읽어내기를 요청한다.

능성의 가능성'은 과연 어떤 모습을 띠고 있겠느냐고."*

이 말은 내게 자신의 성장과 존엄을 지키는 삶이 불가능한 '저 공동체'를 박차고 나와 그것이 아닌 '다른 공동체'를 찾아갈 때, 그 '다름'을 감당할 용기가 있느냐고 묻는 것처럼 느껴진다. 회사 안은 생존 법칙이 지배하는 인간들의 징글징글한 밀림이지만 "밖은 더한 지옥"이라고 말할 때, 적자생존의 지옥일 뿐 아니라 '타자들의' 지옥이기도 한 그 바깥으로 걸어 들어갈 자신이 있느냐고 말이다.

이해할 수 없는 이질적 존재를 맞이할 때 본능적으로 느끼는 불편함과 삐걱거림은 어쩌면 당연한 첫 번째 면역반응이다—자신을 상처 입히지 않는 자기 보존의 열망과 같은. 그렇기에 이런 질문을 하게 된다. 내 자아를 지키는 데 어떠한 걸림돌도 원치 않기에 노동사회로부터 이탈하는 개인들에게, 그렇다면 과연 '저' 공동체가 아닌 '다른' 공동체, 즉 '지금의 내가 아닌 또 다른 내가 되어갈 수 있게 하는' 공동체는 어떻게 가능한가? 우리에게 물어본다. 이를 위해 발 디딘 곳, 몸담은 곳을 바꾸는 전환뿐 아니라 스스로의 자아를 전환할 수 있을까? 나에게 물어본다. 그 '새로운' 공동체를 만들기 위해, 나 자신은 새로운가?

분명 이 책에 등장하는 참여자들의 삶은 모든 사람들이 택할 수 있는 선택지는 아니다. 이 책의 바깥에는 여전히 직장에서 살아남고자 고

---

* 　김수환, 〈웹툰 '미생'이 말하는 것과 말할 수 있는 것들: 우리 시대의 노동, 공동체 그리고 성장〉, 《안과 밖》 35: 225-226, 2013.

군분투하는 이들이 더 많다. 그렇다면 그 속에 남아 있는 훨씬 많은 노동자들은 어떻게 살아가야 할까? 빠져나갈 출구란 없어 보이는, 신자유주의라는 이 거대한 액체적 '유령'과 어떻게 대면할 것인가? 끊임없는 줄다리기 가운데, 무엇을 통해 반쪽이 아닌 완전한 삶에 가까워질까? 〈미생〉에 그토록 많은 직장인들의 마음이 움직였던 이유는 그것이 '우리의 판타지'였기 때문이다. 고도의 신자유주의적 실천 공간에서 그럼에도 주인공 장그래를 버틸 수 있게 한 것은 사실 그 특유의 영민함과 묵묵함이 아니라, 동료라는 존재와 영업3팀이라는 조력적 공동체였다. 우리가 사랑했던 그 만화와 드라마 속이 아닌 바로 이 현실 속에서, 우리는 협력을 무기로 출구 없는 시대의 '함께 탈주' 가능성을 말할 수 있을까?

'탈주'가 과거 '변주'의 반복이 아닌, 허물을 벗는 변태變態이자 다른 세계로의 전환이려면 나 자신을 '다른 형식'으로 변형하고자 하는 시도가 수반되어야 할 것 같다. 새로운 공동체에 대한 상상은, 곧 새로운 '나'에 대한 상상이기도 했다. 다만 '내가' 사랑하고 일하는 것이 아니라, 사회와 다른 이들과의 '연결 속에서' 사랑하고, 또 일하는 것이었다.

단단한 자기방어 기제는 스스로를 자기 속에 걸어 잠그지만, 동시에 우리는 누군가에게 다가갈 때의 과정에 대해서도 알고 있다. 한때는 온전히 자신만의 것이었던 내 몸과 정신을 바꿔내던 일련의 과정에 수반되는 노력의 흔적들 말이다. 그 과정은 나를 나로만 고수하는 것이 아닌, 그야말로 다른 존재 속에 '스며드는 것'과 비슷하다. '내가 아닌 다른 사람'이 되고 싶던 나의 오랜 욕심도 단순히 더 나은 사람이 되고 싶다는 순진한 포부만은 아니었다. 나를 나로 한계 짓는, 빗장을 지르고 나를 걸어 잠그는 익숙하고도 편협한 버릇에서, 그 바깥에 서고 싶다는 절실함이었다. 물론 나와 전혀 다른 사람을 받아들이고 대화를 시도하며 싸워내는 과정은 실패하는 경우가 훨씬 더 많다. 그 어려움을 알지만 '그럼에도 불구하고' 내 안과 바깥 사이에서 빗장을 풀고 만나는 낯선 '새로운' 관계, 그러한 다른 삶과 다른 내가 되어가는 용기를 상상해본다. 내게도 이 글을 쓰는 과정은 그런 의미였다.

이제껏 책 속에서 그려진 인물들은 유별난 경험을 한 개인만이 아니다. 이들의 회사 경험은 더 많은 사람들 사이에서의 공유 지대를 만들 수 있으리라 생각한다. 노동사회 내부로부터의 이 이야기들이, 이 책을 읽는 평범한 다수와 함께 토의할 주제를 만들어낼 수 있기를 또한 기대한다. 그들은 '그럼에도 불구하고'를 고민하는 저마다의 중간적 주체들, 우리 중의 한 사람들이기 때문이다. 그럼으로써 이것은, 지금 이 책이 담은 특정 세대에만 해당하는 이야기가 아닌 것이 된다. 결단과 실패, 시도의 과정을 꿈꾸는 더 많은 사람들의 이야기가 될 것이다.

이것 혹은 저것, 안과 바깥, 둘 중 한쪽을 지지하기보다 그 중간에서 가까스로, '찢김의' 몸짓[99]을 지지하는 것은 물론 더 어려운 일이다. 그 찢기고, 멈추고, 다시 해보는 시도의 연장선 위에 이 미완의 서사가 위치하고 있다.

한밤중에도 환하게 밝혀질 빌딩 속 각자의 일터, 그곳은 치열한 고민과 매 순간 되풀이되는 무수한 열망들로 채워지고 있을 것이다. 언급할 만한 일 없이 흘러가는 지루함조차 노력 없이는 이루기 힘든, 평화롭기 위해 치러지는 진한 투쟁의 값으로써야 비로소 완성되는 하루. 그러한 '일상'의 숭고는 함부로 멸시될 수 없다. 하지만 우리가 바라는 삶이 소속 혹은 탈락, 쓸모 혹은 잉여라는 프레임 속 긴박한 자기계발 고투 끝에 완성되지는 않을 것이다. 자기보다는 '우리'를 계발하기, 그리고 '새로운 자기' 계발의 실패와 시도 사이에서야 그것은 이뤄질 것이라고 말하고 싶다.

참고 문헌

국내 문헌

강내희(2003), 〈위험사회, 노동사회, 문화사회〉, 《문화과학》 35, 106-131.

강수돌(2006), 〈일중독 측정도구의 신뢰도와 타당도: 익명의 일중독자 모임 사례〉, 《산업노동연구》 12(2), 265-287.

김경훈(1996), 〈슈퍼맨 콤플렉스에 시달려도 즐길 땐 즐긴다〉, 《사회평론 길》 96(7), 128-131.

김기헌(2004), 〈최근 일본 청년 노동시장 진단: 프리터(freeter)를 둘러싼 쟁점들〉, 《국제노동브리프》 2(2), 3-9.

김상봉(2005), 〈나르시스의 꿈을 넘어서〉, 《시민과세계》 7, 268-289.

문순홍(2001), 〈앙드레 고르: 현대 자본주의 비판과 사적 영역의 재탈환 정치〉, 《문화과학》 27, 225-244.

박영균(2010), 〈노동의 신화와 노동의 종말, 그리고 문화혁명〉, 《진보평론》 46, 57-75.

박은진(2012), 〈청년세대의 불안정한 노동과 주거실험: 해방촌 '빈(貧)집'

게스츠하우스(Guests' House) 사례를 중심으로〉, 석사학위논문, 연세대학교
　　대학원, 문화학협동과정.

박재흥(2009), 〈세대명칭과 세대갈등 담론에 대한 비판적 검토〉, 《경제와사회》 81, 10-
　　34.

서동진(2010), 〈자기계발하는 주체의 해부학 혹은 그로부터 무엇을 배울 것인가〉,
　　《문화과학》 61, 37-54.

신병현(2012), 〈사라진 노동자의 시간들〉, 《문화과학》 69, 50-59.

안정옥(2002), 〈문화사회와 탈노동사회〉, 《창작과비평》 118, 401-415.

이숙경(1993), 〈신세대노동자들, 그 거품 속〉, 《사회평론 길》 93(9), 165-167.

이영롱(2014), 〈'영원한 미생未生'만을 위한 노동 공간: 30-40대 직장인의 노동 서사를
　　통해 본 신자유주의 노동의 성격〉, 《진보평론》 62, 185-205.

_____(2015), 〈취하라… 당신을 '버티게' 해주는, 그 무엇에든: 미디어 tvN 드라마
　　'미생: 아직 살아 있지 못한 자'〉, 《플랫폼》 49, 28-32.

이영롱·명수민(2014), 〈한국 청년세대의 사회적 노동 경험: 2010년대 청년들의 자기
　　서사와 노동 서사를 중심으로〉, 2014청년허브 연구보고서.

장귀연(2011), 〈비정규직과 신자유주의 노동정책, 노동운동의 전략〉, 《마르크스주의
　　연구》 8(4), 296-316.

장시복(2008), 〈미국 서브프라임 모기지 사태와 세계 경제의 위기〉, 《사회경제평론》
　　31, 1-32.

전창환(2009), 〈2008년 미국의 금융위기와 금융자본의 재편〉, 《동향과 전망》 76, 109-
　　143.

정태석(2006), 〈시민사회와 사회운동의 역사에서 유럽과 한국의 유사성과 차이〉,
　　《경제와사회》 72, 125-147.

조혜정·엄기호(1999), 〈IMF 이후 라이프 스타일의 변화에 대한 연구: 고학력 청년
　　세대들의 '체제 탈출'을 중심으로〉, 《사회발전연구》 5, 75-124.

최유정·최샛별·이명진(2011), 〈세대에 따른 직업 관련 사회정체성의 사회심리학적

의미〉,《한국인구학》 34(3), 55-84.

홀거 하이데(2003), 강수돌 옮김, 〈노동중독에서 탈출하기: 노동조합은 노동중독
    사회에 어떻게 대응할 것인가?〉,《당대비평》 22, 8-28.

강상중(2012), 송태욱 옮김,《살아야 하는 이유》, 사계절.

김고연주(2010), 〈'나 주식회사'와 외모 관리〉, 김현미 외,《친밀한 적》 5장, 이후, 137-
    162.

김상봉(2012),《기업은 누구의 것인가》, 꾸리에.

김승완 외(2013),《서울을 떠나는 사람들: 3040 지식노동자들의 피로도시 탈출》,
    남해의봄날.

김영선(2013),《과로 사회》, 이매진.

김진만(1995),《오래된 좋은 것보다 새로운 나쁜 것이 좋다》, 겨레.

김찬호(2014),《모멸감: 굴욕과 존엄의 감정사회학》, 문학과지성사.

로버트 스키델스키·에드워드 스키델스키(2013), 김병화 옮김, 박종현 감수,《얼마나
    있어야 충분한가》, 부키.

로버트 D. 퍼트넘(2009), 정승현 옮김,《나 홀로 볼링: 볼링 얼론, 사회적 커뮤니티의
    붕괴와 소생》, 페이퍼로드.

류동민(2013),《일하기 전엔 몰랐던 것들: 가장 절실하지만 한 번도 배우지 못했던
    일의 경제학》, 웅진지식하우스.

_____(2014),《서울은 어떻게 작동하는가: 그리고 삶은 어떻게 소진되는가》,
    코난북스.

리처드 세넷(2004), 유강은 옮김,《불평등 사회의 인간 존중》, 문예출판사.

_____(2009), 조용 옮김,《신자유주의와 인간성의 파괴》, 문예출판사.

_____(2013), 김병화 옮김,《투게더: 다른 사람들과 함께 살아가기》, 현암사.

리처드 플로리다(2008), 이원호·이종호·서민철 옮김,《도시와 창조 계급: 창조 경제
    시대의 도시 발전 전략》, 푸른길.

버트런드 러셀(1997), 송은경 옮김, 《게으름에 대한 찬양》, 사회평론.

송재희 외(1993), 《신세대: 네 멋대로 해라-더 이상 탄원은 없다. 돌파하라!》,
　　　현실문화연구.

심보선(2013), 《그을린 예술: 예술은 죽었다. 예술은 삶의 불길 속에서 되살아날
　　　것이다》, 민음사.

쓰지 신이치(2010), 권희정 옮김, 《슬로 이즈 뷰티풀》, 일월서각.

앤디 메리필드(2013), 김채원 옮김, 《마술적 마르크스주의》, 책읽는수요일.

엄기호(2014), 《단속사회: 쉴 새 없이 접속하고 끊임없이 차단한다》, 창비.

에드워드 렐프(2005), 김덕현·김현주·심승희 옮김, 《장소와 장소상실》, 논형.

오언 존스(2014), 이세영·안병률 옮김, 《차브: 영국식 잉여 유발사건》, 북인더갭.

우석훈·박권일(2007), 《88만 원 세대: 절망의 시대에 쓰는 희망의 경제학》, 레디앙.

윤태호(2012), 《미생: 아직 살아 있지 못한 자》 1-4, 위즈덤하우스.

＿＿＿＿(2013), 《미생: 아직 살아 있지 못한 자》 5-9, 위즈덤하우스.

자크 랑시에르(2009), 유재홍 옮김, 《문학의 정치》, 인간사랑.

정성호(2006), 《20대의 정체성》, 살림.

제현주(2014), 《내리막 세상에서 일하는 노마드를 위한 안내서: 누구와, 어떻게,
　　　무엇을 위해 일할 것인가?》, 어크로스.

조주은(2013), 《기획된 가족: 맞벌이 화이트칼라 여성들은 어떻게 중산층을
　　　기획하는가?》, 서해문집.

지그문트 바우만(2009), 이일수 옮김, 《액체근대》, 강.

＿＿＿＿＿＿(2010), 이수영 옮김, 《새로운 빈곤: 노동, 소비주의 그리고 뉴푸어》,
　　　천지인.

＿＿＿＿＿＿(2010), 한상석 옮김, 《모두스 비벤디: 유동하는 세계의 지옥과
　　　유토피아》, 후마니타스.

청개구리 제작소(2014), 〈마을 만들기에서 물건 만들기까지: 청년의 일자리 위에
　　　작동하는 사회적 프로그램에 대해〉, 최영숙 외, 《공공도큐멘트 3: 다들 만들고

계십니까?》, 미디어버스, 165-172.

캐런 호(2013), 유강은 옮김, 《호모 인베스투스: 투자하는 인간, 신자유주의와
월스트리트의 인류학》, 이매진.

파커 J. 파머(2012), 김찬호 옮김, 《비통한 자들을 위한 정치학: 왜 민주주의에서
마음이 중요한가》, 글항아리.

폴 라파르그(2005), 조형준 옮김, 《게으를 수 있는 권리》, 새물결.

한나 아렌트(2002), 이진우·태정호 옮김, 《인간의 조건》, 한길사.

한병철(2012), 김태환 옮김, 《피로사회》, 문학과지성사.

_____(2013), 김태환 옮김, 《시간의 향기: 머무름의 기술》, 문학과지성사.

한윤형·최태섭·김정근(2011), 《열정은 어떻게 노동이 되는가》, 웅진지식하우스.

국외 문헌

Adrian Little(1996), "Economic reason, full employment and the ideology of
work", *The Political Thought Of André Gorz*, London and New York:
Routledge: 101-139.

André Gorz(1985), "A way out of capitalism", *Paths To Paradise On The
Liberation From Work*, Translated by Malcolm Imrie, London and
Sydney: Pluto Press: 62-63.

Aneil K. Mishra and Gretchen M. Spreitzer(1998), "Explaining how survivors
respond to downsizing: The roles of trust, empowerment, justice, and
work redesign", *Academy Of Management Review* 23(3): 567-588.

Juliet B. Schor(1998), *The Overspent American: Upscaling, Downshifting, And
the New Consumer*, United States of America: Basic Books.

웹툰

윤태호, 〈미생: 아직 살아 있지 못한 자〉 시즌 1, '다음(Daum)'에서 2012–2013년
연재.

영화

J. C. 챈더, 〈마진 콜: 24시간, 조작된 진실〉, 2013.

미주

1   한나 아렌트(2002), 이진우·태정호 옮김, 《인간의 조건》, 한길사.

2   Juliet B. Schor(1998), *The Overspent American: Upscaling, Downshifting, And the New Consumer*, United States of America : Basic Books.

3   전국 귀농귀촌 가구 5년 새 '11배 증가', 연합뉴스, 2015. 08. 04.

4   이 아이디어는 이 책의 근간이 된 학위논문을 준비하던 초반, 나임윤경 선생님과의 대화에서 발전한 것이다. 이 계기를 통해 나는 오랫동안 고유한 여성적 영역으로 여겨져온 종류의 노동이 어떻게 사회에서 가치 절하되고 그늘 속으로 가려지는지, 그것이 사회의 정상성(normality)과는 어떠한 관련성을 갖게 되는지를 더 고민하게 되었다.

5   달라진 '평범함'과 '행복'의 기준에 대한 논의에 대해 다음 글 참고. 강상중(2012), 송태욱 옮김, 《살아야 하는 이유》, 사계절.

6   지그문트 바우만(2010), 한상석 옮김, 《모두스 비벤디: 유동하는 세계의 지옥과 유토피아》, 후마니타스.

7   지그문트 바우만(2009), 이일수 옮김, 《액체근대》, 강.

8   리처드 세넷(2009), 조용 옮김, 《신자유주의와 인간성의 파괴》, 문예출판사;
    리처드 세넷(2013), 김병화 옮김, 《투게더: 다른 사람들과 함께 살아가기》,
    현암사.

9   오언 존스(2014), 이세영·안병률 옮김, 《차브: 영국식 잉여 유발사건》,
    북인더갭.

10 효도도, 이별도, 사과도 대행해드립니다… 대행업체 서비스 백태, 〈경향신문〉,
    2015. 01. 27.

11 이숙경(1993), 〈신세대노동자들, 그 거품 속〉, 《사회평론 길》 93(9), 165-167.
    ; 김경훈(1996), 〈슈퍼맨 콤플렉스에 시달려도 즐길 땐 즐긴다〉, 《사회평론 길》
    96(7), 128-131.

12 송재희 외(1993), 《신세대: 네 멋대로 해라-더 이상 탄원은 없다. 돌파하라!》,
    현실문화연구.

13 김경훈(1996), 〈슈퍼맨 콤플렉스에 시달려도 즐길 땐 즐긴다〉, 《사회평론 길》
    96(7), 128-131.

14 박재홍(2009), 〈세대명칭과 세대갈등 담론에 대한 비판적 검토〉, 《경제와사회》
    81, 10-34.

15 김진만(1995), 《오래된 좋은 것보다 새로운 나쁜 것이 좋다》, 겨레.

16 팝아티스트 강영민(43세) 작가의 말. 밀러, 하루키, 압구정… "그때 우린 모두
    중2병이었잖아", 〈한겨레〉, 2015. 02. 04.

17 〈'우리는 하나다'는 성립하지 않는다〉, 《한겨레21》 1045호.

18 우석훈·박권일(2007), 《88만 원 세대: 절망의 시대에 쓰는 희망의 경제학》,
    레디앙.

19 그늘진 靑春에게도 위로를, 〈매일경제〉, 2013. 01. 15.

20 이영롱(2015), 〈취하라… 당신을 '버티게' 해주는, 그 무엇에든: 미디어 tvN
    드라마 '미생: 아직 살아 있지 못한 자'〉, 《플랫폼》 49, 28-32.

21   통상임금 논란과 삶의 질, 〈서울신문〉, 2013. 09. 18.

22   김찬호(2014), 《모멸감: 굴욕과 존엄의 감정사회학》, 문학과지성사.

23   리처드 세넷(2004), 유강은 옮김, 《불평등 사회의 인간 존중》, 문예출판사, 217
      재인용.

24   강수돌(2006), 〈일중독 측정도구의 신뢰도와 타당도: 익명의 일중독자 모임
      사례〉, 《산업노동연구》 12(2), 265-287.

25   '미생', 장그래가 말하지 않는 것들─성과주의 노동중독 사회의 씁쓸한 단면…
      노동은 과연 신성한가, 미디어오늘, 2013. 03. 10.

26   신병현(2012), 〈사라진 노동자의 시간들〉, 《문화과학》 69, 50-59.

27   이영롱(2015), 〈취하라… 당신을 '버티게' 해주는, 그 무엇에든: 미디어 tvN
      드라마 '미생: 아직 살아 있지 못한 자'〉, 《플랫폼》 49, 28-32.

28   "이번에 네 순서 맞아?"… 불편한 진실 '임신 순번제', SBS뉴스, 2014. 11. 02.

29   조주은(2013), 《기획된 가족: 맞벌이 화이트칼라 여성들은 어떻게 중산층을
      기획하는가?》, 서해문집.

30   리처드 플로리다(2008), 이원호·이종호·서민철 옮김, 《도시와 창조 계급: 창조
      경제 시대의 도시 발전 전략》, 푸른길.

31   한윤형·최태섭·김정근(2011), 《열정은 어떻게 노동이 되는가》,
      웅진지식하우스.

32   한윤형·최태섭·김정근(2011), 《열정은 어떻게 노동이 되는가》,
      웅진지식하우스, 183-184 참고.

33   한윤형·최태섭·김정근(2011), 《열정은 어떻게 노동이 되는가》,
      웅진지식하우스.

34   제현주(2014), 《내리막 세상에서 일하는 노마드를 위한 안내서: 누구와, 어떻게,
      무엇을 위해 일할 것인가?》, 어크로스, 100-108 참고.

35   X+세대 80% "이미 한 번 이상 이직", 〈매일경제〉, 2011. 01. 02.

36   리처드 세넷(2013), 김병화 옮김, 《투게더: 다른 사람들과 함께 살아가기》,

현암사, 262 참고.

37 리처드 세넷(2013), 김병화 옮김, 《투게더: 다른 사람들과 함께 살아가기》,
현암사.

38 청년 취업자 20%는 '미생' 장그래보다 못해… 악화되는 청년취업 질,
〈경향신문〉, 2015. 01. 14.

39 한윤형·최태섭·김정근(2011), 《열정은 어떻게 노동이 되는가》,
웅진지식하우스.

40 리처드 세넷(2013), 김병화 옮김, 《투게더: 다른 사람들과 함께 살아가기》,
현암사, 240-241.

41 자크 랑시에르(2009), 유재홍 옮김, 《문학의 정치》, 인간사랑.

42 리처드 세넷(2013), 김병화 옮김, 《투게더: 다른 사람들과 함께 살아가기》,
현암사, 240-241 참고.

43 리처드 세넷(2013), 김병화 옮김, 《투게더: 다른 사람들과 함께 살아가기》,
현암사, 240-241 참고.

44 리처드 세넷(2004), 유강은 옮김, 《불평등 사회의 인간 존중》, 문예출판사, 13.

45 이영롱(2014), 〈'영원한 미생未生'만을 위한 노동 공간: 30-40대 직장인의 노동
서사를 통해 본 신자유주의 노동의 성격〉, 《진보평론》 62, 185-205.

46 Tom Peters(1997), "The Brand Called You." *Fast Company* 10(10):
김고연주(2010), 〈'나 주식회사'와 외모 관리〉, 김현미 외, 《친밀한 적》 5장, 이후,
137-162 재인용.

47 한병철(2012), 김태환 옮김, 《피로사회》, 문학과지성사.

48 리처드 세넷(2004), 유강은 옮김, 《불평등 사회의 인간 존중》, 문예출판사, 241-
242 재인용.

49 MS, 사내경쟁제도 폐지… 팀워크주의 선언, ZDNet Korea, 2013. 11. 13.; MS
"더 이상 등급 없다" 인사 상대평가제 폐지, 〈한겨레〉, 2013. 11. 13.

50 〈집권 3년 차 노동시장 빈틈 치고 들어온다〉, 《시사IN》 384호.

51 서동진(2010), 〈자기계발하는 주체의 해부학 혹은 그로부터 무엇을 배울
것인가〉, 《문화과학》 61, 37-54.

52 장귀연(2011), 〈비정규직과 신자유주의 노동정책, 노동운동의 전략〉,
《마르크스주의연구》 8(4), 296-316.

53 안정옥(2002), 〈문화사회와 탈노동사회〉, 《창작과비평》 118, 401-415.

54 강내희(2003), 〈위험사회, 노동사회, 문화사회〉, 《문화과학》 35, 106-131.

55 안정옥(2002), 〈문화사회와 탈노동사회〉, 《창작과비평》 118, 401-415 : 403-404
참고.

56 안정옥(2002), 〈문화사회와 탈노동사회〉, 《창작과비평》 118, 401-415.

57 〈한국 남성 10명 중 4명은 지난해 성매매 했다〉, 《한겨레21》 888호.

58 캐런 호(2013), 유강은 옮김, 《호모 인베스투스: 투자하는 인간, 신자유주의와
월스트리트의 인류학》, 이매진, 178-182 참고.

59 전창환(2009), 〈2008년 미국의 금융위기와 금융자본의 재편〉, 《동향과 전망》 76,
109-143.

60 사람과 생물 '먹고살기'의 다양성, 〈경향신문〉, 2013. 11. 20.

61 2007년 5월, '서울 파이낸스 포럼 초청 강연' 중에 이명박 전 대통령이 했던
말이다. 한윤형·최태섭·김정근(2011), 《열정은 어떻게 노동이 되는가》,
웅진지식하우스, 48 재인용.

62 수도권 출퇴근 '전쟁'… 직장인 파김치족(族) 양산하는 정부, 노컷뉴스, 2014.
07. 16.

63 "전세 엑소더스"… 연립·외곽으로 쫓기는 전세난민, 연합뉴스, 2015. 02. 04.

64 밀양 송전탑, 강행하지 마라!, 〈경남도민일보〉, 2013. 09. 24.

65 한병철(2013), 김태환 옮김, 《시간의 향기: 머무름의 기술》, 문학과지성사.

66 쓰지 신이치(2010), 권희정 옮김, 《슬로 이즈 뷰티풀》, 일월서각, 32-33 참고.

67 강상중(2012), 송태욱 옮김, 《살아야 하는 이유》, 사계절, 23-24 참고.

68 한병철(2013), 김태환 옮김, 《시간의 향기: 머무름의 기술》, 문학과지성사.

69   폴 라파르그(2005), 조형준 옮김, 《게으를 수 있는 권리》, 새물결.

70   이영롱·명수민(2014), 〈한국 청년세대의 사회적 노동 경험: 2010년대 청년들의
     자기 서사와 노동 서사를 중심으로〉, 2014청년허브 연구보고서, 98-103.

71   잘나가던 직장 그만두고 '비영리'로 간 까닭은…, 〈한겨레〉, 2015. 02. 16.

72   조혜정·엄기호(1999), 〈IMF 이후 라이프 스타일의 변화에 대한 연구: 고학력
     청년 세대들의 '체제 탈출'을 중심으로〉, 《사회발전연구》 5, 75-124; 97 참고.

73   우석훈·박권일(2007), 《88만 원 세대: 절망의 시대에 쓰는 희망의 경제학》,
     레디앙.

74   에드워드 렐프(2005), 김덕현·김현주·심승희 옮김, 《장소와 장소상실》, 논형.

75   로버트 D. 퍼트넘(2009), 정승현 옮김, 《나 홀로 볼링: 볼링 얼론, 사회적
     커뮤니티의 붕괴와 소생》, 페이퍼로드.

76   L. J. Hanifan(1916), "The Rural School Community Center", *Annals of the
     American Academy of Political and Social Science* 67, 130-138; 로버트
     D. 퍼트넘(2009), 정승현 옮김, 《나 홀로 볼링: 볼링 얼론, 사회적 커뮤니티의
     붕괴와 소생》, 페이퍼로드, 17-18 재인용.

77   이영롱·명수민(2014), 〈한국 청년세대의 사회적 노동 경험: 2010년대 청년들의
     자기 서사와 노동 서사를 중심으로〉, 2014청년허브 연구보고서, 44-48.

78   엄기호(2014), 《단속사회: 쉴 새 없이 접속하고 끊임없이 차단한다》, 창비.

79   김영선(2013), 《과로 사회》, 이매진.

80   도은·여연·하연(2012), 《없는 것이 많아서 자유로운: 세 모녀
     에코페미니스트의 좌충우돌 성장기》, 행성:B잎새.

81   정태석(2006), 〈시민사회와 사회운동의 역사에서 유럽과 한국의 유사성과
     차이〉, 《경제와사회》 72, 125-147.

82   마루야마 겐지(2014), 고재운 옮김, 《시골은 그런 것이 아니다》, 바다출판사.

83   강상중(2012), 송태욱 옮김, 《살아야 하는 이유》, 사계절.

84   홀거 하이데(2003), 강수돌 옮김, 〈노동중독에서 탈출하기: 노동조합은

노동중독 사회에 어떻게 대응할 것인가?〉,《당대비평》22, 8-28 : 강내희(2003),
〈위험사회, 노동사회, 문화사회〉,《문화과학》35, 106-131.

85 지그문트 바우만(2010), 이수영 옮김,《새로운 빈곤: 노동, 소비주의 그리고
    뉴푸어》, 천지인.

86 박영균(2010), 〈노동의 신화와 노동의 종말, 그리고 문화혁명〉,《진보평론》46,
    57-75.

87 버트런드 러셀(1997), 송은경 옮김,《게으름에 대한 찬양》, 사회평론.

88 조주은(2013),《기획된 가족: 맞벌이 화이트칼라 여성들은 어떻게 중산층을
    기획하는가?》, 서해문집, 159 참고.

89 류동민(2013),《일하기 전엔 몰랐던 것들: 가장 절실하지만 한 번도 배우지
    못했던 일의 경제학》, 웅진지식하우스.

90 앤디 메리필드(2013), 김채원 옮김,《마술적 마르크스주의》, 책읽는수요일.

91 류동민(2013),《일하기 전엔 몰랐던 것들: 가장 절실하지만 한 번도 배우지
    못했던 일의 경제학》, 웅진지식하우스.

92 '사' 자도 옛말, 자영업자의 몰락, YTN, 2014. 07. 21.

93 Aneil K. Mishra and Gretchen M. Spreitzer(1998), "Explaining how
    survivors respond to downsizing : The roles of trust, empowerment,
    justice, and work redesign", *Academy Of Management Review* 23(3),
    567-588.

94 김상봉(2005), 〈나르시스의 꿈을 넘어서〉,《시민과세계》7, 268-289.

95 리처드 세넷(2013), 김병화 옮김,《투게더: 다른 사람들과 함께 살아가기》,
    현암사.

96 파커 J. 파머(2012), 김찬호 옮김,《비통한 자들을 위한 정치학: 왜 민주주의에서
    마음이 중요한가》, 글항아리.

97 리처드 세넷(2013), 김병화 옮김,《투게더: 다른 사람들과 함께 살아가기》,
    현암사, 442 참고.

98   리처드 세넷(2013), 김병화 옮김,《투게더: 다른 사람들과 함께 살아가기》, 현암사, 432 참고.

99   심보선(2013),《그을린 예술: 예술은 죽었다, 예술은 삶의 불길 속에서 되살아날 것이다》, 민음사.

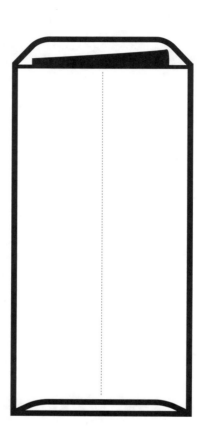